幼儿自主游戏·自主学习·自主生活丛书

自 主 游 戏

成就幼儿快乐而有意义的童年

董旭花 韩冰川 阎 莉 张海豫 著

中国轻工业出版社

图书在版编目（CIP）数据

自主游戏：成就幼儿快乐而有意义的童年／董旭花等著．—北京：中国轻工业出版社，2021.3（2025.12重印）

（幼儿自主游戏·自主学习·自主生活丛书）

ISBN 978-7-5184-3302-5

Ⅰ.①自… Ⅱ.①董… Ⅲ.①游戏课－教学研究－学前教育 Ⅳ.①G613.7

中国版本图书馆CIP数据核字（2020）第244263号

保留所有权利。未经中国轻工业出版社书面授权，任何人不得以任何方式（包括但不限于电子、机械、手工或其他尚未被发明或应用的技术手段）复印、拍照、扫描、录音、朗读、存储、发表本书中任何部分或本书全部内容（包括但不限于光盘、音频、视频等）。中国轻工业出版社未授权任何机构提供源自本书内容的电子文件阅览、收听或下载服务。如有此类非法行为，查实必究。

责任编辑：王慧超　张天怡　　责任终审：腾炎福
策划编辑：高　君　　　　　　责任校对：刘志颖　　责任监印：吴维斌

出版发行：中国轻工业出版社（北京鲁谷东街5号，邮编：100040）
印　　刷：中国电影出版社印刷厂
经　　销：各地新华书店
版　　次：2025年12月第1版第13次印刷
开　　本：787×1092　1/16　印张：18
字　　数：176千字
印　　数：105001—110000
书　　号：ISBN 978-7-5184-3302-5　定价：88.00元

读者热线：010-65181109
发行电话：010-85119832　010-85119912
网　　址：http://www.chlip.com.cn　http://www.wqedu.com
电子信箱：1012305542@qq.com
版权所有　侵权必究

如发现图书残缺请拨打读者热线联系调换

252026Y1C113ZBW

前 言

2020年注定是一个不同寻常的年份，经历了新型冠状病毒肺炎疫情的"痛"和"憋"，迎来了中秋国庆长假，大家忍不住想要畅游和欢庆。其间，我除了回老家看望母亲，其余时间都在一遍遍地审读本书书稿，有喜悦、感动和骄傲，也有些许遗憾……

本书是"幼儿自主游戏·自主学习·自主生活"丛书中的第一本，为什么想要撰写这样一套丛书呢？原因有以下几个方面。

原因之一，三四年前，我看到一所幼儿园里有几位非常年轻的教师在班级里践行自主教育理念，在一日生活中尊重和支持幼儿的自由选择和自主活动，同时，该园园长也赋予他们很大的班级自主权。我很受触动，原想帮助他们梳理经验，可惜未能如愿。

原因之二，2018年9月，在山东省教育厅组织的"百佳教师"评选的活动中，我被山东省淄博市市直机关第三幼儿园郭晓云老师的演讲感动，她演讲的题目是"像家一样的幸福教室"。郭老师说："在一间幸福的教室里，老师和孩子一起过幸福的生活。我希望所有走进这间教室的孩子们，都像走进家里一样，自主、自由、幸福地成长。"——是的，幸福是我们所有人的追求，但教育生活的幸福与身在其中的人的自由自主有着直接的关系。只有给予孩子机会，让孩子自主地成长，才能让他们享受到真正的幸福童年，也才能让教师体味到教育的价值和幸福。

原因之三，2019年暑期，我在帮助北京某教育机构修改其儿童观察和评价系统时，极力主张教师对于班级幼儿活动的观察和评价包括三部分核心内容，即幼儿的自主游戏、自主学习和自主生活。可是，如何界定自主游戏、自主学习、自主生活？为什么要强调它们是幼儿一日活动的核心内容，承载了幼儿发展最核心的价值追求？幼儿园应如何开展自主游戏、自主学习、自主生活？如何在开展的过程中与家长达成一致，形成家园共育联盟……教师们在具体的实践工作中存在非常多亟待解答的问题。

原因之四，2019年9月，山东省启动了游戏活动实验区（园）项目建设工作，旨在通过游戏项目活动的推动，引领幼儿园贯彻"以游戏为基本活动"的原则，逐步完善幼儿园课程的游戏化、生活化、整合化、园本化建设。但是，如何以实验区（园）为龙头带动全省幼儿园的改革？是否有可资借鉴的经验？如何引导教师转变理念，提升实践智慧？如何帮助幼儿园改善游戏环境，提升课程质量，切实推动幼儿发展的实效……不仅实验区的管理者存在很多疑问，各实验园在落实"以游戏为基本活动"的原则时也存在诸多认识层面和操作层面的问题。

更深一层的原因是，面对未来社会的发展，作为教育者的我们感到很惶恐。世界经济全球化和科学技术的迅猛发展，正深刻地改变着我们的生产和生活方式。以人工智能为代表的第四次工业革命兴起之后，创新成为生产力发展的关键动力。我们的教育如果继续延续第一次、第二次工业革命的模式，依赖简单的直接教学和被动学习的方式，那么如何培养具有创新精神并能应对未来不确定的社会的人才呢？

2020年1月，世界经济论坛（World Economic Forum）发布了一份题为《未来学校：为第四次工业革命定义新的教育模式》的报告（以下简称《报告》），《报告》提出了"教育4.0"[①]的全球框架，强调实现高质量学习是教育模式创新的第一步，教育质量尤其是童年时期的教育质量，对人今后的生活和工作具有重大影响。教育4.0的全球框架包含八个关键特征[②]：

* 全球公民技能
* 创新创造技能
* 技术技能
* 人际关系技能
* 可及性和包容性学习
* 基于问题和协作的学习
* 个性化和自定进度的学习
* 终身学习和学生自驱动的学习

《报告》在谈到"个性化和自定进度的学习"这一特征时，强调学习应从一个标准化的系统转向一个基于每个学习者不同的、具有足够灵活性的个人需求系统，学习者应该有更多的机会选择并体验个性化学习，设置学习内容，安排学习时间，并选择学习地点。这种更灵活的学习方式和更高效的教育令人期待，典型案例是印度普拉塔姆混合学习计划和中国安吉游戏。

《报告》给予安吉游戏很高的评价，认为安吉游戏侧重游戏化学习，可以被应用于任何学习环境。在学习方面，孩子们在一段时间内专注、持续、自主地进行探索和游戏，活动结束时进行反思，分享他们的经历，表达他们的看法。以自主体验游戏的方式进行学习，符合儿童的特点，也符合未来教育强调的个性化、主体性的需要。

《报告》在谈到"终身学习和学生自驱动的学习"这一特征时，强调学校要将教育体系转变为一种为了学习而学习的体系，而不是为了特定的奖励或为了通过标准化考试而

---

① Leapfrog将农业社会时代的教育命名为教育1.0，工业社会时代的教育命名为教育2.0，全球化时代的教育命名为教育3.0，创新社会时代的教育命名为教育4.0。

② 王永固，许家奇，丁继红. 教育4.0全球框架：未来学校教育与模式转变——世界经济论坛《未来学校：为第四次工业革命定义新的教育模式》之报告解读[J]. 远程教育杂志，2020（03）。

学习的体系，注重学生的内在学习动机激发；强调通过基于探究的开放式教学，支持学生的终身学习，探索以学习者为主导的教与学的方法等。

其实，教育4.0全球框架包含的八个关键特征，都蕴含着对学习者主体地位和自主性的尊重，这是未来教育的基本走向，我们所倡导的幼儿自主游戏、自主学习、自主生活正是这种理念的具体体现。可是，现今幼儿教育中普遍存在对幼儿主体性的忽视，我们竭尽全力照顾、守护和教育我们的孩子，却忘了他们每一个人都是独立的、有自主能动性的生机勃勃的个体。

自主游戏、自主学习、自主生活是幼儿教育的基本目标和内容，也是幼儿教育改革的基本方向。未来社会所需要的创新型人才必然是具有自主性、能动性和创造性的人，所以，尊重幼儿发展的特点和需要，放手与支持幼儿的自主性发展，让幼儿在自主游戏、自主学习和自主生活中，在独立自主的体验和经历中增强自我成长的力量具有非常重要的意义。

自主游戏强调教师信任幼儿，放手让幼儿自由选择，自主地把握游戏内容和游戏进程，玩自己的游戏。自主学习就是幼儿按照自己的意愿，带着自己的问题，在自己的探索中，按照自己的方式解决问题，并获得发展的过程。自主生活强调幼儿在面对自己生活中的问题时能尝试自主安排时间，自主做出选择和计划，自主地支配玩具和其他物品，学习自我服务和自主地享用自己的劳动成果，在自主的生活中实现自我意识和自我能力的发展，学会负责任地关照好自己的身体和心理健康。

尽管自主游戏、自主学习与自主生活各有其含义，但是本质相同、目标一致，都以幼儿是一个独立发展的人为出发点，都是为了成就对自己、对社会有贡献，负责任、有能力、敢担当的个体。自主游戏、自主学习与自主生活相互交融、相辅相成，你中有我、我中有你，所以，您在阅读本书时，不必纠结于这些概念，而应该清晰地把握其关键和本质。

《自主游戏——成就幼儿快乐而有意义的童年》一书包括七部分内容，其中，导言部分主要阐述自主与幼儿的自主性，由董旭花教授执笔。本章旨在帮助教师厘清自主的概念与意义、幼儿自主性发展的特点，辨析自由与自主的关系，自主游戏、自主学习与自主生活的关系，澄清幼儿教育实践中很多认识上的误区和模糊点。

第一章 游戏与自主游戏，由董旭花教授执笔。本章从儿童游戏的基本特征切入，阐述游戏和幼儿园游戏的自然属性、教育属性，帮助教师理解自主游戏和幼儿在游戏中的自主性，以及自主游戏背后的支撑理念，更多地关注游戏中幼儿的自主性表现与主体性发展，让幼儿真正体验到游戏的快乐和意义。

第二章 自主游戏：历史、现状与反思，由董旭花教授执笔。本章回顾了中国幼儿教育的百年发展史，以帮助教师更清晰地把握"以游戏为基本活动"的价值追求的意义；同时，对国内近二十年来自主游戏的实践探索进行了梳理，尤其是安吉游戏和江苏省

"课程游戏化"项目。此外，本章还结合有关自主游戏开展现状的调查结果，理性地分析了现阶段幼儿园自主游戏开展的实践问题与困境，期待幼儿教育能拥有更好的教育生态，共同推动幼儿的健康发展。

第三章 自主游戏的环境创设，由阎莉园长执笔。本章阐述了自主游戏环境创设的理念、基本原则与方法，并结合各地优秀幼儿园的实践案例，阐述了如何创设美的、舒适的、有安全感的、自由与开放的、自然与冒险的游戏环境。

第四章 自主游戏中的教师观察，由张海豫副院长和韩冰川副园长执笔。本章主要阐述了教师为什么要对自主游戏进行观察，以及如何观察、分析、做好观察记录、用好观察记录等内容。本章内容非常契合现阶段对幼儿教师专业发展的要求，它也是影响幼儿园自主游戏开展质量的关键问题。

第五章 自主游戏中的教师支持，由韩冰川副园长执笔。本章阐述了教师支持幼儿游戏的重要性，以及游戏前、游戏中、游戏后支持幼儿发展的具体策略，帮助教师明确如何在放手、观察的同时，做一个合格的支持者与推动者。

第六章 自主游戏的家园共育联盟，由阎莉园长执笔。本章主要聚焦自主游戏开展过程中教师感觉困惑的家园合力问题，阐述了如何形成基于自主游戏的家园共识，以及如何构筑家园共育的实践联盟，以更好地通过自主游戏促进幼儿的自主发展，让幼儿享受快乐而有意义的童年生活。

为了帮助您在阅读的同时，能结合自己的实践经验进行辩证的思考，本书的很多内容后面都有一个"实践链接"板块，希望您能时时对接自己的教育实践，并在园内开展教研，和同事一起讨论、交流自己对这些问题的看法。

让我感到极为幸运的是遇到几位优秀的合作者，她们是山东省商务厅幼儿园的阎莉园长、山东省淄博市市直机关第三幼儿园的韩冰川副园长、山东省潍坊市奎文区学前教育研究院的张海豫副院长。书稿写作的过程，是我们在实践中研究和把研究落地实施的过程，是我们不断地互动、研讨的过程，当然也是我们积极学习和交流的过程。我们彼此都感谢这样的研究和碰撞的机会。她们热情投入的态度一直在影响着我，她们丰富的实践智慧也是本书最精彩的部分。

本书的写作过程历时两年多，我们得到了很多幼儿园和幼教专业人士的帮助，在此诚挚地表达我们的感谢。感谢首都师范大学的刘昊博士和山东省淄博市市直机关第二幼儿园的刘霞园长，2019年我们多次一起研讨自主游戏、自主学习、自主生活的观察与评价问题，这些研讨为我们后续的写作提供了很多思路。感谢安吉幼儿教育研究中心的程学琴主任和她的团队，安吉游戏的实践经验来自她们的创造。感谢江苏省教育科学研究院的叶小红老师，关于江苏省"课程游戏化"项目的实践经验部分，她为我们提供了很多参考意见。感谢四川省成都市第十六幼儿园、四川省乐山市实验幼儿园、四川省绵阳市花园实验幼儿园、四川省成都市泡桐树幼儿园、广东省广州市番禺区东城幼儿园、广东省广州市华南农业大学幼儿园、山东省淄博市市直机关第三幼儿园、山东省淄博市市直机关第二幼儿园、山东省德州市跃华学校幼儿园、山东省商务厅幼儿园、山东省潍坊新华幼儿园、山东省日照市岚山区实验幼儿园、山东科技大学幼儿园、山东省东营市广饶县实验幼儿园、山东省临沂市兰山区任家庄幼儿园、山东省济南市童林堡幼儿园、山东省青岛市西海岸新区第一幼儿园、浙江省宁波市北仑区小港浃江幼儿园、重庆市武隆区凤溪幼儿园以及"人文幼学",它们提供了非常精彩的案例和照片,为本书增色添彩。感谢刘采老师和徐洪波老师,他们帮忙进行了山东省游戏现状的网络调查问卷。感谢山东省潍坊市奎文区第二实验幼儿园林丽燕老师和潍坊新华幼儿园贺润竹老师,在我们进行访谈调查时帮助记录和整理文字。感谢所有参与问卷调查和访谈调查的老师们,你们真实的表达让我们更清楚自己努力的方向。此外,还要感谢所有为我们提供案例的老师们,感谢那些提出问题、与我们共同研讨的老师们。感谢对自主游戏充满热情的所有幼儿园老师和社会各界人士,因为你们的积极参与,我们才有持续研究的动力。

当然,我们尤其要感谢万千教育编辑部的高君编辑,这是我们之间的第 11 次合作。从一开始的选题策划到写作过程中的反复讨论,再到稿件的反复修改,高君老师都付出了辛苦的劳动,给予我们无限的智慧。她也赶来山东参与我们的写作研讨会,从书稿的立意和结构,到书稿中的一字一句,她都和我们持续推敲,我们之间有无数次愉快的交流和碰撞。因为她的参与,我们更加坚定了研究的思路和方向,也体会到研究共同体的幸福。

感谢阅读本书的每一位老师,希望您能抱着热情的态度阅读本书。本书的照片和案例很吸引人,它提供的很多具体操作策略非常有借鉴意义。也希望您能够关注本书前面所阐述的基本概念和基本理论,它们会帮助您提高认识水平,拓展辨识问题的视野。如果本书能为您开展自主游戏带来一点启示,我们会倍感欣慰!让我们一起开启一段美好的阅读之旅!

书中如有不当之处,敬请批评指正。

董旭花
2020 年 10 月 3 日于泉城济南

目 录

导言　自主与幼儿的自主性　/ 1

一、如何理解自主性与幼儿的自主性 …… 2
　　（一）什么是自主性 …… 2
　　（二）幼儿的自主性 …… 6
　　（三）自由与自主 …… 17

二、自主性对幼儿一生发展的影响 …… 21
　　（一）影响幼儿自我概念和人格的建构 …… 21
　　（二）影响幼儿的自我效能感和自尊水平 …… 23
　　（三）自主性是重要的学习品质，影响幼儿终身学习与发展 …… 26
　　（四）培育人的自主性符合教育规律和未来社会发展的方向 …… 28

三、自主游戏、自主学习与自主生活的关系 …… 29
　　（一）自主游戏、自主学习与自主生活各有其含义 …… 29
　　（二）自主游戏、自主学习与自主生活本质相同、目标一致 …… 32
　　（三）自主游戏、自主学习与自主生活相互交融、相辅相成，你中有我、我中有你 …… 33

第一章　游戏与自主游戏　/ 37

一、游戏与幼儿园游戏 …… 37
　　（一）什么是儿童的游戏 …… 37
　　（二）幼儿园游戏：自然属性的游戏和教育属性的游戏的有机组合 …… 43

二、游戏分类的复杂性与自主游戏 …… 48
　　（一）游戏分类的复杂性 …… 48
　　（二）自主游戏的内涵 …… 54

三、自主游戏背后的支撑理念 ······ 61
（一）坚信幼儿就是游戏人，幼儿期就是游戏期 ······ 61
（二）坚信游戏就是幼儿的学习与工作 ······ 64
（三）坚信幼儿是一个有能力的个体 ······ 66
（四）坚信教育的重要价值和使命是培养人的主体性、能动性和创造性 ······ 68

第二章　自主游戏：历史、现状与反思　/ 73

一、"以游戏为基本活动"的百年呼唤 ······ 73
（一）建国前的幼儿教育：游戏开始成为幼儿园课程的一部分 ······ 73
（二）建国后50—70年代的幼儿教育：游戏是重要的教育手段 ······ 79
（三）改革开放40年："以游戏为基本活动"的儿童本位价值回归 ······ 82

二、国内自主游戏的实践探索 ······ 90
（一）"安吉游戏"的实践经验 ······ 90
（二）江苏省"课程游戏化"项目的实践经验 ······ 96

三、自主游戏开展的实践问题与困境 ······ 101
（一）现状与问题：自主游戏距离我们还有多远 ······ 101
（二）困境与挑战：自主游戏尚需解决的难题 ······ 108

第三章　自主游戏的环境创设　/ 121

一、环境创设：幼儿自主游戏的基础与前提 ······ 121
（一）满足幼儿的游戏兴趣和需要 ······ 121
（二）引发丰富多样的游戏 ······ 121
（三）支持和推动幼儿全面发展 ······ 122
（四）让幼儿的游戏自主而有序 ······ 123

二、支持游戏：环境创设的理念与基本原则 ······ 124
（一）幼儿为本，推动发展 ······ 124
（二）开放多元，激发创造 ······ 125
（三）追随幼儿，互动共生 ······ 125
（四）因地制宜，融入自然 ······ 126

（五）保障安全，适度挑战 127
　　（六）体现美感，关注秩序 127
　　（七）尊重幼儿，鼓励参与 128

三、创设美的、舒适的和有安全感的游戏环境 133
　　（一）创设具有美感的环境 133
　　（二）创设具有安全感的环境 140

四、创设自由与开放的游戏环境 146
　　（一）整体规划动态可变的游戏空间 146
　　（二）提供开放多元的玩具材料 161
　　（三）保障充足并具有弹性的游戏时间 173

五、创设自然与冒险的游戏环境 174
　　（一）户外环境充满自然气息与野趣 175
　　（二）允许冒险，适度挑战 181
　　（三）把自然元素融入室内环境 183

第四章　自主游戏中的教师观察　/ 193

一、在自主游戏中，为什么要进行观察 193
　　（一）自主游戏呈现最真实的幼儿 194
　　（二）借助观察了解、理解和支持幼儿 195
　　（三）观察是课程的源泉 196
　　（四）观察是调整游戏环境与材料的重要依据 199
　　（五）观察是教师教育理念重构的基本通道 200
　　（六）观察能帮助教师找到职业尊严感和幸福感 201

二、如何做合格的观察者 203
　　（一）什么是观察 203
　　（二）观察什么 204
　　（三）如何观察 205

三、如何进行专业分析 207
　　（一）做好专业准备 208

（二）明确自主游戏的分析维度…………………………………………… 211
　　（三）通过实践—反思—再实践的不断循环，提升分析能力………… 213
四、如何做好观察记录……………………………………………………… 214
　　（一）选择有意义的事件做记录…………………………………………… 214
　　（二）叙事性观察记录……………………………………………………… 214
　　（三）行为检核表与等级评定表…………………………………………… 221
　　（四）如何用好观察记录…………………………………………………… 223

第五章　自主游戏中的教师支持　/ 227

一、为什么是支持者和推动者……………………………………………… 227
二、如何做一个合格的支持者与推动者…………………………………… 228
　　（一）学会观察、学会倾听，形成儿童视角……………………………… 228
　　（二）尊重幼儿、相信幼儿，修炼敬畏之心……………………………… 230
　　（三）勇于尝试、善于反思，锤炼实践智慧……………………………… 231
三、自主游戏中的支持策略………………………………………………… 232
　　（一）游戏前的支持策略…………………………………………………… 233
　　（二）游戏中的支持策略…………………………………………………… 236
　　（三）游戏后的支持策略…………………………………………………… 246

第六章　自主游戏的家园共育联盟　/ 257

一、基于自主游戏的共识共育……………………………………………… 257
二、构筑家园共育的实践联盟……………………………………………… 258
　　（一）传递自主游戏理念，感受自主游戏魅力…………………………… 258
　　（二）让自主游戏走进家庭………………………………………………… 263
　　（三）家园对话构筑共育联盟……………………………………………… 266

附录　幼儿园自主游戏质量自查表　/ 269

广东省广州市番禺区东城幼儿园

导 言

自主与幼儿的自主性

> 儿童最初依附于父母，渐渐地学会依靠自己的力量来独立生活。在其走向自立的成长道路上，逐一体验每一个成长历程是十分重要的。为了获得顽强的生存能力，幼儿需要体验凭借自己的力量来掌握各种本领的快感，需要感受通过自己的智慧与努力来不断获得成功与成长的喜悦。
>
> ——高杉自子

有两个词是许多中国人所熟知的：一个是"巨婴"，另一个是"妈宝"。这两个词语都指向那些成人甚至年龄已不小，身体发育成熟、健康，但心智、情感、思想依然如婴儿般稚嫩的人。他们经常表现出懒惰、以自我为中心、自恋、脆弱、依附于父母、不负责任等态度和行为，无法在社会中独立生活和工作……其实不仅我国存在这样的年轻人，国外也同样存在这样的人。他们虽然已经二十七八岁了，但是不工作，在家里靠啃食父母养老金混日子。在英国，他们被称为"kipper"；在澳大利亚，他们被称为"boomerang kid"；在德国，人们用"nesthocker"来称呼那些赖在家里不出去独立生活的人[①]……

需要反思的除了这些年轻人，父母和教师是否也应该好好反思？为什么这些孩子都二十多岁了还不能独立生活、不能很好地管理自己，也不能对一份工作、一个家庭负责？这是否与我们的教养观念和教养行为有直接关系？这难道不值得我们好好思考关于自主性培养的问题吗？

日益富足的物质条件和家庭中少子化现象（尤其是我国经历了近40年的独生子女政策）的出现，确实会给予儿童更多的保护和更长的时间来适应社会，适应成年人应承担的社会责任；但是教养的根本目标是培养独立的、具有自我成长意识和能力的人。我们给予儿童的教养应该帮助他们成为一个既有能力管理自己，也敢于担当责任、服务社会的人。幼儿园教育是基础教育的重要组成部分，是基础教育的基础阶段，保障儿童健康、自主发展是我们义不容辞的责任。

---

① 库恩，等. 心理学导论——思想与行为的认识之路［M］. 郑钢，等译. 北京：中国轻工业出版社，2014.

一、如何理解自主性与幼儿的自主性

（一）什么是自主性

自主性是一个涉及哲学、社会学、政治学、伦理学、法学、心理学、教育学等诸多领域的词汇。从哲学的角度来看，自主性，是指行为个体能够根据自己的主观愿望与自由意志，独立做出决定，并实施、控制自身行为的特性[1]。通常，"行为主体"包括生物个体、群体、组织等，在本书中，主要指向的是幼儿个体或者幼儿群体。

"自主性"一词的心理学含义，是指自己成为自己行动的主体，不依赖他人（有时排除他人的干预），自由地做出自己的判断、主张和行动。邹晓燕和曲可佳博士的研究倾向于将自主性界定为个体依靠自身做出符合社会规范的决定，并能自我调节以达成目标的行为倾向。自主性是自我依靠、自我控制和自我主张的有机统一。自我依靠，指依靠自己的力量，相对地不经常寻求别人的帮助，与此相反的是依赖；自我控制，指能够主动克制自己的不合理愿望，调节自己的行为，与此相反的是任性；自我主张，指能够相对地自己做主，不受他人影响和支配，与此相反的是从众[2]。

《现代汉语词典》对自主的定义很简单，就是"自己做主"。这样简明的表达更符合幼儿教师的认知和理解。如果认可自主性就是不依附他人、不受他人支配的"自己做主"，那么，自主性的含义至少应该包括以下几点。

1. 独立照顾和管理自己的生活

一个具有自主性的人首先是一个能够独立生活的人，如果凡事都必须依靠别人来帮忙，那么就根本谈不上自主性，生活自理是对自主的最基本的要求。缺乏自主性的主要表现就是对别人的依赖。尽管儿童在生活中很多时候需要依靠成年人，但是即使不到1岁的小婴儿，也仍然渴望独立吃饭、独立走路，无限热情地尝试所有自己能做的事情。

实践链接：在你的班级日常生活中，像分餐、选餐具等餐点环节的活动，你是让幼儿参与和负责，还是只允许幼儿坐在桌前等待老师分配？你班级的幼儿自理能力怎么样？如果幼儿自理能力不强，你觉得主要原因是什么？是否与家长和教师包办代替太多有关系？

2. 自我判断，拥有独立观点

具有强烈好奇心和求知欲的儿童，也是具有独立学习能力和认知潜力的个体。虽然

---

[1] 丛杭青，王晓梅. 何谓 Autonomy？[J]. 哲学研究，2013（1）.
[2] 邹晓燕，曲可佳. 学前儿童自主性的发展与促进[M]. 合肥：安徽教育出版社，2015.

他们最初的学习依赖对周围人的观察和模仿，但是即便如此，自主的儿童仍然会对周围的世界形成独有的认识，具有自己独立的判断。儿童的认识既具有完全不同于成人的群体特点，也有个体的显著特点。

实践链接： 在你的班级里，幼儿是否经常表现出强烈的好奇心与探究欲望？是否拥有自己独立的认识？你经常问他们是否同意某个观点，还是只是按照你准备的教学知识点讲下去，让幼儿记住？当幼儿表达某个观点时，你是否会以教科书上的"正确观点"来判断对错？你是否会在教学过程中大力表扬观点"正确"的幼儿，而对观点"不正确"的幼儿加以否定或者忽略？在公开的教学课堂上，你是不是很怕幼儿有跳出常规的表达和表现？你是否认为好孩子就是能在教学活动中与老师同频呼应的孩子？简单地说，就是总是能说出教师想要的答案的孩子……

3. 独立做出选择和决定

一个人能否在处世与行事的过程中独立做出选择和决定，这一点极为重要，这是个体存在的价值体现，也是自主性的主要标识。现在流行的一个词语是"刷存在感"，其实，很多时候我们是否具有"存在感"，并不在于我们是否在场，而在于我们是否拥有做出选择的自由和做出决定的权利。

实践链接： 在班级的一日生活和学习活动中，你是否经常让幼儿自己选择？比如，吃饭的时候，他们是否可以选择吃某样菜而放弃另一样？是否可以选择吃多少饭、盛多少饭？区域活动选区时，他们是否可以选择去哪个区、和谁一起？游戏时，他们是否可以选择玩什么、怎么玩？每日的集体阅读时间，你是否会让幼儿自己选书进行阅读？关于"六一"儿童节这样的大型节日该如何度过，你是否会征求幼儿的意见并诚心诚意地和他们一起制订节日活动计划……

4. 独立制订计划并推动行动进程

一个人具有自主性，还表现为在做事的过程中能制定自己的目标，并围绕目标的实现持续推进自己的行动，比如，结成团体，查找信息，使用工具和材料，面对和解决问题，一步步走向成功。

实践链接： 在你的班级里，幼儿是否有机会按照自己的兴趣持续地去做一件事？比如，如果某个幼儿喜欢螺丝刀之类的工具，你是否允许他把家里安全的工具带到班里？是否允许他在区域活动时间自己或者与小伙伴一起去捣鼓这些东西？当幼儿遇到问题时，你是否会持续支持、鼓励他们？当他们制造"麻烦"时，你是否会立刻制止他们的活动？在你的班级里，这样的幼儿很多，还是几乎没有……

5. 独立调控行为过程

在做事的过程中，儿童一定会遇到大大小小各种各样的问题，比如，团体无法达成一致意见，过程与计划相冲突，使用身边的工具和材料无法实现游戏愿望，等等。所以，

广东省广州市番禺区东城幼儿园

幼儿通力合作、反复尝试、不断反思、持续探究，使用各种方法来搭建户外的遮阳帐篷

儿童需要不断打破自己原有的认识，重新做出选择，使用其他方法继续尝试……这个过程就是灵活调控的过程。不依赖别人进行自我调控，既是儿童能力的体现，也是其自主性的重要体现。

灵活调控自己的行为需要一个人具备基本的反思能力，即元认知的能力。"元认知"一词最早是由美国儿童心理学家弗拉维尔提出来的。元认知，又称反省认知、监控认知、超认知、反审认知等，是指人对自己的认知过程的认知。学习者可以通过元认知来了解、检验、评估和调整自己的认知活动。一般认为，元认知可以由元认知知识、元认知体验和元认知监控三部分组成[1]。

实践链接： 在你的班级里，幼儿遇到困难的时候通常第一反应是什么？你是否会鼓励和引导幼儿经常反思做一件事情的过程……

在引导幼儿反思时，一般可以提出如下问题：你刚才做了什么事情？你是怎么做的？你遇到的问题是什么？这个问题是怎么造成的？你刚才用了哪些办法来解决这个问题？是否有效？还可以采取哪些办法来尝试？遇到问题可以去哪里寻求帮助？怎样寻求帮助……

6. 独立制定活动规范，并约束自己的行为

作为具有自主发展的个体，在具体的活动过程中，不仅享有自由选择的权利，还应

---

[1] 迪绍夫. 元认知：改变大脑的顽固思维[M]. 陈舒，译. 北京：机械工业出版社，2014.

该自主地约束自己的行为,即自律,因为权利与义务是一个硬币的两面,任何时候都是同时存在的。约束自己的行为,既包括按照既定的规范行动,也包括在自主的活动中,小伙伴群体制定规范,并相互提示按照规范行动。

实践链接: 在你的班级里,每次活动时都是教师先提要求吗?你的要求是不是主要集中在安全和纪律方面?你是否会让幼儿自己讨论活动的规范?比如,自己取餐的时候,怎样做才不会拥挤?吃完饭后,应该做什么?去户外玩游戏时,每个人都应该怎样做就不会摔倒磕伤?区域活动结束时,应该做什么……

7. 对自己的行为结果负责任

独立自主行动,一定与行动结果并行。具有自主性的个体,应该能够接纳独立行为的结果,并对自己的行为负责任。只管自由选择、自主行动,却不管结果如何,那叫任性、不负责任。

实践链接: 在你的班级里,若有幼儿因为下棋游戏或者拍球比赛输了而哭泣,你会怎样和他们对话?餐后桌面上掉落的饭粒由谁来收拾?游戏结束后的玩具材料应该由谁来整理?

游戏活动结束后,幼儿主动把玩具材料收回材料筐,再把筐子放回材料柜,这既是每个幼儿的日常活动规范,也是他们的自觉行为

广东省广州市番禺区东城幼儿园

（二）幼儿的自主性

关于自主性，前面强调了不受他人控制的"自己做主"。不过，受年龄发展特点的影响，幼儿的自主性与成人的自主性的表现一定是不同的，其中的差异主要表现如下。

1. 独立自主是儿童天性的一部分

独立自主是儿童天性的一部分。儿童从出生起，就开始独立地面对外部世界。儿童最早发展和使用的感觉器官并不是用来吸收信息的，而是主动感知外部世界、获取印象的工具。这些通过感知获得的印象使儿童形成对外部世界最初的认知，并构成儿童个性的一部分。

如果我们耐心地观察一个小孩子，哪怕他只有一两岁，我们都会发现，他渴望并努力自己做事情，比如，自己走路、自己吃饭、自己拿取东西、自己操作玩具、自己穿脱衣服……而且这种渴望非常强烈，以至于经常会与成年人的教养行为发生冲突。成年人会习惯性地阻止儿童，抱着他走路、喂他吃饭、代替他取东西、教他玩玩具、帮他穿脱衣服……却从来没有想过我们阻止儿童的行为是违背自然和儿童的天性的。

1岁1个月的孩子尝试自己吃饭，在品尝美味食物的同时，体验手的控制带来的力量感

意大利著名的幼儿教育家蒙台梭利认为，大自然在赋予儿童生命本身的同时，也赋予儿童自由和独立。大自然在赋予儿童生命时，遵循着有关个体年龄和需求的永恒法则。大自然使自由成为生命的法则：或是自由，或是死亡！[①]

蒙台梭利一直强调，儿童的天性中具有获得充分独立的倾向性。"儿童的发展采取了一种努力趋于更多独立的形式。这种发展犹如离弦之箭，笔直、迅速和平稳地向前飞行。随着生命的开始，儿童努力去获得独立。在发展的同时，他不断完善自己，并克服在其发展道路上所遇到的每一个障碍。"[②]

其实，美国教育家杜威也曾经表达过类似的观点。很多成年人会认为小孩子不成熟，有各种各样的欠缺，而杜威认为如果用内在

---

①② 蒙台梭利. 有吸收力的心理［M］. 单中惠，译. 济南：山东教育出版社，2018.

观点看待儿童期，未成熟就是一种积极的、向前生长的势力或能力[1]。这种自然而然地向前生长的力量就是所有生物都具有的独立性，与生存本能同存。

实践链接： 有一次，一位高贵的夫人访问一所蒙台梭利的"儿童之家"，她带着自己陈旧的观念问一个小男孩："这就是你们喜欢什么就做什么的学校吗？"这个小男孩回答说："不，夫人，并不是我们喜欢什么就做什么，而是我们喜欢自己所做的工作。"——请问各位老师，你是如何理解小男孩的话的？

2. 幼儿期是一个人自主性发展的关键时期

一个人的自主性与其自我意识觉醒有直接关系，而自我意识是在个体生理、心理发展到一定程度的基础上发生、发展的，也是在个体与社会环境长期相互作用的动态过程中形成和发展的。心理学研究一般把3岁左右作为儿童自我意识觉醒和第一次突飞猛进发展的质变期，青春期是第二个时期。

美国著名的发展心理学家爱利克·埃里克森在其影响广泛的著作《童年与社会》一书中提出，我们在生命的每一个阶段都要面对一种特有的心理社会困境或"危机"。心理社会困境，指个人冲动与社会现实之间的矛盾冲突。如果"成功地"解决了每一个两难问题并摆脱了困境，个人和社会之间就会产生新的平衡，从而得到健康发展，并获得满意的生活。如果问题得不到解决，个人就会失去平衡，在应对以后的危机时将会更加困难，生活之路将会变得更加坎坷，个人成长也将受到阻碍[2]。

埃里克森的心理社会困境[3]

年龄	主要困境
出生到1岁	信任对不信任
1—3岁	自主对羞愧和怀疑
3—5岁	主动对内疚
6—12岁	勤奋对自卑
青少年期（12—19岁）	角色认同对角色混乱
成年早期（20—34岁）	亲近感对孤立感
成年中期（35—64岁）	普遍关注对自我关注
成年后期（65岁以后）	圆满感对绝望感

幼儿园教师需要认真学习和思考爱利克·埃里克森的心理社会理论，更多地关注儿

---

[1] 杜威. 民主主义与教育[M]. 王承绪，译. 北京：人民教育出版社，2011.
[2][3] 库恩，米特尔. 心理学导论——思想与行为的认识之路[M]. 郑钢，等译. 北京：中国轻工业出版社，2014.

童在社会性发展过程中面临的一系列困境,而不仅仅是认知方面。幼儿园的孩子一般处于3—6岁的年龄阶段,与爱利克·埃里克森描述的第二阶段和第三阶段正好符合,这两个阶段的幼儿面临的心理社会发展困境如下。

> 第二阶段(1—3岁):自主对羞愧和怀疑
>
> 在这一阶段,儿童的自控能力增强,表现出爬行、触摸、探索和自己动手的愿望。成人可以通过鼓励儿童尝试新本领来培养儿童的自主意识。不过,在儿童笨手笨脚的尝试中经常会出现各种"事故",比如,把水洒一地、摔跤、尿床等。这时,如果成人嘲笑儿童或一切包办代替,对儿童过度保护,都可能使儿童怀疑自己的能力,对自己的行为感到羞耻。
>
> 第三阶段(3—5岁):主动对内疚
>
> 处于这一时期的儿童不只是简单的自控,他们开始表现出主动精神(如用彩笔在墙上画)。通过做游戏,儿童学习制订计划和执行任务。如果成人让儿童自由地做游戏、提问、发挥想象和选择活动,那么就可以强化儿童的主动性。如果成人总是严厉地批评儿童,不让他们玩游戏,不鼓励他们提问,那么就会让儿童认为积极主动参与活动是件错事,因而产生内疚感。①

自己吃饭,自己操控餐具,是很好的动作练习,也是独立自主意识的体现

大家可以看到,以上两个阶段的儿童发展都与自主有关。成人如果能在这两个关键时期给予儿童更多的信任和放手、鼓励和认可,以及支持和推动,不因儿童出现差错而训斥、打骂、嘲笑他们,也不会因此包办代替,剥夺儿童独立游戏和做事的机会,那么就会帮助儿童形成自主的意识,发展出自主的能力,并形成平衡且良好的社会心理状态,建构和谐的人格。

实践链接:作为幼儿园小班教师的你,会不会认为孩子年龄小,什么都不会,与其让他们自己做一些事情,还不如自己做来得更简单和快速……当孩子们出现弄乱玩具、撕破图书、把水洒在地上、把饭弄得到处都是等问题时,你会不会忍不住批评他们?而且批评的时候,你心里是不是觉得是为了他们好,为了让他们改正缺

---

① 库恩,米特尔. 心理学导论——思想与行为的认识之路[M]. 郑钢,等译. 北京:中国轻工业出版社,2014.

3岁多的孩子随心所欲地玩游戏，需要成人的宽容、接纳、陪伴和心平气和的支持

四川省绵阳市花园实验幼儿园

点……看完爱利克·埃里克森的心理社会理论，尤其是了解了1—3岁孩子和3—5岁孩子分别面对的心理困境是什么后，你是否需要好好地思考一下如何对待孩子自主的行为？尤其是当孩子自主的行为出现差错时，你应该以怎样的态度和行为鼓励他而不是打击他？教师应该如何避免因自己的教育行为而给孩子造成心理上的危机和困境……

3. 自主意识强烈，但自主能力尚处于萌芽阶段

3—6岁的儿童既以自我为中心，又在不断地突破自我、走向外部世界。这个年龄段的儿童渴望用自己的眼、耳、鼻、舌、身感知世界，用自己的双手探索世界，用自己的大脑思考世界……每一个幼儿都具有强烈的自主意识，但是他们运用经验和逻辑思维进行反思和调控的理性自主能力较弱，所以，他们时时刻刻都需要成年人在身边，给予爱护、关照、陪伴、欣赏、支持和引导。

尤其需要注意的是，自主不仅仅是一种意愿，还是一种能力——一种"理性自主"的能力。人的理性自主能力的发展是相对的，是有层次的、逐步递进的过程。美国学者霍沃思把个体的自主由低到高分为四个层次：最低层次是"最小自主"——行动者具有胜任、独立和某些自我控制的特征，但几乎没有反思能力；第二个层次是"过渡自

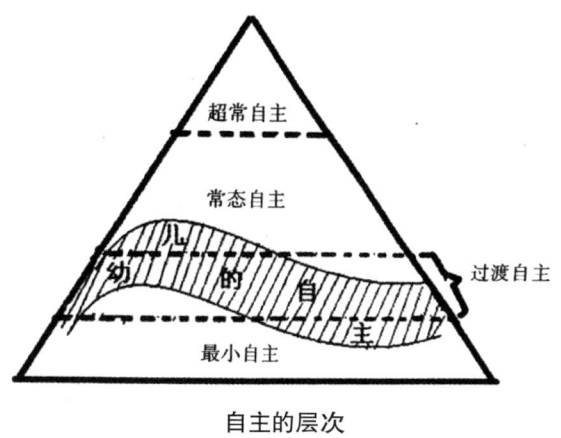

自主的层次

主"——行动者的道德感已形成,行为受到内部声音(即父母或其他代理人的观点和品质)的驱动,但不会认真追问"是否要"和"为什么要";第三个层次是"常态自主"——行动者既能对自己的冲动和外部影响进行评价、反思,又能对行为策略进行选择;最高层次是"超常自主"——行动者能摆脱内部和外部的束缚,超越常规地自主行事,大胆创新。[①]

我国学者张国平认为,幼儿具有一定的理性与反思能力,其自主水平围绕"过渡自主"上下波动。分析霍沃思描述的个体自主由低到高的四种水平,笔者基本同意张国平先生的观点,即幼儿具有一定的理性思考和价值判断的能力,但受周围成年人的影响极大。但是,笔者认为3—6岁幼儿的自主能力尚处于萌芽阶段,确实在上图显示的"过渡自主"水平上下波动,更准确地说,应该是偏下方的"最小自主"更多一些。

具体地说,3—6岁幼儿的自主表现出以下特征。

* 具有自主的强烈意愿,但自理能力和自我控制能力还在发展之中。
* 自我认知的能力较弱,喜欢模仿,也容易从众。
* 慢慢发展出自己的兴趣爱好,能独立做出选择和决定,但选择时易受周围人的影响。
* "计划—行动—结果"这一过程,较为简单的,幼儿一般可以独立完成;较为复杂的,则需要教师协助推进。
* 做事过程中需要教师引导来进行反思,以更好地调控行为过程。
* 有时候会在游戏过程中确立自己的游戏规范,更多的时候需要教师参与,引导其制定活动规范,并提示其依照规范约束自己的行为。
* 正在学习对自己的行为结果负责。

幼儿不仅仅是未成熟的人,教育也不仅仅是把成人世界所需要的知识和技能传递给幼儿。教育最重要的价值应该是成就人,而人的成长是全面的,包括身体、心理与人格的发展,尤其是独立性、自主性和意志力的形成,必然经历一个漫长的过程,无法速成。

实践链接:各位老师,请回忆一下,当你带小班、中班、大班时,对幼儿的要求是否一致?为什么我们会希望大班的孩子有更多自我管理、自我约束的能力?你是否听说过"他

---

① 张国平. 幼儿的自主游戏[M]. 北京:中央编译出版社,2017.

幼儿自主计划游戏主题、内容，自主进行同伴交往，在安全的环境中进行探究和冒险，不断发现自己的力量，提升自主的能力

山东省日照市岚山区实验幼儿园

律"和"自律"？"自律"和幼儿自主性的发展有关系吗？如何培育幼儿的自律能力？谈到自主性的发展，前面强调幼儿的反思能力，你认为如何才能提升幼儿的反思能力？让幼儿承担自己行为的结果是否也有助于幼儿自主性的发展……

4. 幼儿的自主性发展受控于周围的成年人

幼儿的自主性发展与外在的控制必然是此消彼长的关系。作为3—6岁的未成年人，幼儿的生活和成长必然依赖周围成年人的帮助和管理，所以，讨论幼儿的自主性并不那么轻松，它的实现需要满足一些内在和外在的条件，其中很重要的一点就是成年人的教养观念和教养方式。

蒙台梭利特别强调儿童内在"精神胚胎"的生长，"尤其在儿童诞生后的最初几年里，他具有一种作为精神需求的内在敏感性。但是，一种错误指引或压制的教育使得这种敏感性消失或被取代，从而使儿童成为对他周围各种物体的外部感觉的一个奴隶……这种敏感性在自由选择的灵敏性行为中展现自己，但一位没有受过训练的教师实际上会在观察儿童选择之前就践踏它，就如一头大象践踏道路两旁含苞欲放的花朵一样。"[1]

---

[1] 单中惠. 蒙台梭利幼儿教育经典名著导读[M]. 济南：山东教育出版社，2018.

前些年，网络上流传"有一种冷叫妈妈觉得你冷"的笑谈。这句话所表达的意思有温暖、讽刺，也有无奈……它代表着一种无处不在的文化和"亲情包围圈"，细思极恐！如果我们连孩子自己的感觉都剥夺，那么还有什么思想、情感、价值观可以独存？难道我们真的经常像大象一样践踏儿童的独立和自尊？！

幼儿首先是一个人，是一个独立、有能动性的存在。其次，他才是一个受教育者。教师首先需要思考如何尊重独立存在的每一个幼儿，其次才应该思考如何遵循其发展规律，因材施教。

在幼儿园里，教师如果认可幼儿独立的重要性，持有更为民主的教育理念，那么就可能给予每个幼儿更多自由选择和自主活动的机会，幼儿的自主性发展就有更多的可能。反之，如果教师以幼儿缺乏自主的能力为由不肯放手，幼儿只能按照教师下达的指令活动，那么幼儿就永远不可能发展出理性的自主能力。

实践链接：你是如何理解幼儿的？比如，你认为幼儿是一张白纸吗？你认为幼儿什么都不会，所以需要一点点地教吗？一个幼儿信赖你，所以你就认为你可以对他实施你认为好的教育吗……你是否认为只要你放手，幼儿就会乱作一团、出现各种问题？你是否认为自己应该时时刻刻拿着"剪刀""修理"孩子，尤其是那些不听话的孩子……

你在刚入职的时候是否被"师傅"教导应该树立"教育权威"的形象？假如现在由你带领新教师，你最想给他们什么忠告？请写下你的忠告，并说明理由。

教研活动时，请你和老师们一起讨论下面两句话的含义：

大自然希望儿童在成人之前就要像儿童的样子。

——卢梭

儿童是以有能力、有自信的学习者和沟通者的身份成长的，身体、心理、精神健康，有安全感和归属感，知道他们能为社会做出重要贡献。

——《新西兰幼儿教育课程大纲》

5. 幼儿的自主能力依赖各项自主的活动而逐步提升

幼儿的成长不是一个不断被教化的过程，而是一个不断与外部世界互动的过程，幼儿是在互动的过程中实现自身经验的建构和人格的完善的。同样，幼儿的自主性也是在各种不同的活动中不断发展的，活动的过程也是幼儿与环境、材料、教师、同伴对话的过程，他们在此过程中认识自己、验证自身的能力、构建关系、提升自身在相应活动中的自主性水平。

某幼儿园一日活动时间安排表 1

7:30—8:45	晨练、早餐
8:55—10:10	户外自主游戏
10:20—11:10	点心及学习性区角活动
11:20—14:30	午餐、午睡
14:30—15:50	起床、午点、集体教学活动
15:50—16:30	户外体育活动
16:40—17:30	区角活动、离园活动

某幼儿园一日活动时间安排表 2

7:30—8:00	晨检，早锻炼
8:00—8:40	早餐（包括餐前洗手等生活活动）
8:40—9:00	餐后活动（服药、点名等）
9:00—10:00	户外自主游戏
10:00—11:00	游戏后分享及集体教学活动
11:00—11:20	午餐前准备（盥洗、报餐等）
11:20—11:50	午餐
11:50—12:00	餐后散步
12:00—14:30	午休
14:30—15:00	起床后整理
15:00—16:00	室内区域活动
16:00—16:30	区域活动分享
16:30—17:30	离园活动

从上面两个幼儿园的一日活动安排表可以看出，幼儿在园一天的时间一般比较长（8~10小时），一日活动内容相应地就会比较多，其中主要包括：入园、离园活动，餐点、盥洗、午睡等生活活动，室内外游戏活动，体育锻炼，区域活动，集体教学活动，等等。本书主要选择自主游戏进行阐述，因为这是幼儿园一日活动内容的重要组成部分。

无论哪一类活动，都需要教师赋权，给予幼儿足够多的机会来管理自己的生活以及选择和决定自己的游戏和学习。只有拥有足够多的自主活动的机会，幼儿才有可能充分发展出理性自主的能力。

广东省广州市番禺区东城幼儿园

幼儿园各种活动都需要教师放手,生活环节的自主可以提高幼儿的自理能力

四川省乐山市实验幼儿园(图片来自"人文幼学")

尽管木工活动具有一定的挑战性,但也需要教师放权

实践链接: 请大家从科学性、合理性、全面性、适宜性、发展性等方面仔细分析下面的某幼儿园一日活动作息时间表,找出其存在的比较突出的问题,并进行修改。

序号	时间	内容
1	8:00—8:30	来园、晨检
2	8:30—9:00	早操（晨练）
3	9:00—9:30	集体活动（一）
4	9:30—9:50	课间活动、喝水
5	9:50—10:30	集体活动（二）
6	10:30—10:50	课间活动
7	10:50—11:20	户外活动（一）
8	11:20—11:30	餐前准备（如厕、洗手）
9	11:30—12:00	午餐
10	12:00—12:10	午睡准备
11	12:30—14:00	午睡
12	14:00—14:20	起床、整洁
13	14:20—14:40	吃点心、喝水
14	14:40—15:10	集体活动（三）
15	15:10—15:30	课间活动
16	15:30—16:00	户外活动（二）
17	16:00	幼儿离园

6. 幼儿的自主性发展存在巨大的个体差异

个体差异是幼儿教师都熟悉的一个词，《幼儿园教育指导纲要（试行）》（以下简称《纲要》）明确提出，"幼儿园教育应尊重幼儿的人格和权利，尊重幼儿身心发展的规律和学习特点，以游戏为基本活动，保教并重，关注个别差异，促进每个幼儿富有个性的发展"。"促进每个幼儿富有个性的发展"绝对不是一件容易的事情，教师首先需要了解并接纳幼儿之间的个性化表现。

同一年龄段的幼儿沿着大致相似的进程发展，表现出大致相似的特征，心理学称之为发展的阶段性和年龄特征。但同时，同一年龄段的幼儿又表现出极大的个体差异，如气质类型、性格、兴趣爱好、情绪情感、认知特点和水平、意志、社会性发展等。

当然，在自主性发展方面，幼儿之间也会有极大的个体差异。从个体倾向方面来讲，有独立—依赖、自主—被动的差异；从能力方面来讲，有自主水平高低的差异……而且，很多时候，幼儿会有很复杂的表现，比如，在某个活动中或在某种情境下，表现得比较主动，而换了场景，则可能会有相反的表现。

自主游戏开始了，只见慧慧搬起小椅子径直走入美工区，拿出彩泥放在手心里揉一揉、拉一拉，不一会儿，彩泥就变成了一只恐龙的模样。然后，她从容地拿来剪刀，"咔嚓"一下，出现了一个恐龙的大嘴巴。接下来，她从笔筒里拿出记号笔在恐龙的头两边各点一个圆点，一双大眼睛让这只大恐龙看起来更加威武了。慧慧端详了一会儿，似乎对自己的杰作很满意。她走到老师身边，笑着说："老师，你看我做的恐龙！你猜，这是一只什么龙——霸王龙！"看得出她满眼的快乐、满足与成就感。

大力小朋友则完全不一样，他是这学期刚转园过来的，平时不太说话。今天自主游戏开始之后，他在小朋友中间转来转去，有些手足无措的样子。没有人理他，他很小心地看着大家，好几分钟过去了，他也不动手做些什么。后来老师走过来问他："大力，你想玩什么？"他紧闭嘴巴，轻轻地摇了摇头。老师说："大力，你想玩什么就玩什么。"大力怯怯地说："老师，我玩什么呢？我玩什么呢？""要不你去用纸杯搭高楼吧。""行。"老师把他领到纸杯搭建区，让另一个小朋友领着他一起用纸杯搭高楼。高楼搭完了，他又不知做什么了……这种情况一直持续了很长时间，每到自主游戏时间，大力就会不停地问："老师，我玩什么？"

——节选自山东省淄博市市直机关第三幼儿园中班齐桂云老师的观察记录

幼儿的自主性发展既与文化传统、外在的环境、周围成人的教养行为有关，也与其内在的气质类型和个性特点有关，所以，幼儿园里即使同一年龄段的幼儿，其自主性的发展也会有巨大的个体差异。

在幼儿的自主性发展方面，教师除了需要关注自身的观念转变和教育行为之外，还需要关注与家庭的沟通、合作。相关研究表明，家庭是影响幼儿自主性发展的关键因素，比如，家庭环境（家庭的物质条件、社会地位、父母的职业、家庭成员之间的关系以及家庭成员对待幼儿的语言、行为、情感等共同构成了幼儿的家庭环境，而家庭环境必然会影响幼儿的自我意识和自主能力）、主要教养人的观念、权威性、教养方式、亲子关系质量、陪伴时间等都可能会影响幼儿的自主性发展。

一般来讲，经济条件和社会状况较好的家庭，父母学历层次较高的家庭，选择较为民主的教养方式的比例也较高。这样的家庭会对孩子持更开放、理解和包容的态度，相对较少有打骂、指责、否认、拒绝、控制等教养行为，幼儿成长的过程中也会有较多自主选择的机会，被鼓励自主参与家庭事务、班级事务、社会事务的机会也比较多，因而其自主性发展也会较好一些。研究表明，良好的亲子关系在幼儿自主性发展中起着至关重要的作用（赵爽，2013）。

通常，由父母带大的孩子和由祖父母带大的孩子会存在一些差异，主要表现在幼儿的自主性方面。通常，年轻的父母会更放手一些，而祖父母可能存在较多的包办代替、较多的言语和行为控制。

实践链接：《一个小宝两个样》是幼儿园大班传统的社会教育内容，幼儿园把它作为大班语言教育领域看图讲述的内容。故事描述了小宝在幼儿园乖巧听话、有礼貌、爱劳动的表现和在家里不听话、爱闹情绪、不爱劳动、邋遢的"熊孩子"表现。

请各位老师观察记录幼儿在园的表现，也请父母观察记录幼儿在家庭中的表现，尤其是在独立自主方面的表现。然后，与家长沟通交流，分析幼儿的自主性表现是否一致，如果出现不一致，原因是什么？应该如何协调一致地帮助幼儿提升自主管理、自主调控的能力？

（三）自由与自主

自由是每个人都熟悉的一个词。每个人都渴望自由，对于自由的追求属于人类的本能。自由一词也经常出现在幼儿教师的口中，当然不是为自己争取自由，而是理念转变之后的教育价值追求，比如，"给幼儿活动的自由""让幼儿自由选择""让幼儿自由自主地游戏"，等等。

"幼儿自主游戏·自主学习·自主生活"丛书强调幼儿的"自主游戏""自主学习""自主生活"，那么，自由和自主是什么关系？自由＝自主吗？比如，现阶段幼儿园进行得热火朝天的自主游戏，强调教师要放手，放手就是给予幼儿自由，那么自由了的幼儿就一定会自主吗？自由游戏＝自主游戏吗？自由学习＝自主学习吗？自由生活＝自主生活吗？

1. 什么是自由

"自由"在中国古文里的意思是"由于自己"，即"不由于外力"，是自己做主的意思，但现代社会所指的自由更强调不受他人支配和干涉的权利。

自由是政治哲学的核心概念，也是一个社会概念。法国大革命的纲领性文件《人权和公民权宣言》（简称《人权宣言》）第4条对自由的定义为："自由即有权做一切无害于他人的任何事情。"[1]这里主要是从法律层面上解释自由。从心理学和教育学层面上讲，自由就是人按照自己的意愿做事，不受他人的强制干涉。

党的十八大明确提出，倡导富强、民主、文明、和谐，倡导自由、平等、公正、法治，倡导爱国、敬业、诚信、友善，积极培育和践行社会主义核心价值观。富强、民主、文明、和谐是国家层面的价值目标，自由、平等、公正、法治是社会层面的价值取向，爱国、敬业、诚信、友善是公民个人层面的价值准则，这24个字是社会主义核心价值观的基本内容。

"自由"是生命活动的根本目的，也是人类社会共同的价值追求。人类社会几千年的发展历史，不论是生存环境的改善，还是社会制度的完善，都是出于对自由、幸福的渴

---

[1] 引自百度百科。

望和追求。

我们生在一个最好的时代,尽管从现实层面上来讲,要实现"自由、平等、公正、法治"的目标,我们还有很长的路要走,但是只要我们每个人都付出努力,坚持不懈,相信这样美好的社会指日可待。

实践链接: 为实现"自由、平等"的美好社会,作为教师的我们应该做出怎样的努力?请检视自己的观念和日常行为,比如,我们对待孩子、对待不同职业和收入的家长、对待城市里的农民工、对待行政级别高低不同人员的态度和行为是怎样的……

2. 自由是一个相对的、有边界的概念

自由确实是"人按照自己的意愿做事,不受他人的强制干涉",但自由绝对不是没有边界的为所欲为。卢梭说:"人是生而自由的,但无处不在枷锁之中。"此处的"枷锁",浅层的含义是外在约束,深层的含义是内在框框,即精神的不自由。从外在约束上来讲,规则是社会和群体正常运作的基本要求。行驶在马路上,没有交通规则制约的自由必然是交通灾难;身处任何一个工作单位,若没有规章制度作为保障,必然万事难成。所以,自由有其内在的精神属性,但在任何一种社会制度和社会环境中都很难独立存在。我国社会主义核心价值观体系强调"自由和平等",但若没有"公正和法治"作为保障,自由和平等是不可能存在的。

《自由,是什么?》①是一本专门和儿童讨论自由的书,书中对自由发出一系列追问:自由就是你能想干什么就干什么吗?别人能限制你的自由吗?每个人都能享有自由吗?自由有什么用……这些问题对于教师思考有关自由的问题也很有帮助。

因为这些问题都具有哲学的高度抽象的特点,并不那么好回答,所以,作者结合孩子们具体的生活经验提出问题,与儿童一起来思考。比如,关于"你能想干什么就干什么吗"这个问题,作者结合具体的情境与儿童讨论:我们能像鸟儿一样自由飞翔吗?如果想做什么就做什么,会不会生病?生病之后还能想做什么就做什么吗?想做什么就做什么,你能保证自己不出错吗……

诚然,自由确实非常美好,每个人都期待自由的美好,但自由是有限度的,是有边界的相对自由。自由既受到人本身的能力、掌握的信息的制约,也受到所处的外界环境的制约。

---

① 柏尼菲,让贝娜. 自由,是什么?[M]. 谢逢蓓,译. 南宁:接力出版社,2011.

在《自由,是什么?》这本书里,作者给出这样的小结:

> "也许你认为,可以做任何我们想做的事情,就是真正的自由。可是生活、他人和自己都有可能会限制你的自由。而且不管你是否愿意,人总是会生病的,这可由不得你。另外,你也不能确定自己究竟想要什么,因为想法总是会变的。有时候,理性会阻止你去做一些很危险的事情。"
>
> "为了让每个人都享受到自由,我们应该尊重他人的自由,不能总是一味地保护自己的自由。有时候,也需要服从领导,从而保证每个人的自由。自由是一种权利,同时也是一种责任。"

实践链接: 请你和同事们聊聊有关自由的权利和义务问题,看看大家的观念与你有什么不同;请你和不同年龄的幼儿聊聊自由和规则,看看他们持什么样的观点。

3. 自由不等于自主,但却是自主的基础和权利保障

自由是一种权利、一种氛围,也是人的一种状态,需要一定的外部环境来保障,比如,自由的社会需要法制来保障,自由的工作单位需要制度来保障,自由的班级需要规则来保障,等等。

游戏活动结束后,幼儿自主清洗和收拾雨衣、雨靴及玩具材料

四川省乐山市实验幼儿园(图片来自「人文幼学」)

山东省淄博市市直机关第三幼儿园
游戏结束后，幼儿自觉地一起合作把大垫子抬回去收好

自由不等于自主。从个人的角度来看，自由是一种外显的特征或状态，而自主是不依附他人、不受他人控制的意识和能力，既具有外显的行为特征，又具有内隐的意识和素养。有时候，自由的人具有自主的意识和能力，但有时候，某些自由的人不一定具有自主的意识和能力，尤其是长期被动生活和工作的人，可能会逐渐丧失自主规划和主宰生活、工作的能力。

实践链接： 2020年上半年，因新冠肺炎疫情被迫待在家里的你，是如何规划自己的生活的？你能否自主地计划好生活，并能自主地调控生活和学习？你能否自主地约束自己"刷手机"的行为……结合自己的行为再回看幼儿的自主性发展，你可能会更好地理解自由和自主的关系。

尽管自由不等于自主，但若没有自由作为前提，人是不可能发展出个体的自主性的。想想在幼儿园里，我们为什么要倡导教师放手，给予幼儿充分的自由选择的权利，每日活动必须保障幼儿有机会进行自发的游戏，自由计划自己的活动内容？如果教师或家长一味地代替幼儿做计划，代替幼儿选择，管控幼儿所有的活动，那么幼儿的自主意识和能力如何发展出来？所以，自由和自主相辅相成，自由是自主的基础和权利保障，自主能力的提升又会让幼儿拥有更多的自由。

实践链接： 在带班的时候，你遇到过把幼儿管得紧一点就比较顺利，一旦放松，幼儿就会很乱的情况吗？你经常会因为幼儿不够精彩的表现，甚至不能约束自己的行为而感到失望、沮丧、生气，甚至训斥他们吗？你很希望幼儿变成规规矩矩的"小大人"吗？你有没有想过他们其实只是 3—6 岁的孩子，他们需要在自由自主的活动中慢慢发展出理性的自主能力……

二、自主性对幼儿一生发展的影响

现代教育倡导"以儿童为本"的人性化教育理念，每一个幼儿都是独一无二、奔向未来的个体，所以，新时代的教育应该追求儿童终生的可持续发展。从可持续发展的目标来看，独立性、自主性、创造性必然会成为一个人最重要的精神特质，并影响其一生的自我成长和自我完善。

（一）影响幼儿自我概念和人格的建构

当我们组织一场由家长、幼儿、教师共同参加的春游活动时，大家经历了同样的人和事，但是每个人的感受、认识和收获是一样的吗？——肯定不是，为什么呢？

乔治·亚历山大·凯利是 20 世纪美国著名的心理学家，他把一个人用来解释和预测事件的认知结构称为个人建构。他认为，没有任何两个人会使用相同的个人建构，人格差异主要来自个人建构的不同。在上面春游的例子中，为什么大家经历了同样的人和事，却具有不同的认识、态度和收获？这是因为每个人原本的个人建构是不一样的。为什么同样是遭遇堵车，有的人会心态平和，有的人会牢骚满腹，有的人会大发雷霆？——也是因为每个人原本的个人建构和已有经验是不同的。

个人的自我建构，也可以称为自我图式，是一个人关于自我的认知特征，我们用它来组织和加工与自我有关的信息（Markus，1977，1983）。你的自我图式是由你的最重要的行为和特征组成的。因为你生活的每一部分并非同等重要，因此，并不是你所做的每一件事都能成为你自我图式的一部分。[①]

一个人的自我建构会影响其人格的形成。如果一个人在幼儿期就具有做事的独立性、自主性，那么独立自主就会成为他早期自我概念和人格的一部分，进而帮助他积极地理解和应对生活、学习中遭遇的任何事。我们就会看到一个独立、勇敢、乐观、自主、理性的孩子，这样的孩子具备强大的心理能量和理性高度。

实践链接："影响一个人的不是他所经历的事情，而是他面对这件事情的态度和观念。"你是如何看待这种说法的？

这种说法不完全对。确实，在生活中我们经常发现经历了同样事情的人，对待事情的态

---

① 伯格. 人格心理学 [M]. 陈会昌, 译. 北京：中国轻工业出版社，2014.

度不一样，认识也不一样，这与每个人的自我概念（自我图式）有紧密关系，因为我们每个人的已有认知、观念不一样，所以，如何解释它也不一样。但是，反过来讲，正是一个人所经历的人和事形成了他的人生态度和观念，形成了他的自我认知。

心理学研究表明，儿童早期的经历至关重要。如果在幼儿园教育中，教师能更多地信任幼儿，放手让幼儿独立做事、学习负责任地生活与学习、尝试反思和规范自己，那么，这些早期自主生活的经验就会成为他们自我概念重要的一部分，影响其一生的人格和成就。

四川省乐山市实验幼儿园（图片来自「人文幼学」）

户外自主游戏时间，小男孩长时间认真而专注地连接两段水管，尝试让水从水龙头流向另一个水池

（二）影响幼儿的自我效能感和自尊水平

1. 自我效能感——我行

"自我效能感"一词是由美国著名的心理学家阿尔伯特·班杜拉提出来的，他对自我效能感所下的定义是，个体对自己是否有能力在某个领域有效完成任务、实现某个目标的信念。[①] 自我效能感的提出具有重要的教育学意义，因为自我效能感决定了一个人对行为结果的预期。我们一般倾向于选择去做那些相信自己会做好的事情，避免选择那些自认为做不好的事情。

自我效能感影响或决定人们对行为的选择，以及对该行为的坚持性和努力程度，也影响人们的思维模式和情感反应模式，进而影响新行为的习得和习得行为的表现。[②]

自我效能感高的人	自我效能感低的人
期望值高，显示成绩，遇事理智处理，乐于迎接应急情况的挑战，能够控制自暴自弃的想法，需要时能发挥智慧和技能。	畏缩不前，显示失败，情绪化地处理问题，在压力面前束手无策，易受惧怕、恐慌和羞涩的干扰，需要时其知识和技能无以发挥。

如此说来，提高幼儿的自我效能感在幼儿园教育中具有重要的意义。但是，只有了解影响一个人自我效能感形成的因素，我们才能有针对性地进行教育引导。班杜拉等人的研究指出，影响自我效能感形成的因素主要有以下四个方面：

* 成败经验
* 替代性经验
* 言语劝说
* 情绪状态和身体状态 [③]

针对学前阶段的儿童，尤其要强调他们自身经历的成败经验。要让幼儿独立做事，做他感兴趣的事、做适宜的事、做有一定挑战性的事……并在做事的过程中体验成功感，体验自己的存在和力量，提升自我效能感。有些父母和教师总是怕幼儿不会或不能，所以不肯放手让幼儿自主做事，包办代替，或者幼儿只能按照成人的指令做事，结果导致幼儿真的不会、不能，然后幼儿也就觉得自己不会、不能，由此形成一种恶性循环（你认为我不会、不能—不让我自己做—我就真的不会、不能—我就认为我不会、不能）。

实践链接：《3—6岁儿童学习与发展指南》（以下简称《指南》）的艺术领域指出："幼儿

[①][③] 卡尔. 积极心理学［M］. 丁丹，等译. 北京：中国轻工业出版社，2013.
[②] 周文霞，郭桂萍. 自我效能感：概念、理论和应用［J］. 中国人民大学学报，2006（1）.

四川省乐山市实验幼儿园（图片来自『人文幼学』）

户外自主游戏时间，小女孩进行绳索攀爬的挑战，流露出满脸的自信（自我效能感）和骄傲之情

绘画时，不宜提供范画，特别不应要求幼儿完全按照范画来画。"你是如何理解这一要求的？你在美术教育实践中会经常给幼儿提供范画吗？请认真思考幼儿可能从中得到什么，又失去了什么……

在美术活动中，我们经常听到幼儿说"我不会画"。通常来讲，每一个幼儿都会涂鸦，并从涂鸦慢慢走向形象地描绘，而且幼儿会从中感受到表达自我的无穷乐趣，他们为什么说"不会"呢？所谓的"不会"，当然是指不会画出像老师提供的范画那样的画。老师提供的范画可能会让幼儿"望而生畏"，降低其对于绘画活动的自我效能感，进而使幼儿对绘画失去信心和兴趣。

此外，范画临摹会限制幼儿的想象力和创造力，导致幼儿的绘画模式化、刻板化、统一化。在这个过程中，幼儿丧失了自我表达的个性化张力。绘画本来是幼儿最喜欢的一种表达自己的心情、认识和想法的重要途径，教师若提供范画让幼儿临摹，则失去了幼儿进行艺术表达的真实意义。教师提供的范画表达的是教师自己对事物的概括性认识，而每个幼儿对于一个事物的认识是各不相同的，其表达也必然带有强烈的个人色彩，怎么会千篇一律呢？

2. 自尊——我很重要

自我效能感是个体对自己是否有能力做某一件事情的判断，自尊是对自己是否有价值的判断。美国心理学家威廉·詹姆斯把自尊定义为对自我价值的感受，其高低取决于

实际成就与潜在成就之比。①回顾有关自尊的研究，我们就会发现，影响一个人自尊水平高低的关键因素是儿童早期教养人的观念和教养方式。一般来讲，父母和幼儿园教师的以下表现有助于幼儿发展出高自尊水平。

* 既接纳儿童的长处，也接纳其短处。
* 父母和幼儿园教师本身就是乐观开朗、积极应对人生挑战的人。
* 协助儿童设置较高且清晰的目标，并且支持儿童通过努力自主达成这些目标。
* 给予儿童温暖和尊重，鼓励儿童参与计划、规则的制定，不会忽视和轻易否定儿童。
* 教养的过程中，不会一味地追求结果，而是更注重儿童做事过程中付出的努力和智慧。

如此说来，一个人的自尊水平与教师和父母的教养有直接关系。接纳、尊重、信任、支持的态度和行为有助于幼儿自主性的发展，而自主性的发展又有助于儿童发展出高水平的自尊。

实践链接：很多人在成长的过程中都被一个"别人家的小孩"伤害过，中国一代又一代的父母总是不自觉地把自己的孩子与邻里、同事的孩子比较，期待通过这样的比较激励自己的孩子……比来比去的结果当然是"别人家的孩子"千般好，自家的孩子总是有各种令人烦恼的问题……父母是否想过每个孩子都是独特的存在？这样的比较既不公平，也容易伤害孩子的自尊水平。

有研究确认了（但没穷尽）高自尊者与低自尊者分别具有的一些特点，见下表②。

高自尊者具有的特点	低自尊者具有的特点
• 在个人、社会、教育和职业方面终生适应良好，积极情感多，个人自主性强，具有双性化人格，属于内控型，自我认识清晰，目标设置恰当，履行个人承诺，成就高，善于应对批评或负面反馈，有效地管理压力，较少批评自己和批评他人，有能力、有技巧影响他人，行事符合公认的道德标准，被人接纳和认可。 • 更关注自我提升，寻找各种机会做到卓越。 • 更关注自己的优势，寻找机会发挥优势做到杰出，最终提升自我。	• 在个人、社会、教育和职业方面适应不良，有这样或那样的心理健康问题，如压抑、焦虑、吸毒、进食障碍、很难建立和维持稳定的感情、压力管理表现差、压力之下免疫系统功能失调，甚至自杀。 • 更关注自我保护和避免失败、羞辱或拒绝。 • 更倾向于找出自己的缺点加以纠正，以做到胜任、避免失败。

---

①② 卡尔. 积极心理学[M]. 丁丹，等译. 北京：中国轻工业出版社，2013.

上表让我们对于高自尊水平、低自尊水平的影响一目了然。一个人的自尊水平具有稳定性，一旦形成就会影响其一生的心理健康状态、学业和事业成就，而且高自尊使人们更幸福、更愿意主动尝试新事物、更能应对挑战和挫折。

实践链接： 如果把自我效能感简单地理解为"我行"，把自尊简单地理解为"我有价值，我很重要"，那么，是不是意味着在幼儿园一日生活中，教师应该经常表扬孩子？比如，你是否经常用小红花、星星之类的小贴纸表扬孩子？你会不会经常和孩子拍手大声说"嗨，嗨，你真棒"或者"嗨，嗨，我真棒"之类的话语？你是否认为这样的表扬就是鼓励、肯定和正确的引导？这样的表扬会帮助孩子养成良好的观念和习惯，还是可能会导致幼儿对外在奖励的依赖……

（三）自主性是重要的学习品质，影响幼儿终身学习与发展

《指南》非常重视幼儿学习品质的养成，在"说明"部分专门谈到学习品质：

> 重视幼儿的学习品质。幼儿在活动过程中表现出的积极态度和良好行为倾向是终身学习与发展所必需的宝贵品质。要充分尊重和保护幼儿的好奇心和学习兴趣，帮助幼儿逐步养成积极主动、认真专注、不怕困难、敢于探究和尝试、乐于想象和创造等良好学习品质。

《指南》首先对学习品质进行了解释，强调学习品质是幼儿在活动过程中表现出来的"积极态度和良好行为倾向"，而且学习品质对幼儿终身学习与发展具有关键意义，所以是"必需的宝贵品质"。具体来讲，好奇心、学习兴趣以及积极主动、认真专注、不怕困难、敢于探究和尝试、乐于想象和创造等都属于良好的学习品质的范畴。其中，不仅"积极主动"的品质与自主性有关，其他所有的学习品质其实都受幼儿主动性的影响。一个主体意识备受压制的幼儿，一个没有发展起自主性的幼儿，我们很难从他身上看到蓬勃的生机和专注于游戏、探究的行为。在面对困难和挑战时，这样的幼儿也很难表现出不怕困难、敢于探究和尝试、乐于想象和创造等更高级的学习品质。反过来讲，一个纯真、健康、勃勃生机、具有充分自主性的幼儿，必然对周围的人、事、物充满好奇心和求知欲，必然会表现出积极主动、乐于探索、求知与创造的生命发展本能。所以，作为成年人，我们应该时时刻刻提醒自己对于幼儿主体意识和自主性的保护。

为什么自主性的发展能为幼儿进入小学乃至终身学习与发展奠定基础？

※ 自主的幼儿拥有积极主动的为人处世的态度。

幼儿受好奇心的驱使去主动探索外部世界，表现出专注、投入、感兴趣、积极主动、乐于求知等优秀的学习品质

广东省广州市华南农业大学幼儿园

※ 自主的幼儿具有对世界的强烈好奇心和求知欲。
※ 自主的幼儿会有自己清晰明确的目的性和计划性。
※ 自主的幼儿对人和事有自己独立的认识，并敢于表达观点。
※ 自主的幼儿会独立做出选择，并尊重自己的选择。
※ 自主的幼儿遇到问题和困难可能会求助，但更多的时候会坚持不懈、专注投入地寻找问题解决的应对策略。
※ 自主的幼儿会在游戏和学习、探究与交流中慢慢学会质疑和反思。
※ 自主的幼儿会约束自己的行为，不任性、不妄为。
※ 自主的幼儿会对自己的选择和行为结果负责。

实践链接：《指南》不仅在开篇的"说明"部分强调幼儿的学习品质，还在后面的每个领域（无论是每个领域前面的说明，还是随后的发展目标或者教育建议）都反复强调幼儿的学习品质，强调尊重幼儿的自主学习。比如，健康领域开篇就强调："幼儿身心发育尚未成熟，需要成人的精心呵护和照顾，但不宜过度保护和包办代替，以免剥夺幼儿自主学习的机会，养成过于依赖的不良习惯，影响其主动性、独立性的发展。"

请你和幼儿园里的老师们一起把《指南》各个领域中与学习品质有关的内容找出来，分析其与幼儿自主性发展的关系，再结合工作中观察到的案例谈谈幼儿的行为表现，以及教师的支持、引导策略。

学习品质	健康领域	语言领域	社会领域	科学领域	艺术领域
好奇与兴趣					
积极主动					
认真专注					
不怕困难					
敢于探究和尝试					
乐于想象和创造					

（四）培育人的自主性符合教育规律和未来社会发展的方向

2016年教育部颁布的《幼儿园工作规程》（以下简称《规程》）第三十条强调，"幼儿园应当将环境作为重要的教育资源，合理利用室内外环境，创设开放的、多样的区域活动空间，提供适合幼儿年龄特点的丰富的玩具、操作材料和幼儿读物，支持幼儿自主选择和主动学习，激发幼儿学习的兴趣与探究的愿望"。"支持幼儿自主选择和主动学习"，就是把幼儿当成一个有能动性的独立个体对待，认可和接纳幼儿的独特性和主体性，让幼儿教育走向具有温度的活生生的人的教育，而非工具的教育，所以，培育人的自主性符合儿童身心发展的特点和规律，也符合现代教育改革和发展的趋势。

儿童是面向未来世界行走的人。教育的目的，一方面是引导儿童进入当前的世界，成就儿童个体的幸福童年，另一方面也同样需要传承历史与文化，创造一个新的世界。所以，教师不应该仅仅停留在用儿童的视角看待儿童，更应该不断地运用发展的眼光去重新审视"儿童的视角"。儿童不会永远停留在现在的纯真世界里，而是需要不断走向世界、走向未来，成就自己作为具有主体性的人的完整发展。所以，培育人的自主性符合未来社会对人才的需要，是教育改革的必然方向。

放眼世界各国教育的发展历史，优秀的幼儿教育样态具有的共同特点都是遵循儿童自主发展的节律，在生活和游戏中提升幼儿成长的力量。自福禄贝尔以来，那些被广泛推崇的幼儿园课程或教育模式，如蒙氏教育、华德福教育、瑞吉欧教育等，广为大家熟知的"儿童的花园""恩物""爱与自由""儿童的一百种语言"等，其核心价值都指向对儿童天性和发展节律的尊重，尤其是对儿童个体内在潜力和自主性的推崇，并以其独特的环境与材料、独特的师幼互动方式等实现其培育目标。

实践链接： 这天，种植角来了几个男孩——南南、泽泽和辰辰。南南蹲在水培的各种豆苗前认真观察，在自己的记录本上记录下豆苗长大的样子。泽泽、辰辰拿上放大镜、尺子便向花架走去，两个孩子拿放大镜在这株植物上看看，又拿着尺子在那株植物上量量，似乎在对比着哪种植物长得高。过了一会儿，我看见辰辰手里拿着剪刀，而地上洒落了一地的蒜苗……我走过去问："怎么把蒜苗剪了呀？"辰辰说："老师，看我给蒜苗理的发，帅不帅？"我顿时无语，不知该说什么……

——节选自山东省淄博市市直机关第三幼儿园朱美玲老师的观察记录

假如你是这位老师，请问，你会怎么做？为什么？请以此案例为载体进行一次教研活动，大家共同思考和讨论：教师应该传递什么样的价值观？

三、自主游戏、自主学习与自主生活的关系

游戏、学习与生活是幼儿园一天最主要的内容，无论哪一种类型的幼儿园、哪一个层级的幼儿园，无论农村的幼儿园还是城市的幼儿园，幼儿每天的活动内容不外乎就是游戏、学习和生活。新世纪培养面向未来的人才，需要强调个体的自主性、能动性和创造性，所以，幼儿园一日活动的每一个环节都应该强调，尊重幼儿发展的特点和需要，放手与支持幼儿的自主性发展，让幼儿在自主游戏、自主学习和自主生活中，在独立自主的体验和经历中增强自我成长的力量。

（一）自主游戏、自主学习与自主生活各有其含义

自主游戏、自主学习和自主生活的含义各不相同。

1. 自主游戏

笔者始终认为，自主游戏不是一种固定的游戏类型，而是一种尊重幼儿的游戏理念的回归。自主游戏强调教师信任幼儿，放手让幼儿自由选择，自主地把握游戏内容和游戏进程，玩自己的游戏。教师的责任是观察和适宜地支持，即使介入引导幼儿的游戏，也是为了帮助幼儿实现自己的游戏愿望，而非实现教师设定的教育目标。自主游戏涉及幼儿的主体性发展，教师在放手的同时，需要更多地关注幼儿的自主性发挥，引导幼儿更多地进行自我选择和决策、自我计划和设计、自我反思和调控、自我规范和负责，为幼儿一生的可持续发展奠定自我成长的坚实力量。

广东省广州市番禺区东城幼儿园
自主游戏中无限喜悦的孩子

2. 自主学习

学习,是指人通过活动积累经验,进而产生行为、能力和心理倾向相对持久的变化的过程。我们始终坚信每个幼儿都有自发学习的能动性和巨大潜力,正如虞永平老师所言:"幼儿有自己的需要和兴趣,教育就是引发幼儿内在的潜能,让幼儿有机会从事适宜的活动,以便更好地调动已有的经验并获得新经验。"[①]所以,教育的目的不是将一些成人认为有价值的知识强塞给幼儿,而是培养其自发学习的欲望,乐学、会学更重要。

我们强调的自主学习就是让幼儿按照自己的意愿,带着自己的问题,在自己的探索中,按照自己的方式解决问题,并获得发展的过程。这样的学习不是死记硬背知识的浅表学习,而是蕴含更多基于幼儿自身兴趣和真实问题的深度学习,让幼儿有更多的机会调动自己的已有经验,在解决问题的过程中,发挥自己的能动性和创造性,重组、改造和获得新经验,从而获得高效的发展。

受年龄限制,学龄前儿童的自主学习,需要教师给予一定程度的支持和引导。教师应在了解幼儿的愿望、需要和已有经验的基础上,通过保障充足的时间、创设环境、提供材料、协助其参与小组互动、提出启发性问题、引导讨论等方式方法,支持和鼓励幼儿与环境、材料或人互动,在直接感知、亲身体验与实际操作的过程中获得经验、提升认识和发展能力。

---

① 虞永平. 幼儿园课程建设与教师专业成长[J]. 中国教师,2020(1).

广东省广州市番禺区东城幼儿园
快乐地进行自主阅读的孩子

3. 自主生活

广义的生活涵盖了人类的各种活动,如文化生活、政治生活、娱乐生活等。当我们说人们的"生活水平不断提高"时,"生活"的含义主要指向衣、食、住、行、用等方面。幼儿园一日活动中的生活环节,一般指入园、离园、盥洗、餐点、午睡等活动。我们强调的自主生活,倡导幼儿在积极参与和自主掌控各环节的生活中,培育对美好生活的态度和感知力,增进自我管理、自我服务、自我调控、自我负责的生活能力。因为幼儿年龄小,所以他们的生活经常依赖成人的关照,而长期的关照过多和过度保护,极易导致幼儿的依赖心理和低能状态出现。所以,幼儿园教师需要转变理念,把幼儿看成独立的、有能力的个体,鼓励幼儿独立管理自己的生活,支持幼儿参与与自身幸福生活有关的社群活动和文化活动,让幼儿在自主的生活中实现自我意识和自我能力的发展,学会负责任地关照自己的身体和心理健康,感受到自己存在的力量和贡献。一般来讲,从小具有自主生活能力的幼儿会更加从容、乐观、自信,具有较高的自我效能感,在群体中有较高威信,社群关系较好,利他的亲社会行为也更多,这不正是未来社会所需要的人吗?!让幼儿将来从容地做自己生活的主人,并能与他人友好相处、对社会有所贡献,这正是我们家庭养育和幼儿园教育的最终目标。

山东省淄博市市直机关第三幼儿园自主取餐、进餐的孩子们

（二）自主游戏、自主学习与自主生活本质相同、目标一致

自主游戏、自主学习和自主生活本质上都指向幼儿的主体意识和自主性发展，目标都是为了培养适应未来社会发展所需要的身心健康、德智体美劳全面发展的人。

1. 都以幼儿是一个独立发展的人为出发点

虽然3—6岁的幼儿身体发育还不完善，能力比较弱，但是他们都具有独立成长的意识和愿望，具有独立做事的基本能力，对这个世界的认识具有自己的特点。他们需要得到认可和独立做事的机会，以更好地发展出独立走向社会的能力。

2. 都是为了成就一个对自己、对社会有贡献，负责任、有能力、敢担当的个体

如果我们不希望下一代人成为"妈宝"和"巨婴"，那么最好的教养就是从小开始信任和放手，让他们从小事做起，从对自己的吃喝拉撒睡开始学习负责任，从独立自主的游戏和学习开始尝试感受自己的力量，学习按照计划做事，学习规范和约束自己的行为，学习独立面对和解决问题，学习反思、调控自己和小伙伴的关系……这样的成长会给予幼儿终生往前走的巨大动能。

（三）自主游戏、自主学习与自主生活相互交融、相辅相成，你中有我、我中有你

自主游戏、自主学习与自主生活是相互交融、相辅相成的，无论在哪一个环节获得的自主意识和自主能力，幼儿都会将其迁移到其他环节之中。我们如果注意观察，就会看到一个努力想要自己把扣子扣上的小班幼儿，尽管因为精细动作发展不够完善，看起来困难重重，但他不肯放弃，我们相信这个幼儿在面对游戏和学习中的问题时也会同样努力；同样，一个在游戏中学会独立解决困难和矛盾冲突的幼儿，在面对学习任务时一定也会不惧挑战，乐此不疲，反复尝试。

游戏、学习与生活只是一种相对的划分，其实，在现实生活中，游戏和学习、游戏和生活、学习和生活都很难割裂。广义的生活涵盖了所有的活动，当然也包括游戏和学习；广义的学习是指幼儿通过活动获得经验，以及相应的行为、能力和心理倾向相对持久的变化的过程，而幼儿学习所需要的活动当然包括游戏活动和生活活动；广义的游戏包含了幼儿自由自主的游戏，也包含了带有游戏精神的学习活动和生活活动……如此说来，游戏、学习与生活是你中有我、我中有你的关系，确实不能把它们严格分开。相对界定自主游戏、自主学习和自主生活的外延，只是为了更好地设计、组织和安排幼儿园

变着花样玩的孩子们

四川省乐山市实验幼儿园（图片来自『人文幼学』）

一日活动内容，帮助教师更好地把握幼儿园课程不同组成部分的结构和特点，以更好地面对和解决幼儿教育实践中方方面面的问题。

　　幼儿自主性的发展不是一句空话和口号，只有落实到幼儿园一日生活的各个环节，才能真正产生实效。幼儿园的一日活动不外游戏、学习和生活，所以，无论在哪一个环节中，教师都需要把自主性原则和理念贯彻始终，落实到位，这样才能真正起到"1+1+1>3"的效果。

小　　结

导言核心内容如下。

- 教师对于自主性的正确理解是支持幼儿自主性发展的基本前提。自由不等于自主，但它是自主的前提，自主是一种不受他人支配的意识和能力。
- 自主性的发展对幼儿的一生影响深远，它是自我概念和人格的一部分，具有自主性的幼儿会有更高水平的自尊和自信，也更幸福。
- 幼儿具有强烈的自主意识，但其自主能力尚处于萌芽阶段，需要教师的支持与引导。
- 自主游戏、自主学习与自主生活各有其含义，其本质相同、目标一致，在幼儿园一日生活中相互交融、无法分割。

山东省德州市跃华学校幼儿园

第一章

游戏与自主游戏

> 儿童是在游戏、梦想、童话、自发的跳跃和歌唱中生活的。他的这种生活本身就是一种伟大的工作,这种工作就是"造人","造"一个全面发展的成人。他的人格,他长大以后的心智的水平和质量,都取决于他童年"造人"的工作。他能否成为一个合格的成人,取决于他童年时是否充分地游戏过、梦想过、陶醉过……
>
> ——福禄贝尔

近些年来,自主游戏在幼儿园极为流行。很多园长都特别热衷于展示自主游戏,也很骄傲于自己园所的自主游戏,言外之意,自主游戏代表着先进的教育理念和教育实践。可是,何为自主游戏?为什么自主游戏代表着先进的教育理念?为什么国外很多国家虽然根本不提"自主游戏"一词,自主游戏却开展得"货真价实",而我们的自主游戏总有"游戏幼儿"的嫌疑?而且,多多少少总有些表演的成分?为什么我们天天喊着"自主游戏",小学化现象仍然普遍存在于幼儿园的教育教学中?为什么一提教师应"管住手、闭上嘴",教师们就开始茫然、无所作为……如果弄不清楚这些认识上的问题,教师就很难在实践中有效地开展自主游戏,并通过自主游戏促进幼儿的自我成长和发展。

一、游戏与幼儿园游戏

要讨论自主游戏,首先要弄清楚游戏,如果一个活动连游戏都不是,怎么能算自主游戏?为什么有人会批评幼儿教师开展的游戏活动是"游戏幼儿"?抛开教师自主教育的理念不到位这一原因,还存在教师对"什么是游戏"的错误认识。从最基本上来讲,如果教师口中的"游戏"根本就不是"游戏",何谈"自主游戏"?所以,我们首先需要从理解游戏的概念入手。

(一)什么是儿童的游戏

游戏是什么?几乎所有的孩子都会异口同声地回答说:"玩啊……"游戏当然是玩

要,我们每个人经历的童年岁月就是玩过来的呀……童年最令人难忘、最激动人心的画面往往来自游戏,所以,我们好像都知道游戏是什么,可是,为什么一进入幼儿教育实践领域,就很混乱呢?

说到底,讨论游戏的话题没有那么简单,因为游戏的历史悠久,几乎与人类社会发展的历史并存;还因为看待游戏,可以有很多的视角。视角不同,认识和观念自然就不同。古往今来,无数的人类学家、社会学家、心理学家、教育家都从各自的角度阐释游戏,也产生了很多游戏研究派别和游戏理论,给了游戏很多定义,却很难有一个大家都认同的定义。其实,幼儿园教师不需要记忆任何一个游戏定义,但需要弄明白游戏的本质是什么,因为对于游戏本质的认识会涉及幼儿园游戏活动的开展和幼儿园课程的设计等一系列实践问题。

现阶段,幼儿园游戏实践中存在的很大问题是对游戏的"泛化"。有人把集体教学活动也当成游戏,理由是教学游戏化了。实际上,即使是游戏化了的教学活动,本质上还是教学,而非游戏。从本质上讲,游戏活动应该具备以下几个特征。

1. 游戏是幼儿自主自愿的主体性活动

所谓主体性,是人作为活动主体在与客体相互作用的过程中表现出来的自主性、积极性和创造性,表现为主体对外部世界以及自己与外部世界关系的积极主动的掌握。[①] 也就是说,游戏是幼儿与外部世界互动的一种方式,在这种互动过程中,幼儿是积极主动的决策者、参与者,幼儿在游戏的过程中使用和体验自己的意志、情感、智慧和力量,并在游戏的独特体验活动中实现自我发展与经验建构。游戏的不确定性和幼儿个体的主体性差异,也必然带来游戏的创造性。

任何一个从童年走过来的人都清楚地知道,所谓游戏当然是自己要玩的,源于自己的意愿和情感需要,是儿童个体与儿童群体文化和经验的反映。荷兰学者胡依青加曾深刻地指出,"一切游戏都是一种自愿的活动,遵照命令的游戏已不再是游戏,它至多是游戏的强制性模仿"。但在幼儿园游戏实践中,幼儿的主体地位经常被教师的主导完全或部分地取代,导致幼儿的游戏成为教师管控的游戏,教师让玩才能玩,教师让玩什么就玩什么,以及教师让怎么玩就怎么玩的"游戏幼儿"的状况普遍存在。

实践链接1: 在一次主题为"教师在自主游戏中的作用"的教研讨论中,一位幼儿园教师发言:"在幼儿自主性游戏过程中,教师应当扮演引导和纠错的角色。如果任由幼儿自由发展,那么就有可能使幼儿的自主游戏偏离正轨。所以,在幼儿的自主性游戏进行过程中,教师不应当作为旁观者,而应当实际参与到幼儿的游戏中,以更好地发现幼儿在游戏过程中出现的错误,并及时调整和纠错。"对此,你怎么看?你觉得教师在幼儿的自主游戏中的主要

---

① 刘焱. 儿童游戏通论[M]. 北京:北京师范大学出版社,2004.

作用就是"纠错"吗?

实践链接2: 某幼儿园的游戏活动非常强调与主题教学结合,强调游戏的目的性。每次游戏之前,教师都会认真细致地给孩子们讲解今天玩什么、应该怎么玩、要注意什么规则,等等。在游戏的过程中,教师也会很认真地指导,把幼儿的游戏引向学习与发展的目标。对于孩子们自己随意玩,教师认为意义不大。对此,你怎么看?

2. 游戏是由内在动机引发的去功利化活动

毫无疑问,游戏具有成全儿童发展的巨大功能。但是,对每一个幼儿来讲,游戏可以很"没用"。游戏是儿童自己内在需要的体现,不是为了更好地生产、劳动而做准备,不是为了获取资源,不是为了取悦别人,当然也不是为了好好学习……北京师范大学刘焱教授认为,游戏的本质在于"以自身为目的"或超越外在的"功利"目的,游戏从"实用的生

山东省德州市跃华学校幼儿园

初秋的阳光下,两个女孩头披彩色的纱巾,悠然自得地坐在那里玩着手里的小物件。这样的游戏也许没有用,可是孩子们安定而喜悦

活"或"劳动"中脱胎出来的"关节点"应当是人的活动目的和动机的改变。①

从历史的眼光来看，没有人类社会物质文明和精神文明的极大发展，就不可能有儿童真正的游戏。人类社会物质文明的发展让家庭免于生存的压力，让学前儿童可以享受长时期的游戏，并摆脱对于生产劳动和学习生产劳动技能的功利化追求。人类社会精神文明的发展，尤其是"以人为本""以儿童为本"的理念不断深入人心，让儿童的各项权利，尤其是游戏权利得以保障，游戏逐渐成为儿童满足自己内在需求、享有幸福童年生活的必需品。

学前儿童的游戏不一定非要实现一定的学习目标，幼儿可以遵从自己内心的需要单纯去玩，所以，游戏是去功利化的，是由幼儿内在动机引发的活动。也就是说，为了让幼儿掌握某些知识、学习某些技能等专门设计的所谓"游戏"，不能算是真正的游戏，只能算是游戏化的教育活动。

实践链接1：很多幼儿园会安排幼儿进行拍球和跳绳活动，请问，拍球达标练习是不是游戏？跳绳达标练习是不是游戏？在什么情况下拍球和跳绳才是真正的游戏活动？

实践链接2：某位幼儿园中班老师特别喜欢采用奖励的方式组织班级的各项活动，比如，她每次都会在幼儿游戏之前说，今天谁玩得好，老师就给谁发小贴纸。等到游戏结束时，这位老师会组织全班幼儿进行游戏讲评，讲评的重点就是谁玩得好，谁遵守纪律，谁谦让、不抢玩具不打架，等等。然后，她就会给那些表现好的幼儿发可爱的小贴纸，幼儿很开心。对此，你怎么看？

实践链接3：某杂志曾经在2019年发表过一位幼儿园老师写的文章，谈幼儿园自主性游戏与生活教育的有效融合，其中有一段是这样写的："中国有非常多的传统节日，在传统节日中，教师可以引导幼儿自我认知传统节日的由来，对幼儿讲解与传统节日有关的故事和习俗，同时提出开放性问题，引导幼儿自由发挥，并以传统节日为主题进行自主性游戏。"对此，你怎么看？你觉得这样的游戏是不是幼儿的自主游戏？

3. 游戏是非真实的、带有假想性的活动

儿童的世界不同于成人的世界，儿童住在童话的城堡里，他们的游戏常常带有虚拟性。尽管我们不知道一个奔跑的孩子或一个在滑梯里上上下下的孩子，他的头脑中是否有幻想的景象，但可以肯定的是，在每一个孩子的游戏中，内在想象不等同于外在现实，他们会在内心构建一个超乎现实的世界，会赋予手中的每一件物品以假想的功能。比如，幼儿会把一把小椅子变成胯下的马儿，假想自己在野外驰骋、在战场拼杀；幼儿会把自己假想成爸爸或妈妈，照顾手中的玩具娃娃，俨然把它当作真实的宝宝；幼儿会用沙土做各种美食，给"宝宝"过生日，还会在上面点缀花花草草，就像生日蛋糕上的花朵和蜡烛……

---

① 刘焱. 儿童游戏通论[M]. 北京：北京师范大学出版社，2004.

四川省乐山市实验幼儿园（图片来自『人文幼学』）

头顶篮子的男孩头脑中有怎样的假想？他在满足自己什么样的游戏意愿？

应该承认，幼儿假想的游戏一定以现实生活的经验为基础。一个从来没出过远门的偏僻乡村的孩子确实很少会玩超市游戏、交警游戏，因为孩子们没有超市购物、观察交通警察工作的相关经验。每个幼儿的经验不同、发展水平不同，所以，每个幼儿对于游戏的假想也不完全相同。但是，一般来讲，在一定地域范围内的年龄相仿的幼儿其经验差别不会太大，所以，同一所幼儿园同一年龄班，某个幼儿的游戏很容易引起其他小伙伴的共鸣，变成几个小伙伴共同的游戏。但是，若变成全班所有幼儿的游戏，就一定有强制的成分。可是，在幼儿教育实践中，竟然还存在全园幼儿玩共同的游戏主题、使用同样的玩具和材料、玩差不多一样的游戏情节和内容的情况……实在令人匪夷所思，值得警惕！

谈到游戏的假想性，其在幼儿的游戏中主要表现为：

* 对游戏主题的假想，比如，假装在过生日；
* 对游戏情境的假想，比如，假装在战场上；
* 对游戏人物的假想，比如，假装我是医生，你是病人；
* 对游戏材料的假想，比如，假装这根纸棍是金箍棒。

在幼儿园的实践中，很容易出现问题的就是幼儿所热衷的角色游戏。幼儿在"娃娃家"中过生日、做饭、吃饭等是典型的角色游戏，它是幼儿通过自觉自愿的角色扮演活

第一章 游戏与自主游戏 • 41

动，创造性地反映现实生活的游戏。在这类游戏中，教师容易出现如下问题。

* 引导幼儿按照现实生活的程序进行游戏，比如，如果玩看病的游戏，就必须按照挂号—看医生—缴费—取药（打针）等流程进行游戏，否则就是玩错了，需要纠正。
* 投放大量真实的和高仿真的玩具材料，忽略了低结构材料对角色游戏的创造的重要性（一般来讲，真实的材料会引发实际的操作，幼儿习得的是生活经验或生活技能，而非游戏的想象）。
* 评价幼儿的游戏水平高低的标准是幼儿玩得像不像，即像不像现实生活中人们的生活和工作。

出现以上问题的主要原因在于，教师对于游戏的假想性了解不足，理不清幼儿的现实生活经验与幼儿游戏的关系。

实践链接： 某幼儿园为了突出传统文化和地域文化，努力探索幼儿园的特色教育，所以，在幼儿园创设了一个仿照本地古城特色的"美食城"，有古城烧饼铺、古城包子店、古城拉面馆等游戏区域设置，投放了大量高仿真的玩具和真实的材料。园长和老师们都特别开心，认为这样的游戏既能凸显特色和文化，又能让幼儿玩中有学，学有成效。请问，你怎么看待这样的游戏区设置？

4. 游戏是愉快的、会带来积极情绪体验的活动

为什么幼儿会日复一日、乐此不疲地玩游戏？——因为游戏带来了愉悦，这种满足和快乐成为幼儿游戏的无限动力。

我们对童年的怀念，大多来自童年游戏的快乐。无论是自己摆弄小汽车，还是和小伙伴玩救火游戏、打针游戏、抓小偷游戏、钻山洞游戏……无论是在家里，还是在幼儿园，无论是在室内，还是在户外，都充满了愉悦。这种愉悦可能伴随着欢声笑语，也可能伴随着同伴间的争执，还可能仅仅是内心的骄傲和满足……无论怎样，都令人难以忘怀。

幼儿游戏中的愉悦来自：

* 自由自在的舒适感；
* 身体和感官活动需要的被满足；
* 好奇心的被满足；
* 与同伴相处的喜悦；
* 自己能把控、能胜任的满足感；
* 不确定性、可随时变化、自我创造；
* 经常"偶遇"的小挑战。

实践链接：大班幼儿特别喜欢玩一些竞赛性游戏，如套圈比赛、扑克牌游戏、棋类游戏等。在这样的游戏中，总会有幼儿赢，也总会有幼儿输。有些幼儿输了会大哭，好像并不开心，但哭过之后还想玩。请问，这该如何理解？

综上所述，游戏是幼儿自主自愿的，是幼儿的主体性行为；游戏是去功利化的，是由幼儿的内在动机引发的活动；游戏是非真实的、带有假想性的活动；游戏是愉快的、会带来积极的情绪体验的活动。所以，即使不谈"自主游戏"一词，仅从游戏原初的含义来讲，游戏本来就是小孩子自己喜欢的自主的活动。如此说来，自主游戏并非新词，也非新潮流，这也是很多国家的教师不谈自主游戏，但孩子们每天玩的却是实实在在的自主游戏的原因。

女孩的满脸笑容告诉我们，她在游戏中是多么快乐

广东省广州市番禺区东城幼儿园

（二）幼儿园游戏：自然属性的游戏和教育属性的游戏的有机组合

幼儿的游戏若没有成年人的介入，就会保持其自由自主的自然属性，但是，幼儿园作为一个保教机构，会有明确的保教目标，游戏必然会作为实现保教目标的路径被加以利用，所以，幼儿园游戏就不仅仅是幼儿自主的游戏，而是自然属性和教育属性的游戏并存的有机综合体。幼儿教师需要了解幼儿园各项活动的内在属性及其游戏性、自主性的高低，从而独立地做出分析和评判。

案例1：数学区里，明明拿起卡片，对应卡片上的数字夹夹子，夹好之后立起来，这样数字小人儿就可以站好了，他看起来对自己的本领很自豪。

案例2：今天，莉莉选择的是玩橡皮泥。老师请她做一个小胖猪试试，并为她提供了范例，莉莉就努力地做起来。

案例3：浩浩早上一到幼儿园就拉上他的好朋友袁帅进了建构区，两个人插了一把机关枪、一把手枪,接着就对打起来,一边嘟嘟地开着枪,一边炫耀着自己的枪最厉害。

——节选自《幼儿园游戏》(董旭花.北京:科学出版社,2016)

以上三个案例都经常被称作幼儿园游戏,案例1更具有自主学习(工作)的特征,这样的活动具有可预期的目标和相对规范、程序化的操作;案例2更像是教师的个别化教学活动,本来玩橡皮泥是游戏,但因为教师提出的任务和范例指导,使其游戏成分大大减弱;案例3显然是幼儿自由自主的游戏。

分析幼儿园游戏的复杂性,需要对以下几方面的问题有清晰的认识和把握。

1. 游戏与工作(学习)不是二元对立的关系

在中国人的传统观念中,游戏与工作(学习)是相互对立的。我们信奉"业精于勤,荒于嬉",怕孩子"玩物丧志",所以,我们希望儿童严肃认真、恭恭敬敬地对待学习,绝不可以视学习为"儿戏"。

诚然,对成年人来讲,游戏与工作(学习)是不同的,很多的研究也表明了这种观点,如下表所示。

游戏与工作的关系[①]

代表人	游戏的基本属性	工作的属性
杜威	活动即目的 探索自然的趋势 意外性	目的是主要的 结果是可预见的 计划性
皮亚杰	同化 活动本身即目的 自发性 娱乐性 自由的组织结构 自由地发生冲突	顺应 外加的目的 强制性 功利性 有序性 竞争
维果茨基	充满想象和虚构的 游戏是变化而有种类的	强调真实性 发展趋势是从游戏到工作

对于成年人,工作和游戏的区别是不言而喻的,游戏是自愿、自由、愉快的活动,我们会把所有的娱乐视为游戏活动;工作则具有一定的强制性、功利性、目标性。在成人的生活中,工作是第一位的,游戏是第二位的,游戏是工作之余的闲暇放松活动,也算是自己对自己的奖赏。

---

① 邱学青. 学前儿童游戏[M]. 南京:江苏教育出版社,2005.

但是，对儿童来讲，像成人那样的"工作"是不存在的，所谓工作就是有目标的学习活动。幼儿的游戏和工作（有目标的学习）有时候很难区分，没有明显的界线，可以相互转化。对于儿童的游戏和工作之间的关系，陈鹤琴先生曾明确指出："游戏就是工作，工作就是游戏。"儿童除了睡眠和饮食之外的所有活动几乎都是游戏，儿童通过游戏活动发展肢体动作、学习经验，发展技能。

幼儿教育中，"工作"一词来自蒙台梭利教育思想体系，蒙台梭利把儿童反复操作教具的活动称为"工作"，把儿童的自由玩耍称为"游戏"。大家所熟悉的"蒙氏教具"是儿童工作的主要载体，这些教具是针对幼儿的动作、感官、数和量以及形体和空间等方面的认知发展而系统设计出来的。蒙台梭

幼儿是在工作还是在游戏呢

山东省德州市跃华学校幼儿园

利认为，儿童是在"工作"中实现心理发展和自我建构的，而非游戏。但是在其著作中，"工作"与"游戏"的界定比较模糊，对儿童的同一种活动时常既称之为工作，又称之为游戏。

伴随时代的发展，儿童的权利和地位不断上升。当代教育研究越来越认可游戏的价值，认为游戏就是儿童的学习，是儿童获取新经验的主要手段。在儿童的所有活动中，游戏中有工作的成分，工作中也会含有游戏的成分。同样一个活动，对一个儿童来讲是工作，对另一个儿童来讲可能就是游戏。同一个儿童的同样的活动，在不同的阶段，有可能是游戏，也有可能是工作。

升入大班之后，我们班新投放了一种比较有挑战性的玩具——跳跳球。我发现，孩子们刚开始都很好奇，但不知道怎么玩，就把它拿在手上甩来甩去，倒也挺高兴的。我把跳跳球套在自己的脚腕上开始跳动，刚开始孩子们只是看着，给我鼓掌，慢慢地，好几个孩子开始模仿我的动作，尝试跳动起来，但两只脚并不那么协调，动作也不连贯，经常需要左脚甩一下，右脚等着，再跳。两三天后，有几个灵活的孩子，他们跳的动作连贯起来了，越来越熟练，也越来越有兴趣。可是，也有几个女孩试了几次之后就不再碰了。

第一章　游戏与自主游戏　● 45

跳跳球

玩跳跳球应该是游戏活动，可是，幼儿在最初学习的时候，动作技能不熟练，很难体会到跳跳球游戏的乐趣，好像只有技能学习的努力和辛苦，所以，这一阶段的幼儿体验的不是游戏，而是学习的过程，这也是有些动作不熟练的女孩放弃的原因。相反，动作熟练的幼儿，体会到的是游戏的自在、从容、成就感、满足感……所以，即使是同一种活动，不同孩子的体验也不同；即使是同一个孩子，在活动的不同阶段，体验也是不同的。关注幼儿的游戏，不仅需要关注游戏活动的类型，还需要关注每一个幼儿的内心体验。

2. 从非游戏活动到游戏活动是一个连续渐变体

幼儿园一日生活中有各项活动，每一项活动都有自己的功能和特点。刘焱教授认为，把游戏活动与非游戏活动之间的关系看作一个渐变的连续体更符合实际。一种活动，如果它能够满足游戏的全部特征或指标要求，那么就可以把它看作"纯游戏"。只具有部分游戏要素或特征的活动，可以被看作游戏性差或弱的活动。应当说，把游戏活动与非游戏活动之间的关系看作一个渐变的连续体，这一观点相对于传统的"非此即彼"的游戏—工作二分法更为合理。[1]

笔者认为，可以用下面简单的图示来呈现：

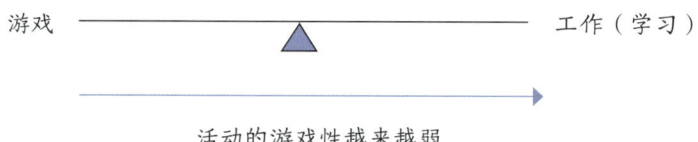

图中的三角形符号代表一日生活中的任一活动，三角形可能在直线的任一位置，距离游戏这端近，则表明其游戏性更强；距离工作（学习）这端近，则表明其游戏性相对较弱，而学习的目的性、功利性更强。所以，游戏与工作（学习）不是二元对立的关系，从游戏活动到非游戏活动是一个渐变的连续体，教师的观念、活动的性质、活动的目标、活动中的师幼关系、活动中的环境和活动材料等都会影响活动游戏性的高低。

户外活动时间到了，孩子们跟着李老师来到户外场地。李老师先带着孩子们围绕操场跑步热身，然后请每个小朋友拿一个球，练习原地拍球。大约过了10分钟，李老

---

[1] 刘焱. 儿童游戏通论 [M]. 北京：北京师范大学出版社，2004.

师发现有好几个孩子不认真拍球了,而是踢起球来,于是,李老师索性请孩子们自己玩球了……

老师们都知道,户外活动不等于户外游戏。上面案例中,李老师带着孩子们练习原地拍球,属于动作技能的学习(工作)。教师期待通过反复练习,提高幼儿连续拍球的能力(明确的功利目标)。但是,当教师不再要求幼儿练习拍球,而是任由幼儿玩球的时候,尽管每个幼儿手里还是只有一个球,但是自由自在的游戏的属性越来越强。由此可以看出,只要教师降低对幼儿的管控,幼儿的活动就可能从非游戏活动变成自主的游戏活动,反之亦然。

3. 幼儿园游戏是各种游戏的有机综合体

不同类别的游戏,幼儿自主性的高低不同,幼儿园游戏是各种游戏的有机综合体。谈到游戏性,我们更多的是从轻松愉悦性、非功利性方面来谈,而自主性更强调幼儿个体的自发性、独立性、参与性、积极性和创造性等。从本质上来讲,游戏应该是幼儿自主自愿的主体性行为,但是幼儿园游戏并不完全符合这种自然属性的游戏的要求,因为幼儿教师为了实现课程和幼儿全面发展的目标,肯定会、也应该创设环境,并利用游戏设计很多活动。这些利用游戏设计的活动更具有教育的属性,而非自然游戏的属性。这些活动具有游戏的"外形特征",其内在却是教育教学活动,属于广义上的幼儿园游戏的范畴。

受教师观念和指导行为的影响,幼儿在各类游戏活动中的自主性高低也不同,如下图所示。

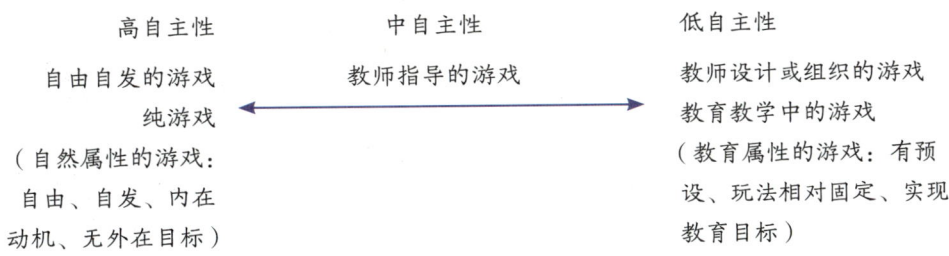

从上图可以看出,幼儿园游戏是一个较为庞大的系统,既有幼儿自由自发的自主游戏,也有教师设计或组织幼儿玩的游戏。我们强调自主游戏,但并不否认其他类别游戏的价值。不过,在不同功能的游戏中,幼儿的自主性高低是不同的,年龄越小的幼儿越需要自由、自主的游戏。在现阶段的幼儿教育实践中,教师设计和组织的游戏太多,以至于掩盖了游戏本来的面目。

二、游戏分类的复杂性与自主游戏

从游戏性上来讲,幼儿园游戏有高低之分,即有些游戏很好玩,有些游戏可能差一些,当然,游戏性太低的活动就不可能被称为游戏了。从幼儿的自主性上来讲,幼儿园游戏也有高低之分,高自主性的游戏当然就是幼儿完全自由、自主的自然属性的游戏,而伴随教师的介入指导,幼儿的自主性就会下降,当教师完全控制了游戏的主题和过程时,幼儿的自主性就降到最低,这样的活动从本质上来讲,已经不属于游戏的范畴,而是教学活动的范畴。

教师除了需要从游戏性和自主性高低来了解游戏之外,还需要从更广泛的视角来看待幼儿园游戏,了解众多游戏名称的来源和分类的维度。

(一)游戏分类的复杂性

假如一个幼儿正在玩沙子,请问,这是什么游戏?回答可以很简单——玩沙游戏。从幼儿的动作对象来讲,就是玩沙游戏,如果幼儿动作的对象变了,那么游戏的名称也随之变化,如玩石子游戏、玩纸盒游戏、玩沙包游戏、玩皮球游戏、玩积木游戏……可

四川省绵阳市花园实验幼儿园

幼儿在玩什么游戏呢

是，换一个角度看，幼儿玩沙的游戏也可能是角色游戏、建构游戏、单独游戏、合作游戏、本体性游戏、创造性游戏、自主游戏……这些名称确实令幼儿园老师感到有些迷惑。所以，教师需要清晰地了解游戏名称的来历，也就是了解游戏分类的不同维度，这样才能不被这些名称弄晕。因为分类的维度不同，同一种游戏就会拥有很多不同的游戏名称。

现阶段幼儿园游戏的分类主要有以下几个维度。

1. 从儿童认知发展的视角

瑞士心理学家让·皮亚杰是儿童认知发展理论和研究方法的先驱，他从儿童认知发展的角度研究儿童的游戏。他认为，儿童在不同的认知发展阶段会显示出不同水平、不同类型的游戏，主要表现为四类：感知运动游戏、象征性游戏、结构性游戏、规则性游戏。

（1）*感知运动游戏*。感知运动游戏是3岁前儿童的主要游戏，由简单、重复的动作或运动组成，如反复拍打小铃铛、反复扔出小球、跟着小球跑来跑去……这些游戏背后的动因在于感觉和运动器官在使用过程中获得的快感，婴幼儿也在此过程中发展自己的感知觉和身体动作。

从时间上讲，感知运动游戏出现得最早，并在儿童期持续存在，只是随着儿童年龄的增长，他们的游戏不

3岁以后儿童的感知运动游戏可能简单，也可能很复杂，并具有一定的挑战性

山东省淄博市市直机关第三幼儿园

再仅仅满足于简单的感知运动，而是会有更复杂的动作出现，并伴随更复杂的人际互动和社会性情感。

（2）*象征性游戏*。象征性游戏是指儿童以模仿和想象扮演角色，完成以物代物、以人代人为表现形式的象征过程，并反映周围现实生活的游戏类别。幼儿教师所熟悉的小孩子们玩的娃娃家游戏、打针游戏、警察游戏、打仗游戏等都具有象征性游戏的特征。

（3）*结构性游戏*。结构性游戏是指儿童使用积木、积塑、黏土、沙子、石子等来建构物体形象的游戏。幼儿喜欢通过对结构材料的操作来搭建一个城堡、花园、立交桥等可见的作品，体验操控玩具材料带来的满足感和价值感。

山东省淄博市市直机关第三幼儿园

幼儿运用各种生活材料、废旧物品和周边环境中的自然材料进行自己的象征性游戏

广东省广州市番禺区东城幼儿园

专心投入搭积木的幼儿

（4）**规则性游戏**。规则性游戏是指两个或两个以上儿童玩的、以规则为核心的游戏，常常带有竞赛性质，比如，下棋、走迷宫之类的智力游戏；跳房子、滚铁环之类的体育游戏；跟着音乐节奏拍手、拍腿或跳动之类的音乐游戏，等等。规则性游戏一般都有明确的游戏玩法和游戏规则，与娃娃家之类的开放性游戏完全不同。

传统游戏：盲人抓人

右边图片中的传统游戏，我们小时候大都玩过。游戏时，一个人蒙上眼睛，然后去抓身边的小伙伴，被抓住的小伙伴接着扮演盲人，再抓其他小伙伴。这个游戏中最重要的规则是，扮演盲人的小朋友不能掀开眼罩，被抓住的小朋友必须扮演盲人。

2. 从儿童社会性发展的视角

美国心理学家帕顿在研究了儿童的游戏后发现，不同年龄阶段的儿童在游戏中所表现出来的社会参与水平是不同的。因此，他将儿童的游戏行为归纳为六类：无所事事的行为或偶然的行为、旁观行为、单独游戏、平行游戏、联合游戏、合作游戏。实际上，前面两种不属于游戏的范畴。

（1）**单独游戏**。单独游戏就是儿童自己玩自己的，不太在意别人的活动。3岁前儿童的游戏主要就是单独游戏。

（2）**平行游戏**。平行游戏是指儿童还是自己玩自己的，但是他们开始关注别人的游戏，相互之间会有交流或模仿、借玩具等交往行为。

（3）**联合游戏**。联合游戏是指大家在一起玩，可能会有相似的游戏主题和情节，彼此会有语言交流，但伙伴关系较为松散，很少出现游戏伙伴之间的协商行为。

（4）**合作游戏**。合作游戏是社会性发展水平最高的一种游戏，参与游戏的幼儿会形成一个较为紧密的小组，大家商议和确定共同的游戏主题，进行角色分工，协商游戏情节，讨论物品的选择和使用，共同解决游戏中出现的问题或争执等。不同的伙伴小组、不同的阶段、不同的游戏环境，幼儿在游戏中表现出来的社会性发展水平是不同的；反过来讲，幼儿的社会性发展水平又决定了合作游戏的水平高低。

在幼儿教育实践中，最容易出现的问题就是教师强求的合作。有些教师喜欢在每次游戏前都向幼儿强调要合作，不管他们是小班幼儿还是中、大班幼儿，也不管即将开展的是什么样的游戏……教师不了解，能否达成合作游戏需要幼儿的社会性发展作为基本前提，而非教师的一厢情愿。

实践链接： A 老师在观察幼儿的自主游戏时发现，5 岁的明诚很喜欢自己玩拼图游戏，很少与其他小朋友互动交流。若有小朋友动他的拼图，他就不高兴。难道明诚 5 岁了还处于单独游戏阶段？是不是说明他的社会性发展水平比较低……A 老师有点担心和着急。你怎么看呢？

3. 我国传统教育学上的分类

我国的教育学传统把幼儿园游戏分为两类：创造性游戏和规则性游戏。创造性游戏又分为角色游戏、表演游戏和建构游戏；规则性游戏又分为智力游戏、音乐游戏和体育游戏。

这种游戏划分的方法受苏联教育学的影响，这些游戏的名称最为幼儿教师所熟悉。需要强调的是，创造性游戏也会有规则，只是规则可能内隐；规则性游戏也可能会有幼儿的创造性表现，但需要教师放手和正确的引导。

抢占棋盘的游戏是典型的规则性游戏，有清晰、明确的游戏规则，有两个小朋友的对决，有输赢结果

创造性游戏与规则性游戏的主要区别如下表所示。

创造性游戏	规则性游戏
没有明确的目标	游戏目标明确
玩法开放，不固定，富有变化和创造	有规定的玩法，一般按照一定的程序来玩，较少变化
较多体现幼儿个体的需要和经验	游戏玩法与个体经验关系不密切，一般玩法已经被设定好了
规则一般内隐在游戏角色或情节中，规则与玩法没有直接的关联性	游戏规则外显、清晰、明确，而且是游戏的核心。一旦规则发生变化，游戏的玩法也随之发生变化
游戏相对更注重过程，游戏结果比较个性化，很难比较	游戏会更倾向于结果，结果比较客观，会有输赢或高低之分

4. 从价值追求差异的视角

从游戏的不同价值追求出发，可以把游戏分为：本体性游戏和工具性游戏。所谓本体性游戏，是指遵循幼儿的意愿，没有游戏之外预设的教育目标的游戏。简单地说，就是为了玩而玩的游戏。

所谓工具性游戏，是指教师根据教育目标设计的、蕴含了教育要素的游戏。幼儿教师所熟知的体育游戏、音乐游戏、智力游戏、科学游戏、语言游戏等大都属于工具性游戏。教师设计的工具性游戏一般包含游戏目标、游戏准备、游戏玩法与游戏规则几个部分。

本体性游戏和工具性游戏的主要区别如下表所示。

本体性游戏	工具性游戏
目标就是玩，没有游戏之外的目标	目标指向幼儿某一方面的发展，具体、明确
随机生成或幼儿自选	教师预设
玩法由幼儿自己说了算	玩法被限定
开放，富有变化和幼儿个体的创造性	大家需要遵循大致固定的游戏流程，变化较少
幼儿的意愿、兴趣是游戏的主要动力机制	任务导向或结果激励是游戏持续的动力机制

幼儿园游戏除了上面四种维度的划分方法，其实还可以有很多，比如，根据内容涉及的领域，可以分为语言游戏、数学游戏、科学游戏、体育游戏、音乐游戏等；根据是否有主题，可以分为主题游戏和非主题游戏；根据游戏中是否使用材料，可以分为徒手游戏和器械游戏，等等。

（二）自主游戏的内涵

前面谈了那么多的游戏类别，到底哪一种游戏是自主游戏？为什么有些教师组织的自主游戏会被批评为"游戏幼儿"？为什么在有些标榜自己开展的是"自主游戏"的幼儿园里，幼儿却玩得索然寡味……

1. 自主游戏是哪一种游戏

自主游戏其实不需要一个定义，因为只要明白游戏内涵的教师就明白自主游戏的内涵，游戏本来就是儿童"自主自愿的主体性行为"，自主的游戏就是本来意义上的游戏。那么，为什么我们的幼儿园需要在游戏的名称之外，再专门提出"自主游戏"一词，并大张旗鼓地宣传和推广它呢？

我国"自主游戏热"这十多年的发展历程，应该说正是我们对于幼儿园游戏不断被"异化为教学"的纠偏的过程。尽管广义的幼儿园游戏可以包含某些教师设计的、教育目标突出的活动（再次强调：这样的活动即使被叫作"游戏"，即工具性游戏，从本质上讲也属于游戏化的教育教学活动，而非游戏活动），但是在幼儿园一日活动中仅占很少的比例，它不能代替幼儿自由自主的游戏。

自20世纪70年代末80年代初以来，伴随着改革开放的脚步，幼儿教育开始逐步得到恢复，中国幼教人开始重视教育教学的研究和课程建设；90年代之后到进入新世纪的第一个十年，幼儿教育改革不断冲击我们旧有的"上课学习、下课玩儿"的小学化模式，同时伴随瑞吉欧教育、蒙台梭利教育、高瞻课程等西方较为流行的课程模式在多地幼儿园落地生根，中国幼教人开始越来越多地关注幼儿作为学习主体的价值发挥，呼吁尊重幼儿的主体地位，重视游戏的价值，于是，"以游戏为基本活动"在各级各类教育部门的文件中反复出现，在各个幼儿园的课程、经验介绍中反复出现。也正是在这个时期，"游戏"变成人人都会说、人人都在谈的热词……但是，幼儿教育实践中的"游戏"却"百花齐放"得令人感觉"乱象丛生"，比如，教师必须教幼儿玩，否则教师就会觉得自己没尽到责任；幼儿必须按照教师要求的去玩，否则，就会被教师评价为"玩错了"；幼儿必须在某个固定的区域玩，一旦选定某个区域或某个玩具就不能再换了，否则，教师就认为不能培养幼儿的坚持性和专注性；游戏结束之后讲评时，幼儿只要按照教师的要求规规矩矩地玩，就很容易获得教师的表扬，而总想弄出点花样、"不甘寂寞"的幼儿就会被教师批评……这样的游戏，像不像让幼儿"戴着镣铐"玩？

游戏到底应该是谁的游戏？幼儿的游戏真的需要教师教吗？教师不教，幼儿会玩吗？幼儿在自己玩的游戏里能学到东西吗？——在这样不断的追问中，安吉幼教人开始勇敢地往前跨越出去，提出教师要信任幼儿，教师需要在游戏时"管住手、闭上嘴"，还孩子的游戏为他们自己的"真游戏"。

于是,在新世纪的第二个十年,让幼儿自由自在地玩的"安吉游戏"火了,"自主游戏"成为中国幼教人最时髦的追求。可是,在追求的过程中,教师们不可避免地陷入一系列冲突之中:与过去的课程模式冲突,与自己的教育理念冲突,与自己的班级管理的理念、方式方法冲突,与一日活动的安排冲突,与家长的要求冲突……最大的冲突是根深蒂固的"教师主导"观念与"幼儿主体"观念无法协调一致,各地幼儿园开展的所谓"自主游戏"又开始"变形"或者说"变质"。

于是,教师们还要问,到底什么是自主游戏?前面谈到的那些游戏类别,哪一种是自主游戏?

要界定自主游戏,既简单,又很难。说简单,是因为只要我们弄清楚了游戏的本质特征,就很容易理解自主游戏的内涵;说难,是因为前面那些游戏类别既可能都是自主游戏,又可能都不是自主游戏,这不仅仅是游戏类别的问题,更关键的是教师如何看待幼儿和幼儿的游戏,幼儿在游戏过程中是否具有自由选择的权利和自主活动的机会……

➲ **自主游戏一定是幼儿自发的游戏吗?教师发起的游戏是否也可能变成自主游戏?**

一般来讲,自主游戏是幼儿按照自己的兴趣和意愿发起的游戏,幼儿自选游戏材料和伙伴,自己调控游戏进程和结果。但是,客观观察和分析幼儿的游戏就会发现,绝对的自主是很少的,因为就算是幼儿自主选择的游戏,游戏中的每一个人都有选择和决策

教师和幼儿一起玩管子——声音的游戏,这是师幼合作的游戏

四川省乐山市实验幼儿园(图片来自『人文幼学』)

的机会吗？有些被动的幼儿是否经常会被某些人"领导"着、推动着……那么，对这些被动的幼儿来讲，他们真正在自主游戏吗？所以，观察和分析幼儿的游戏并不是简单的二分法，不同的幼儿即使在同一个游戏中，其自主性的高低也是不同的。

有些时候，尤其是当幼儿犹豫彷徨时，教师当然可以给幼儿提供游戏的建议，甚至可以发起某个游戏、带动幼儿游戏，或者在幼儿游戏单一重复时，介入幼儿的游戏和幼儿一起玩……只要教师在游戏过程中随时关注幼儿，善于捕捉幼儿的兴趣点，懂得灵活调整自己的行为、跟随幼儿，进退适恰，而不是把幼儿"生拉硬拽"进自己设定的游戏轨道里，这样的游戏就被看作教师与幼儿的合作游戏。如果教师发起游戏之后就后退了，更多地退居为观察者的角色，那么，这个游戏仍然是幼儿的自主游戏。

必须提示的一点是，教师的指导和幼儿的自主必然是一对矛盾体，是"你进我退"的关系，教师的过度指导极易演变成对幼儿游戏的控制。

● **教师设计的工具性游戏是否可能成为幼儿的自主游戏？**

一般来讲，教师会觉得本体性游戏当然就是幼儿的自主游戏，因为它反映了幼儿自己的兴趣和游戏意愿，没有任何游戏之外的功利性目的。工具性游戏则是教师为了实现某个教育目标设计的，怎么可能成为幼儿的自主游戏？我们的回答是：可能，只要这是幼儿的自愿选择。

在幼儿园三年时间里，教师会教幼儿玩很多工具性游戏，如语言游戏、音乐游戏、体育游戏等。有些游戏简单有趣或者玩具好玩，在教师教会幼儿之后，幼儿就可能反复玩这些游戏，比如，前面提到的跳跳球游戏，是教师为发展幼儿的跳跃能力和两脚跳动的协调性而设计的。不过，因为跳跳球好玩，所以尽管它所涉及的动作变化不大，但是幼儿还是会经常选择来玩。如果是幼儿自愿选择来玩的，那么就是自主游戏。

● **幼儿搭建积木的结构游戏一定是自主游戏吗？**

回答：不一定。在结构游戏中，如果是由幼儿自己决定搭建的主题和搭建过程中对材料的选择和使用，自己决定是否需要与别人合作搭建，自己解决问题、调控游戏过程和结果，那么这个游戏就是自主游戏。但是，如果教师要求幼儿按照预先设定的内容，搭建一个较为固定的作品形象，导致幼儿连搭建什么都不能自由选择，那么，这个结构游戏就不再是幼儿的自主游戏了。笔者曾去过一所幼儿园，这所幼儿园的一个大班教师在游戏时间要求全班40个幼儿分成两组，20个人一组，共同搭建一艘轮船。为什么要搭轮船呢？因为近期的课程主题是"交通工具"……20个人的合作又是怎样的？大家可以想象，5—6岁的幼儿怎么可能实现20个人的合作？所以，这样的游戏不可能是幼儿的自主游戏，只能是幼儿玩"教师的游戏"。

所以，什么是自主游戏？它不是一种固定的游戏类型，而是一种尊重幼儿的游戏理念的回归。自主游戏强调教师要信任幼儿，更多放手让幼儿自由选择，自主地把握游戏内容和游戏进程，玩自己的游戏。教师的责任是观察和给予适宜的支持，即使介入引导，也是为了帮助幼儿实现自己的游戏愿望,推动幼儿自主性的发展,而非达成教师设定的教育目标。

我们在幼儿园的教育实践中呼吁"自主游戏",更多的是强调教师要转变儿童观、游戏观、课程观,强调对幼儿主体的尊重,让幼儿园游戏回归游戏本源,避免幼儿园游戏异化为教师主导的教育活动。如果像新西兰、芬兰等很多国家那样,游戏本来就是小孩子自己在玩,那么我们根本就不需要提"自主游戏"一词。

现阶段,很多幼儿园每天都会安排1小时左右的自主游戏时间,在这段时间内,教师极少干预,会给予幼儿充分的自由选择、自主活动的机会。但是,如果心理环境足够宽松、物质环境足够丰富,那么幼儿的活动内容并不仅仅指向游戏,幼儿还可以去阅读、探究小虫子、给花浇水、坐在一起聊天……所以,即使是所谓的"自主游戏时间",也并不说明所有的幼儿都在玩游戏,幼儿有充分的选择权。幼儿园教师的任务不是分析全园是不是在"搞自主游戏",而是要去观察和分析每个幼儿的行为,关注每个幼儿表现出的兴趣、积极性、参与性、独立性和创造性。

山东省淄博市市直机关第二幼儿园

室内自主活动时间,尽管这个男孩选择的是具有科学探究特点的玩具,但在自主操作、体验和探索的过程中,他仍能感受到自主游戏的极大乐趣

● **区域活动 = 自主游戏吗？**

尽管笔者看过很多文章谈区域活动，把区域活动等同于室内的自主游戏，也听过很多专家在讲"区域游戏"的专题讲座，但是，笔者固执地认为，区域活动与自主游戏不完全等同。区域活动是幼儿在有准备的环境中进行的自由、自主、自选的活动[①]。所以，区域活动具备和自主游戏同样的性质和特点，目标同样指向幼儿的主体性发展。但是，在创设区域环境时，教师既会考虑幼儿的游戏需要，也会考虑幼儿学习与生活的需要。比如，美国的高瞻课程强调，幼儿需要学习关键经验，教师应创设区域环境，把幼儿需要学习的关键经验物化为活动情境和材料，通过活动区这一中介，支持幼儿的主动学习。这些年来，我国的区域活动实践受高瞻课程的影响较大，因而很多幼儿园教师会把《指南》或自己幼儿园课程的目标，物化为活动区的玩具和材料，支持和引发幼儿的自主学习活动。如此说来，区域活动中既有幼儿自由自主的游戏活动，也有大量自主的学习活动、生活活动。

山东省淄博市市直机关第二幼儿园

区域活动时间，幼儿选择了科学区的潜望镜组合玩具，认真翻看说明，对照图示进行组装

---

① 董旭花，韩冰川，王翠霞，等. 小区域，大学问——幼儿园区域环境创设与活动指导[M]. 北京：中国轻工业出版社，2013.

从上一页照片中小女孩认真专注的神态来看，她现阶段的活动是典型的自主学习活动。如果组合成功之后她和小伙伴开始了搜寻目标—发出指令—指挥炮火攻击敌人之类的游戏，那么这就是一个典型的创造性游戏（角色游戏），说明她从自主学习状态进入自主的游戏中了。

那么，在什么情况下，区域活动＝自主游戏？答案是，当班级营造了足够宽松、民主、尊重、安全的心理环境，教师足够放手，各个区域投放的玩具材料丰富、好玩、可操作性强、富有变化，教师不限制幼儿的玩法，不以教育目标来要求和评价幼儿时。比如，大家都熟悉，上海幼儿园的区域活动普遍被称为"个别化学习活动"。一听这个名称大家就可以想到，其玩具材料的提供与幼儿的自主学习一定关系密切。但是，近些年来，受安吉游戏的影响，上海很多幼儿园区域活动的改革也在朝着"更自由、更好玩"的方向迈进。

如此说来，现阶段，幼儿园区域活动的改革方向也是更有趣、更开放、更自主、更强调幼儿的主体性。当区域活动越来越好玩的时候，也就是区域活动越来越趋向于自主游戏的时候。我们前面谈到过，游戏活动与学习活动不是二元对立的关系，幼儿园的很多活动都具有一定的游戏性，只是强弱不同而已。一项活动的游戏性强弱，与活动性质、与操作材料的属性有关，与教师的指导行为也有直接的关系。

案例1：这天，区域活动开始前，王老师请小朋友们欣赏各种各样的装饰纹样以及用纹样装饰的纸盘作品，然后提示幼儿关注美工区新投放的纸盘材料。笔者发现，这天美工区的小朋友大多选择了用纹样装饰纸盘的工作，他们很认真专注，制作的作品也很漂亮。

案例2：这天，选择美工区的有三个女孩和两个男孩。笔者发现，女孩们很喜欢画画，整个活动过程中，她们三个都比较专注，只是小声地说话。其中，有个女孩会边画边自言自语。两个男孩则不同，他们两个很要好的样子，一个选择了彩泥，另一个也取了彩泥。他们一个用彩泥制作了一把手枪，另一个也模仿着制作了一把手枪，然后两个人就开心地"对战"起来，嘴里还创编了很多情节。笔者虽然没有听清楚，但知道这是他们的想象性游戏。

尽管以上两个案例都是美工区的活动，但可以看出幼儿的活动性质不完全相同。案例1中的活动更像是自主性学习活动，而案例2中男孩们的活动更像是自主游戏，制作手枪成为他们为自己的想象性游戏所做的道具准备，也是其游戏乐趣的一部分，充满了变化和创意。

2. 关注自主游戏中幼儿的自主性表现与主体性发展

自由选择＝自主游戏吗？如果我们认为只要教师放手，让幼儿自己玩，就是自主游戏，那么只能说明我们对自主游戏的认识还停留在初级阶段。自主游戏涉及儿童的主体性发展，教师在放手的同时，需要更多地关注幼儿的自主性发挥，引导幼儿更多地进行自我选择和决策、自我计划和设计、自我反思和调控、自我规范和负责，为幼儿一生的可持续发展奠定自我成长的力量。

（1）**自我选择和决策**。自主游戏前前后后，幼儿随时都需要做出决策，比如，游戏开始时，幼儿需要知道自己喜欢什么，根据自己的意愿选择去哪里玩、玩什么、跟谁一起玩……游戏过程中，幼儿需要选择适合的玩具材料，达成游戏意愿。当与伙伴游戏的意见不一致时，需要选择是坚持还是服从……在所有这些时刻，幼儿都需要不断观察、分析思考，并做出选择，这就是幼儿自我决策的过程。

（2）**自我计划和设计**。游戏计划，就是事前对游戏怎么玩的预想和设计。年龄小的幼儿，游戏的目的性、计划性较差，行为较随意，游戏也可能随时在变化，但伴随年龄的增长，幼儿的自主性也在不断发展，所以，幼儿的游戏就会呈现出越来越清晰的目标指向性。当一个幼儿告诉你他想要怎么玩的时候，他就是在制订自己的游戏计划，计划并不一定都要写下来或画出来。当然，游戏前，若教师能和幼儿讨论他们的游戏计划，或者给予幼儿时间去画出自己的游戏计划，也是很好的。自我计划不排斥教师的引导，但教师不可以用既定的游戏主题和游戏玩法限制幼儿。

（3）**自我反思和调控**。幼儿的游戏有时很简单，单一、重复的动作也会让年龄小的幼儿满足，但是，更多的时候，幼儿追求游戏的自由变化、创新、刺激和满足。无论是小班幼儿还是中大班幼儿，他们在游戏过程中经常要面对各种问题、遭遇各种挑战，比如：

* 找不到合适的玩具材料
* 使用玩具材料的技能不足
* 寻求加入游戏被拒绝
* 寻求同伴帮助被拒绝
* 争抢玩具材料
* 遇到困难，尽管反复尝试，还是失败了
* 辛苦完成的作品被别人破坏
* 别人嘲笑自己的游戏行为或作品

……

无论幼儿遇到什么样的问题和挑战，教师都不能一味地鼓励幼儿"告诉老师"，一味地寻求老师帮忙解决问题，因为这样极易让幼儿形成依赖的心理和思维的惰性，也容易让他们产生"我不行，老师行"的心理暗示，导致他们丧失自我思考、自我成长的力量。教师需要关注幼儿游戏中的精彩表现，寻找游戏中的"哇"时刻写观察记录，但更重要的是要关注游戏过程中出现的问题，通过与幼儿一起进行回顾、反思、对话、讨论等，让幼儿自己去发现产生困难的原因，探寻应对问题的方式方法，以提升自主学习与发展的能力。无论是幼儿个人的反思，还是幼儿小组、集体的反思，都有助于幼儿提升自主反思能力。

（4）**自我规范和负责**。在放手后的自主游戏中，教师最担心的就是纪律、安全等问题，所以，教师很容易在游戏之前就给幼儿提出 N 条规则，然后在游戏过程中，又像"监工"或"巡警"一样看管幼儿，唯恐幼儿出现问题，把"平安顺遂"当成游戏的最终目标。教师的担心，我们可以理解，但是教师不应该把自己的担心演变成所谓的"规则"来控制幼儿的游戏。

自主游戏不等于所有的幼儿想干什么就干什么，自由自主与秩序规则是相辅相成的。如果游戏是幼儿自主发起的，那么他们就应该慢慢学会管理和调控自己的游戏，包括游戏过程中出现的"我的意愿""我的能力""我的情绪""我与其他小伙伴的关系"等问题，对自己负责，这才叫"自主游戏"。教师应该信任幼儿，规则和秩序是每个幼儿的需求之一，冲突和矛盾也是幼儿游戏中必然的一部分。如何在放手和接纳幼儿的同时，让幼儿学会负责任，支持幼儿自主能力的建构就是教师的教育智慧，也是教师专业能力的重要组成部分。

实践链接：对照前面谈到的幼儿的自主性表现，观察和分析自己班上每个幼儿在游戏中的表现。在这个年龄阶段，他们普遍表现了较高水平的是哪一个方面？普遍存在问题的又是哪一个方面？思考：后期如何跟进支持幼儿？后续的课程又该如何呼应现阶段幼儿的自主性发展水平？

三、自主游戏背后的支撑理念

如果要让自主游戏成为教师的信念，并落实到每一个幼儿园教师的教育行动中，那么就需要教师坚信如下理念，因为这些理念与自主游戏的理念一脉相承。

（一）坚信幼儿就是游戏人，幼儿期就是游戏期

1. 游戏是幼儿的天性，符合幼儿身心发展的需要

成人的基本活动是工作，工作是有用的，能创造价值。游戏却是学龄前阶段儿童的基本活动，游戏看起来是无用的，因为它不直接生产财富，可是游戏是幼儿最基本的活动需要，是儿童最正当的权利，儿童生命的全部价值和意义都蕴藏在游戏之中，游戏与

儿童须臾不可分离。德国著名幼儿教育家福禄贝尔曾经满怀热情地赞美，儿童的游戏是心灵最美好的花朵，是童年生活中最快乐的现象。美国教育家约翰·杜威强调，游戏是儿童生活的重要组成部分，对儿童而言，特别是在幼儿阶段，生活即游戏，游戏即生活。教育者应该顺从儿童的经验和兴趣安排适宜的游戏，让儿童在游戏中学习，在做中成长。被誉为"中国幼教之父"的陈鹤琴先生也强调，"小孩子生来是好动的，是以游戏为生命的"。

* 游戏能满足儿童对安全感的需要。
* 游戏能满足儿童身体活动的需要。
* 游戏能满足儿童好奇心的需要。
* 游戏能满足儿童社交的需要。
* 游戏能给儿童带来存在感和掌控感。
* 游戏能给儿童带来成就感和价值感。

如此说来，游戏是儿童的天性。哪里有儿童，哪里就有游戏，有游戏的生活才是幸福、美好的童年生活。儿童在游戏中展现着自己的生命存在与活力，在游戏中体验并享受着生活的愉悦，在游戏中不断完善自我和成长。

《瞻瞻的脚踏车》是丰子恺广为流传的一幅画，主人公是他的长子丰华瞻。画面中，年幼的瞻瞻一手拿一个蒲扇，骑在胯下，就好像骑着一辆脚踏车，表现出了孩子丰富的想象力，也看得出孩子自在地享受自己的游戏。

瞻瞻的脚踏车 ①

实践链接： 在幼儿园教育中，你是否抱怨过班里的孩子太爱动了，总是坐不住，组织集体教学活动时总感觉很辛苦，因为孩子们不能认真听讲……你是否向家长告过某些孩子的状，只是因为孩子在课堂上不遵守"纪律"……孩子们出现这样的行为真的是"问题"吗？到底是我们需要重新调整看待孩子的观念和幼儿园课程，还是孩子更需要"管束"？当有家长向你抱怨他的孩子"只知道玩，不喜欢学习"时，你该做何反应？如何与这样的家长沟通？

2. 游戏是幼儿的权利，必须得到成人的足够重视

1989年11月，第44届联合国大会一致通过《儿童权利公约》。《儿童权利公约》第

---

① 丰子恺，崔文川. 丰子恺儿童漫画集［M］. 西安：未来出版社，2015.

三十一条明确规定:"缔约国确认儿童有权享有休息和闲暇,从事与儿童年龄相宜的游戏和娱乐活动,以及自由参加文化生活和艺术活动。"由此,在世界范围内确认了儿童不仅有发展权、受教育权,而且有享受游戏的权利。

我国先后颁布的《未成年人保护法》《幼儿园工作规程》《纲要》《指南》等一系列文件法规,也就游戏作为儿童的权利问题做出了明确的规定,强调幼儿教育应以游戏为基本活动。所谓"基本活动",至少应有三方面含义:一是最能满足幼儿需要的活动;二是最符合幼儿阶段的发展特点和发展水平的活动;三是最有意义和价值,能推动幼儿实现最佳发展目标的活动。

所以,游戏就是3—6岁幼儿的生活,符合幼儿生理和心理发展的需要,是幼儿的基本权利。作为教师,我们必须承认幼儿就是游戏人,幼儿期理应就是游戏期,游戏必须得到幼儿园足够的尊重和保护。

实践链接: 请问,关于幼儿园每年的"六一"儿童节如何过,你是否征求过幼儿的意见?你觉得,幼儿更喜欢自由自在地玩一天,还是更喜欢表演节目给别人看?你如何评价很多幼儿园"六一"儿童节的舞台表演秀?你觉得其中是否涉及儿童的权利问题?

如果"六一"儿童节当天必须要进行一场舞台表演,那么怎样设计和组织能更好地体现幼儿的权利和对幼儿天性的尊重?

请认真阅读下面孙云晓先生在多年前写的一篇文章,组织教师们进行一场关于"六一"儿童节与教师儿童观、游戏观的研讨会。

"六一"儿童节是一个忠告[①]

没有真正童年生活的人,也不可能有成功的未来。

钱是可以赚回来的,而孩子的快乐是用钱所买不到的,童年是不会重来的。"六一"儿童节是一个邀请,邀请我们从世俗功利中挣脱出来,重返童年,因为童年生活是每个人一生中最珍贵的营养源之一。

"六一"儿童节是一个梦想,梦想每一个孩子都真正拥有快乐的童年,因为这是拥有健康人生的坚实基础。

"六一"儿童节是一个唤醒,唤醒为人父母者和教师具备教育者的资格,即现代的教育观念、科学的教育方法、健康的心理、良好的生活方式、平等和谐的代际关系。

"六一"儿童节是一个检验,检验在儿童成长中是坚守儿童本位还是成人本位,如孩子的节日是让孩子自主和狂欢,还是任由成年人为所欲为。

"六一"儿童节是一个忠告,忠告天下一切关心儿童的人,赶快行动起来吧,赶快把美好的计划付诸实现吧,因为孩子的成长是一刻也不能等待的。

[①] 摘自孙云晓博客。

"六一"儿童节是一个祝福,祝福儿童教育成为发现儿童、解放儿童和发展儿童的教育,只有这样的教育,才能让儿童获得自由和幸福。

人的一切都是从童年开始的。童年的快乐是一生快乐的源头,童年的不幸是一生不幸的开端。如果以明天的幸福为诱饵,来剥夺孩子今天的快乐,这不是骗子的行为就是无知的行为。孩子的名字不仅仅是明天,更是今天。孩子每分每秒都在生长,一刻也不能等待。因此,每一个真正有爱心的父母,都应当以捍卫童年为己任。捍卫童年是人类在新世纪最重要的理念之一。

一个人怎样获得可持续的发展,很重要地取决于他的童年。孩子的童年如果是快乐的、自由的,他就有无限的张力;如果他的童年是过于沉重、过于劳累的,他就会厌倦学习、厌倦生活甚至厌倦人生,他就封闭了、没有开放、没有发展。我们要允许孩子在童年有一段呆呆的、梦幻般的、爱玩的、胡说八道的时光。因为,童年本来就是那个样子的。爱孩子,就来捍卫孩子的童年,还给孩子一个快乐的童年。

(二)坚信游戏就是幼儿的学习与工作

现阶段,很多幼儿园一方面口头上认可游戏的发展价值,另一方面却可能在安排班级课程时,不自觉地把游戏与幼儿的学习对立起来,因为需要实施的课程太多,所以没有时间玩游戏的情况较为普遍地存在着。

广东省广州市华南农业大学幼儿园

幼儿在户外的攀爬游戏中有学习吗?他们在学什么?

陈鹤琴先生认为，儿童的游戏就是工作，工作就是游戏。"游戏的直接用处，虽只是寻求快乐，然而间接的用处则甚大，因为它可以发展儿童的身心，敏捷儿童的感觉，于儿童的生活有莫大之功益。"[1]

具体来讲，游戏具有如下价值：

* 发展身体
* 养成公民应有的品质
* 能使脑筋锐敏
* 为休息之灵丹[2]

苏联心理学家维果茨基也认为，游戏是学前儿童的主导活动。心理活动的随意机能，思维摆脱具体事物的束缚，心理发展的重要变化，这一切都出现在游戏中，游戏是发展的源泉。游戏创造了儿童的最近发展区。

所以，游戏不仅仅是娱乐，也不仅仅是满足了幼儿的需要，更重要的是游戏本身就是幼儿的学习，而且是自主自发的、永不停歇的学习。观察幼儿的游戏，每每我们都能看到幼儿超越我们想象的学习能力，令人不由得赞叹。2019年5月，中国浙江省湖州市安吉县举办的"真游戏"国际研讨会，主题就是"真游戏——儿童学习的革命"，这也在提示所有的教育工作者必须重新看待儿童的游戏，重新看待儿童的学习。教师只有转变儿童观和儿童学习观，才有可能真正改变自己的教育观和教育行为。

《指南》强调，教师必须理解幼儿的学习方式和特点。幼儿的学习是以直接经验为基础，在游戏和日常生活中进行的。要珍视游戏和生活的独特价值，创设丰富的教育环境，合理安排一日生活，最大限度地支持和满足幼儿通过直接感知、实际操作和亲身体验获取经验的需要，严禁"拔苗助长"式的超前教育和强化训练。

实践链接1： 请阅读下面节选的一段游戏观察记录，试着分析幼儿在其中的学习。

鹅卵石搬家记[3]

圆圆在沙地里发现了一些鹅卵石，她找来一辆独轮小推车，把找到的鹅卵石放到了小推车里，对在沙池游戏的同伴依依说："咱们把这些石头搬到玩水区玩'炒菜'吧？"依依看了一眼小推车里的鹅卵石，点点头说："行，咱们得再多找点儿'菜'。"圆圆又找到琳琳和雨晴问道："我们要到那边玩'炒菜'的游戏，你们去不去？"琳琳在雨晴耳边说了句悄悄话，然后表示同意。于是，四个伙伴找到更多的鹅卵石堆放到了小车里。

---

[1] 北京教育科学研究所. 陈鹤琴全集：第五卷[M]. 南京：江苏教育出版社，1989.
[2] 陈鹤琴. 陈鹤琴教育文集：上卷[M]. 北京：北京出版社，1983.
[3] 董旭花，韩冰川，刘霞，等. 幼儿园自主游戏观察与记录——从游戏故事中发现儿童[M]. 北京：中国轻工业出版社，2015.

圆圆开始推小车，她连续试了几次都没能掌握好平衡，小推车总会歪向一侧。依依大声喊道："石头太多了，小车太沉了！"圆圆放下小推车说："要不咱们抬着车子走吧？"圆圆、琳琳和依依抬着小车的两侧，雨晴抓着车的两个把手，她们笑着向玩水区走去。

实践链接2： "中国幼教之父"陈鹤琴先生认为，游戏是小孩子的生命，给小孩子以快乐、经验、学习、思想和健康。美国的幼儿教育专家薇薇安·嘉辛·佩利指出，游戏是孩子的功课。请你结合自己的实践说说你的看法。

（三）坚信幼儿是一个有能力的个体

幼儿园自主游戏的核心是教师放手。如何让教师放手？最为关键的就是教师对幼儿的信任和尊重。因为信任，所以放手。教师只有尊重和信任幼儿是一个有无限潜力的、有能力的个体，才可能给予幼儿自由选择和自主游戏的机会。

新西兰国家早期教育课程框架——《Te Whāriki》在其"理想宣言"中明确提出："儿童是以有能力、有自信的学习者和沟通者的身份成长的，身体、心理、精神健康，有安全感和归属感，知道他们能为社会做出重要贡献。"这与我们的文化教育传统截然不同。我们的文化强调成年人对幼儿的管教，强调幼儿乖顺听话。所以，放手和信任幼儿在幼儿园的教育实践中落地并不容易，需要教师转变儿童观和教育观，并在自己的教育实践中，随时反省自己对幼儿无所不在的控制。

滚桶对抗赛[1]

盛夏时节,烈日当头,今天中二班的强强与同班的几个小男生合力推着红色油桶往大门口方向滚动着玩。与此同时,中一班的然然等几个小伙伴同样滚动着蓝色油桶向大门口的方向行进。

两组孩子继续推桶,互不相让,自然地形成了两队推桶对抗赛的模式。随着两侧的用力不同,油桶一会儿滚向这边,一会儿滚向那边。不管偏向哪一队,所有参与比赛的孩子们都是铆足了力气推。不一会儿,红色油桶以压倒性优势步步推进,蓝色油桶则"节节败退"。

中一班的小佳骑着羊角球路过,她看了一会儿,笑眯眯地说:"这个比赛不公平,推蓝桶的都是女孩(准确地说是三个女孩一个男孩),推红桶的都是男孩。"两队人马立刻停止滚桶,开始讨论起这个问题来。

边边问:"小佳为什么说比赛不公平啊?"毛毛回答:"因为女孩力气小,男孩力气大,所以一起比赛很吃亏。"强强说:"女孩别比了,我们男孩比!"结果,马上就出现了反对的声音,小彩说:"为什么不能让女孩比啊,我们想比!"瑞瑞看向毛毛:"那怎么办?"毛毛问小彩她们:"我们先比,你们再比,行吗?"小彩等几个女孩点头表示同意。就这样,协商的初步结果是比赛重新分人、重新开始。女孩先休息,男孩先比赛,两队人数要一样多。

瑞瑞忽然想起了什么,说:"人家比赛都有裁判,我们没有!"几个小朋友面面相觑:"谁当裁判啊?"强强大声叫:"毛毛当裁判!"毛毛说:"我当裁判,我给大家加油!"几个小伙伴表示同意。于是,正式的推桶比赛开始了。毛毛一边为两队呐喊助威,一边提醒大家注意别夹到手,比赛热火朝天地进行起来。

---

[1] 董旭花,韩冰川,刘霞,等. 幼儿园自主游戏观察与记录——从游戏故事中发现儿童[M]. 北京:中国轻工业出版社,2015.

在上面的案例中，我们可以很喜悦地看到，幼儿自己创造了一个从来没有玩过的游戏，而且他们会在游戏中发现存在力量不对等的问题，能够自主地通过讨论和协商来调整游戏玩法和游戏规则，并在游戏中表现出令人惊讶的协作能力和自我调控能力。

认真观察幼儿的游戏能让教师真正看见和理解幼儿，感受到幼儿是真正的游戏高手。所以，教师是幼儿园开展自主游戏至关重要的人，期待自主游戏中的教师是：

- 一个能看见幼儿的教师
- 一个能信任幼儿的教师
- 一个懂得等待幼儿的教师
- 一个会欣赏幼儿的教师
- 一个能运用专业知识适时推动幼儿发展的教师

……

教师需要具有以下坚定的信念：

- 相信幼儿是一个独立的、具有能动性的、生机勃勃的个体
- 相信幼儿知道自己喜欢玩什么，也能够独立做出选择
- 相信幼儿会玩，而且是游戏高手，会不断创造游戏新玩法
- 相信幼儿有发现问题和处理问题的能力，而不仅仅依赖教师帮忙
- 相信幼儿会自己制定游戏的规则，并会相互监督遵守游戏规则
- 相信幼儿会在自由自主的游戏中学习合作与协商的社交技能
- 相信游戏中的幼儿会通过自主地观察、体验、模仿、试误进行学习

（四）坚信教育的重要价值和使命是培养人的主体性、能动性和创造性

在人类发展的历史上，工业时代教育的意义就是培养劳动者。即使如今我们来到了互联网时代、人工智能时代，教育仍然没有摆脱为职业需求和社会生产服务的肤浅使命。从个体来讲，我们拼命学习、考试，争取上好的大学，也仅是为了谋求一份好的职业，求得一份自在的生活。而早在19世纪中叶，马克思就在《1844年经济学哲学手稿》《德意志意识形态》《1857—1858年经济学手稿》中提出了培养"完整的人"的思想。"完整的人"的内涵集中体现为人的需要得到充分满足、能力全面发展、主体性充分发挥、全面获得其社会关系①。

---

① 汤乐. 思想政治教育要塑造"完整的人"——兼论马克思主义关于人的全面发展理论[J]. 无锡商业职业技术学院学报，2019（1）.

印度哲学家吉杜·克里希那穆提也在其著作《一生的学习》中强调，教育并非只是用来训练心智，教育并非只是获取知识，聚集事实，将之编集汇合；教育是把生活当作一个整体而明白其中的意义。教育的功用在于培养完整的人，即具有智慧的人。教育，应该唤醒一个人自觉的能力，而非只耽溺于满足自己的自我表现。[①]

是的，一个完整的人才是教育的最终目标，这样的人一定是具有自觉的意识和能力的人，是一个需要得到满足的人，是一个能力全面发展的人，是一个有智慧的、具有主体意识和主体能动性的人。

梁启超先生说："人生百年，立于幼学。"至于"幼学"学什么，幼儿教育界长期存在着各种混乱的声音，不仅家长一直有着让幼儿学知识的焦虑，教师也对幼儿是否应该多学一点知识存在着焦虑，顶着重重压力，却忽略了幼儿作为独立的人的存在和需要，忽略了幼儿自我意识和主体性的发展。

令人高兴的是，教育部2016年颁布的"中国学生发展核心素养"中提出了学生应具备的适应终身发展和社会发展需要的品格和关键能力，其中就包含文化基础、自主发展、社会参与三个方面，综合表现为人文底蕴、科学精神、学会学习、健康生活、责任担当、实践创新六大素养。

自主发展，重在强调能有效管理自己的学习和生活，认识和发现自我价值，发掘自身潜力，有效应对复杂多变的环境，成就精彩人生，发展成为有明确人生方向、有生活品质的人。自主性是人作为主体的根本属性，有助于儿童确立自我发展的信念，有效应对快速发展的环境。

自主是理想的个人品质与教育目标。一个自主的人，也必然是一个具有主体能动性和富有生机、创造性的人。幼儿园倡导自主游戏，正是让幼儿在自主决策、自主规范、自主调控和自我负责的游戏过程中成为他自己。只有幼儿的自主性被真正尊重了，他的人格才是完整的，他才能够成为一个完整的人，而这些比他学到多少知识要重要得多。

实践链接：幼儿教育是面向未来的教育，我们的教育对象是在若干年后走向社会的人，所以，幼儿教育工作者必须拥有"面向未来"的视野和勇气。但是，在幼儿教育实践中，依然有很多"近视"或"浅视"的现象存在，比如，以幼儿背书、识字量的多少来评判教师的教学质量等。请再列举一下，你周围的幼儿园还存在哪些被我们称为"小学化"的短视现象或者功利化的教育？你觉得应该如何纠正这种不合理的倾向？

---

① 克里希那穆提. 一生的学习［M］. 张南星，译. 深圳：深圳报业集团出版社，2010.

小　　结

本章核心内容如下。

- 尽管游戏有其复杂性，但可以确定的是游戏首先是幼儿自主自愿的主体性活动，具有内在动机引发、愉悦、非功利性、重过程、轻结果等特点。自主游戏就是游戏本质特征的回归，不是一个时髦的新名词。
- 游戏与非游戏不是二元对立的关系，从非游戏活动到游戏活动是一个连续渐变体，幼儿园任何一项活动都可能存在不同程度的游戏性。
- 教师不仅要关注自主游戏，更要关注幼儿在任何一项活动中的自主性发挥，支持幼儿成长为一个有自尊、有自信、负责任、有自主能力的个体。
- 教师需要调整儿童观和教育观，坚信游戏的力量，坚信儿童的力量，坚信教育的使命就是促进幼儿主体性、能动性和创造性的发展。

浙江省宁波市北仑区小港浃江幼儿园

第二章

自主游戏：历史、现状与反思

> 缔约国确认儿童有权享有休息和闲暇，从事与儿童年龄相宜的游戏和娱乐活动，以及自由参加文化生活和艺术活动。
>
> ——联合国《儿童权利公约》第三十一条

自有人类以来，游戏一直是儿童生活的重要组成部分，也是社会对儿童实施教育的主要形式。近现代人文思想和工业革命的兴起，引发了国内外学前教育工作者对幼儿教育的深刻反思和实践改革，由此产生了诸多先进的教育理论和成功的教育模式，这些教育思想和教育实践改革所呈现出来的最大特点就是，对儿童主体地位的认可和对儿童游戏价值的高度重视。幼儿教育在追求儿童本位和社会目标的摇摆中缓慢却坚定地向前走着。

一、"以游戏为基本活动"的百年呼唤

"以游戏为基本活动"早已成为我国幼儿教育界人人皆知的教育常识，可是，让这句话成为幼教人的教育常识却极为不易。从排斥幼儿游戏，视之为小儿荒废学业之事，到重视游戏化教学带来的学习效益，再到把游戏本身作为幼儿身心健康发展的重要组成部分，认为游戏是幼儿的基本活动，游戏本身就是幼儿园的重要生活内容……我们走了一百多年，不，应该说我们走了上千年。这是一条漫长的回归之路，是教育者逐渐从"修身齐家治国平天下"的宏大教育目标中看见儿童真实的存在，是教育慢慢回归儿童本身的漫长的教育改革旅程。

（一）建国前的幼儿教育：游戏开始成为幼儿园课程的一部分

中国儿童游戏的历史比较久远，最初，儿童的游戏往往与生产、生活紧密相连。《论语·雍也篇》提到，"知之者不如好之者，好之者不如乐之者"。它提醒我们，学习很重要的一点就是让孩子们爱上学习，感受学习带来的乐趣。但是，如何"好之""乐之"，

以及如何通过"好之"与"乐之"求学，并没有太多阐述。以颜之推和王阳明为首的教育家很早就提出了乐学思想，但游戏并没有进入教育机构的课程之中，大多数中国人还是相信"业精于勤，荒于嬉；行成于思，毁于随"（韩愈《进学解》）。直到1903年，我国效仿日本幼儿教育，创办了第一所官办学前教育机构——湖北武昌蒙养院，游戏才成为幼儿园课程的内容之一。

1. 蒙养院首次将游戏纳入课程

清末，由于外国的入侵、义和团反帝斗争和以孙中山为首的资产阶级革命活动兴起，清朝统治面临全面危机。为缓解社会矛盾，清朝政府于1901年宣布实行"新政"，提出了"废除科举，育才兴学"的主张，并酝酿建立新的教育体系和教育组织制度。1903年，由张百熙、荣庆、张之洞重新制定学堂章程，即《奏定学堂章程》，也叫《癸卯学制》。《奏定蒙养院章程及家庭教育法章程》（以下简称《章程》），是《癸卯学制》的一部分，是中国第一个学前教育法规。它将公共学前教育机构定名为蒙养院，保育教导3~7岁儿童，该法规确立了家庭教育与社会教育相结合而以家庭教育为主的学前教育发展思路。[①]

蒙养院对儿童的教育，包含体育、德育、智育、美育的内容，在教育原则上，提出了应该照顾儿童的心理特点，指出教育要量力适度，还要利用榜样的教育作用。蒙养院的课程有：游戏、歌谣、谈话、手技。这四项课程与小学课程完全不同，它们符合儿童的年龄特点和接受能力。尽管当时蒙养教育《章程》的内容和蒙养院的课程基本照搬自日本，蒙养教育的现状也并不乐观，但是能把游戏纳入蒙养院课程之中已经是巨大的、质的飞跃。

其实，从蒙养院建立之初到新文化运动之前，其"游戏"课程的实际含义为"体育运动"。《湖南蒙养院教课说略》（1905）指出，"游戏保姆领袖之，或在课堂，或在室外，以有趣之动作寓自然之规则，盖活泼其生趣而又暗调和其性情也"，并解释说"以上为体育之始基也"，明确将游戏界定为体育的基础。当时的游戏类型包括随意游戏与同人游戏。"随意游戏者使幼儿各自运动"，而"同人游戏者合众幼儿为诸种之运动"。[②]

实践链接： 我国蒙养院最初确定的《章程》和课程均效仿日本，游戏的内容也体现了日本幼儿教育的特色，即游戏与体育运动紧密相连。回忆一下，我们小时候玩的大多数传统游戏是否也与运动相关？请列举出10个你小时候经常玩的游戏，看看它们具有什么样的特点。

2. 陈鹤琴的游戏教育主张

20世纪20年代以后，伴随着新文化运动的兴起，蔡元培、胡适、蒋梦麟、陈鹤琴等

---

① 董旭花. 幼儿园游戏［M］. 北京：科学出版社，2016.
② 杨恩慧，邱学青. 游戏内涵在我国学前教育法规中的历史演变及其启示［J］. 学前教育研究，2019（2）.

大批留学欧美的学生归国,以及杜威、罗素等教育家来华讲学,西方世界尊重儿童的教育思想逐渐进入中国,国人逐步打破蒙养院(园)时期将游戏视为一种体育运动的观点,转而从"儿童本位"的观点来理解游戏。

"中国幼教之父"陈鹤琴先生深入研究国外游戏理论,将它们介绍到国内,并结合国内现状进行实践研究。陈鹤琴先生高度重视游戏对儿童的重要价值,认为"儿童好游戏乃是天然的。近世教育利用这种活泼的本能,以发展儿童之个性与造就社会之良好分子"。陈鹤琴先生认为,儿童的游戏就是工作,儿童的工作就是游戏。游戏是儿童自我发展的内在需要,是符合学前期年龄特点的自然有效的教育手段。

陈鹤琴先生主张,幼稚园的教育应采用游戏式的教学法去教导儿童。1923年,南京鼓楼幼稚园创办,这是中国历史上第一所开展教育实验的幼儿园。在陈鹤琴先生的直接指导下,鼓楼幼稚园编辑出版了《幼稚园单元教学》《儿童游戏》《儿童节奏》等书籍,取得了诸多令世人瞩目的研究成果。

实践链接: 陈鹤琴先生认为,"小孩子是好游戏的,是以游戏为第二生命的"。你能否结合幼儿的生理、心理发展特点阐述这句话的深刻含义?以自己班上幼儿的活动为例,说明幼儿对游戏的热情和执着。

3.《幼稚园课程标准》中的"游戏"

1932年,民国教育部根据南京鼓楼幼稚园的研究成果,制定颁布《幼稚园课程标准》,后于1936年进行了修订。《幼稚园课程标准》将幼稚园的课程相对划分为音乐、故事和儿歌、游戏、社会和常识、手工、静息以及餐点七项。其课程范围明确提到游戏,并从目标、内容及幼儿游戏的最低限度等方面进行了说明。

> 游戏目标
> (甲)增进儿童身体的健康。
> (乙)顺应爱好游戏的自然性向,而兴以适当的游戏活动。
> (丙)发展筋肉的连合作用,并训练感觉和躯肢的敏活反应。
> (丁)训练互助、协作、合群、守纪律、公正、耐苦等社会性。
> 游戏内容
> (甲)记数游戏(如搬运豆囊、抛掷皮球等,可兼习计数)。
> (乙)故事表演和唱歌表情的游戏。
> (丙)节奏的(如听音而作鸟飞兽走等的游戏)和舞蹈的游戏。
> (丁)感觉游戏(闭目摸索、听音找人等练习触觉、听觉、视觉的游戏)。
> (戊)应用简单用具的游戏(如秋千、滑梯、木马、跷跷板等)。
> (己)模拟游戏(如小兵操、猫捉老鼠等的模拟动作)。

（庚）我国各地方固有的各种良好的游戏等。

游戏最低限度

（甲）能参加群儿的集合，成行成圈、自觉协调。

（乙）能使用园中所设计的游戏器具五种以上。

（丙）知道游戏的简要规则。[①]

图片来自新浪网

民国时期，幼儿园中的教师与幼儿一起玩集体游戏

赵寄石先生在其著作中指出，《幼稚园课程标准》的中心思想是把课程看作"当时当地儿童自发的活动""让儿童自由去做"。[②] 也就是说，课程强调儿童自发的活动。因此，与蒙养院时期游戏主要指向体育运动不同，这一时期的游戏更强调儿童活泼好动的天性、儿童自发的活动。

山东省淄博市市直机关第二幼儿园

幼儿自己寻找材料搭建凉棚，玩自己的小团体游戏。现在，幼儿自主游戏的内容和能力早已远超20世纪二三十年代的目标和内容

---

① 唐淑. 我国第一个幼稚园课程标准简介［J］. 学前教育研究，1995（2）.
② 赵寄石. 赵寄石学前教育论稿［M］. 南京：南京师范大学出版社，2001.

实践链接： 对照《幼稚园课程标准》中的游戏目标、游戏内容和游戏最低限度，谈谈自己幼儿园中的游戏是否应该有目标？应该如何确定游戏的目标而又不至于控制幼儿游戏的自主性和创造性？是否也应该为每个年龄段的幼儿设定游戏的最低限度？如何设定这样的限度，以便使它不会成为一个标尺框住幼儿的个性化发展？

4. 张宗麟的游戏教育观点

张宗麟先生毕业于东南大学教育系，是陈鹤琴先生的学生兼助手，一生致力于幼儿教育事业的发展，是中国幼儿教育史上男大学生当幼儿教师的第一人。

张宗麟先生对儿童游戏也进行过深入的研究，他认为游戏要符合幼儿身体发展的特点，他重视游戏的"社会性"和"自由性"，强调游戏对儿童适应成人社会的补益作用，同时强调成人对儿童的游戏活动不应过分干预，要关注"如何能使儿童活泼运动，如何能使儿童之好动倾向尽泄无遗，如何能养成儿童健全之身体"。他和陈鹤琴先生一样，也关注游戏的本土化，希望为儿童提供中国本土的玩具，选择适宜的民间游戏等。

张宗麟先生总结了教师指导儿童游戏时应遵循的原则。

* 教师也是游戏分子之一，要站在儿童队伍里共同玩。
* 教师是全群儿童的中心，也可以说是小领袖，处处要能够用暗示的方法矫正儿童的动作，鼓励儿童的兴趣。
* 教师的动作要敏捷，态度要和蔼，然后才能顾到全体儿童，才能带着儿童玩得起劲。
* 选择游戏，教师不必操全权，并且许多好的游戏也不尽在书本上。当地的儿童游戏，稍稍经过组织往往会成为最好的游戏。
* 倘若教师选定一种游戏，要想儿童来玩，那么解释的时候，最好要用故事或亲密的说话来引一个头，不要直接指示儿童来玩。
* 倘若是一种初次玩的游戏，最好暗示活泼敏捷的儿童为教师先做，看到全体跃跃欲试，然后普及到全体去。
* 游戏是人人爱的，也是人人可以得到好处的，所以必须全体儿童有均等参与的机会。
* 游戏不在乎新鲜与陈旧，只要合着儿童的爱好，就是天天玩，也是可以的；并且在同一时候，儿童要求多玩几次，只要不妨儿童的健康，也应该允许。
* 儿童玩得顶快活的时候，尽管让儿童发泄感情，如拍手、嬉笑。
* 胆小幽静或年纪幼小的儿童，教师要格外注意。时时用柔和的态度、赞誉的口气鼓励他玩。但是不要勉强他，尤其要防着其他的小朋友嘲笑他。
* 游戏的规则要全体儿童与教师共同遵守。但是在幼稚园里，不必严重处罚。不过对于利己的儿童要特别注意，犯了规则就应该使他退出，以免妨碍其他儿童。

* 游戏应该随地随时做的，所以不必规定在某时上游戏课，更不应该在上课时只做一种或一次就敷衍了事。
* 儿童自己玩得正有兴趣时，非有万不得已的事，教师千万勿要去叫他做事或干涉他的玩。
* 游戏地点宜多在户外，动的游戏要多做。

这些原则对今天幼儿园游戏的开展仍然具有启示作用。

实践链接： 张宗麟先生总结了教师指导儿童游戏时应遵循的原则，这些原则对于今天的我们仍有一定的借鉴意义，但也有一些原则并不适宜，请和你的同事一起讨论如何针对当今的教育理念思考以上这些原则。

民国时期，幼儿园中的游戏　　　　　游戏中，教师与幼儿和谐相伴

（图片来自新浪网）　　　　　　　　（山东省淄博市市直机关第三幼儿园）

5. 张雪门对于我国游戏研究的贡献

张雪门先生是我国现代教育史上著名的儿童教育专家，他毕生致力于学前教育的研究和发展。早在1918年，他就与几位志趣相投者创立了当地第一所中国人自办的幼稚园——星荫幼稚园，并担任园长。1920年4月，他又与人合办两年制的幼稚师范学校。在20世纪30年代，他就与陈鹤琴先生齐名，有"南陈北张"之称。他在国外教育家游戏思想的引进方面发挥过重要作用，他曾先后译著《福禄贝尔母亲游戏辑要》和《蒙台梭利与其教育》，并在《幼稚园的研究》中对福禄贝尔的恩物和蒙台梭利的教具进行过评述。他说，"我总希望为真正的幼稚教育着想，应该有福禄贝尔恩物的全部"。他认为，蒙台梭利的玩教具是对福禄贝尔恩物的补充，他对洞悉儿童的内心，以及用玩具促进儿童的发展给予充分的肯定。

实践链接： 请上网搜集有关福禄贝尔的恩物和蒙台梭利的教具的资料，有条件的幼儿园请购买相关玩具和教具，操作并进行对比分析，看看它们有何异同，对于今天幼儿园玩教具的选择和投放有什么样的启发意义？

（二）建国后 50—70 年代的幼儿教育：游戏是重要的教育手段

新中国成立后，开启了我国学前教育事业发展的新纪元，在幼儿园和幼儿师范院校的建设上，以及在幼儿教育研究方面都有突出的成就，其中最突出的特点就是幼儿教育全面"苏化"，苏联的学前教育理论对我国游戏理论和实践都产生了极为深远的影响。

1. 苏联：社会文化历史学派的游戏观点

社会文化历史学派，是苏联以维果茨基、列昂捷夫和鲁利亚为代表的心理学派。该学派强调在成人的教育与引导下，掌握以语言符号系统为载体的社会文化历史经验在儿童心理发展中的重要作用。无论在我国还是在西方，该学派的儿童游戏理论，尤其是维果茨基的游戏理论都有较大的影响。[1]

维果茨基的游戏理论主要包括：对游戏的社会性本质的认识、游戏与儿童发展的关系、游戏的关键特征、游戏的作用等。他认为，游戏在人的高级心理机能发展中起到了重要作用，游戏创造了儿童的最近发展区。维果茨基的游戏理论为人们理解游戏提供了新的视角。此外，列昂捷夫对游戏是学前儿童的主导活动的分析，艾利康宁对学前儿童角色游戏的研究、对游戏社会性本质的揭示，所有这些儿童游戏学说都对刚刚建立的新中国学前教育研究和实践产生了巨大影响。

他们关于儿童游戏的基本观点如下。

* 活动在儿童心理发展中起主导作用。
* 游戏是学前期的主导活动。
* 强调游戏的社会性本质。
* 强调成人的教育影响。

苏联时期的游戏理论认可游戏的发展价值，认为它是影响儿童心理过程及其发展的重要活动，但这种活动不是来自生物的本能，而是来自社会影响和教育的结果，"为了使儿童掌握游戏的方法，成年人的干预是必要的。必须在一定的年龄阶段教儿童学习怎样做游戏"。游戏一经变为儿童独立活动的形式，就会具有极大的教育价值，对儿童的心理发生最大的影响。即使在这种情况下，也不排除成年人的作用，成年人要把教育者的职能变成组织者的职能[2]。

实践链接： 苏联的学前教育家阿尔金称游戏为"儿童的心理维生素"，你对这句话怎样阐释？

---

[1] 刘焱. 儿童游戏通论[M]. 北京：北京师范大学出版社，2004.
[2] 查包洛塞兹，马尔科娃. 学前教育学原理[M]. 李子卓，等译. 北京：人民教育出版社，1984.

苏联的游戏理论强调教师应该领导和组织幼儿的游戏,这与现阶段我国幼儿园中出现的教师导演和指挥幼儿的游戏是否有关系?你怎么看待这种观点?

2. 建国初期:学前教育法规与幼儿园实践中的游戏

建国初期,奠定学前教育基本格局的有两份重要文件——《幼儿园暂行规程(草案)》(1952)与《幼儿园暂行教学纲要(草案)》(1952)。《幼儿园暂行规程(草案)》对幼儿园的任务、目标、学制、设置、领导、教养原则、教养活动项目、组织会议制度、经费、设备等做出了明确要求。《幼儿园暂行教学纲要(草案)》则对不同年龄班幼儿的年龄特点和教育要点做了阐述和规定,并对六类教学(体育、语言、认识环境、图画手工、音乐、计算)的目标、教材大纲、教学要点和设备要点做了规定,使幼儿园教育有了更加明确的目的、计划和学科教学思想。但是,同时也为分科教学确定了实践模式。

此外,以苏联《幼儿园教养员工作指南》(1938)为蓝本,由教育部聘请苏联专家马努依连柯指导,并委托北京师范大学学前教研室与北京市教育局协作编写的《幼儿园教育工作指南》也于1956年下发到各地,其中提出"在正确的教育下,三至七岁的主导活动是游戏"。

《幼儿园暂行规程(草案)》将游戏置于体育教养活动项目之下予以说明,"体育包括日常生活、卫生习惯、体操、游戏、舞蹈、律动等"。《幼儿园暂行教学纲要(草案)》也明确指出,"因为体育的目的和主要任务是增进幼儿的健康、锻炼幼儿的体格、发展幼儿的动作,内容包括日常生活习惯和卫生习惯、游戏、体操、律动等"。

虽然本时期将游戏定位为一种体育活动,但从类型上说,它完全挣脱了体育的禁锢,呈现出十分丰富的活动类型,如活动性游戏、创造性游戏、教育性游戏与消遣性游戏。而在每一类型之下,又包含了多种更具体的游戏类型,如模仿游戏、建筑游戏、民间游戏、军事游戏、语言游戏、棋类游戏等。[①]

受社会文化历史学派游戏理论的影响,苏联的《幼儿园教养员工作指南》中尽管有"游戏是学前儿童主导活动"的提法,但同时强调教师需要"加强游戏和作业中的教学因

图片来自大河三门峡

20世纪50年代末60年代初某幼儿园户外游戏场景

---

① 杨恩慧,邱学青.游戏内涵在我国学前教育法规中的历史演变及其启示[J].学前教育研究,2019(2).

素"("作业"一般阐释为"在同一时间内对全班幼儿进行教学或复习")。此外,在幼儿教育实践中,"教师常常像组织作业那样领导儿童的游戏……(游戏)俨然成了面向全体的作业或外部强加的活动",这也成为当时我国幼儿教育实践的基本模样。由于当时在幼儿园实践中占据主导地位的是指向知识本位的教学游戏化模式,因此,幼儿园的各项活动,包括幼儿的创造性游戏都被认为是实现教育意义的基础和手段,又由于过于强调成人的主导作用,所以,幼儿园实践中的游戏必然出现无视或忽视幼儿自己的游戏愿望和需要,以至于造成幼儿的主体性在游戏活动中的缺位,使游戏成为变相的"作业"。[1]

实践链接: 20世纪五六十年代的幼儿园教育强调,能给予幼儿知识学习的游戏和体育锻炼的游戏,以教师带领小朋友一起玩为主要表现方式。现阶段,你所在的幼儿园是否还是以这样的游戏为主?你认为,教师带领幼儿一起玩的游戏和幼儿自由玩的游戏的价值各有哪些?在幼儿园实践中,该如何协调?

游戏类别	利弊分析	实践取舍
教师带领的游戏		
幼儿自由游戏		

3. 对苏联教育影响的反思

(1) **忽略幼儿独立自主的游戏**。在20世纪50—70年代的幼儿园教育实践中,尽管也存在多种多样的游戏活动,但比较看重的是实现教育目标的教学游戏,尤其是体育游戏,对于幼儿独立自主的游戏非常忽视。卢乐山先生认为,"新中国成立后,学习苏联的学前教育经验。曾提出游戏是入学前儿童主要的'活动',开始重视儿童自己选择、自己设计的'创造性游戏'(主要指儿童独立自主的建筑游戏及角色游戏和表演游戏等)。在一些幼儿园也注意总结、交流创造性游戏领导的经验。但由于各种客观原因,对于儿童独立自主的游戏的开展并未摆在应有的地位,更未进行科学性的研究"[2]。

(2) **游戏只是实现教育目标的手段**。在20世纪50—70年代的特殊历史时期,我国《学前教育工作指南》虽然提出了"游戏是学前儿童的主导活动"的说法,但从其内涵判

---

[1] 刘焱. 儿童游戏通论[M]. 北京:北京师范大学出版社,2004.
[2] 卢乐山. 学前教育原理[M]. 北京:北京师范大学出版社,1991.

断,不过是重复了苏联学界"加强游戏和作业中的教学因素"的提法,有着鲜明的时代局限性。在很长一段时间里,它带来的严重后果与苏联的情况一样,即教师往往过分注重教学而忽视儿童的日常生活和游戏,并使之成为我国学前教育实践当中根深蒂固、流传已久的一种传统。[①]迄今为止,这种传统和观念在我国很多幼儿园依然顽固地存在着,依然是消除"幼儿教育小学化"的最大阻力。

实践链接: 在幼儿园里,你是否还能看到我国自20世纪五六十年代起学习苏联教育的遗留痕迹?它们主要表现在哪些方面?如何辩证地看待这些影响?请按照下面的表格,认真辨析这些影响。

实践表现	积极影响	消极影响	消除消极影响的行动对策

(三)改革开放40年:"以游戏为基本活动"的儿童本位价值回归

1978年,我国开始实施改革开放政策,国门渐渐打开,我们与外界的学术交流越来越密切,学前教育的改革热潮也此起彼伏,其中的关键热点就是围绕游戏与课程的关系的研究。中国的幼儿教育工作者致力于探寻中国幼儿园游戏研究的新方向、新路径、新突破,并取得了令人瞩目的成就。

1.《城市幼儿园工作条例》:明确游戏是幼儿的基本活动

1979年,教育部颁布了《城市幼儿园工作条例》,在第三章"游戏与作业"(当时的"作业"是指音乐、美术、语言、数学等各教学科目)中的第18条明确提出,"游戏是幼儿的基本活动,是向幼儿进行初步的全面发展教育的重要手段,游戏包括创造性游戏(角色游戏、建筑游戏、表演游戏)、体育游戏、智力游戏、音乐游戏等"。

《城市幼儿园工作条例》提出"游戏是幼儿的基本活动",进一步明确了幼儿园教育的突出特点,但在后面的表述中,我们还是可以清晰地看到20世纪50—70年代"苏化"教育的痕迹,因为它仍然强调游戏作为对幼儿进行全面发展教育的重要手段的价值,而非对幼儿个体成长的独特价值。

---

① 杜继纲.对"以游戏为基本活动"理念的历史与理论分析[J].学前教育研究,2011(11).

《城市幼儿园工作条例》第 19 条内容如下：

> 要积极开展各种游戏，加强对游戏的领导，使之具有教育意义，不可放任自流。要善于发挥幼儿在游戏中的主动性和创造性，要引导幼儿在游戏中反映有益的内容，注意动静恰当。
>
> 要为各种游戏创设条件。保证足够的游戏时间（特别是户外）；设置必要的运动器械（滑梯、压板、荡船、攀登架等）和玩具；要充分利用自然物资及无毒无害的废旧物资，因地制宜给幼儿创设游戏的条件。要鼓励保教人员为幼儿制作玩具。

《城市幼儿园工作条例》第 19 条的内容仍是强调教师"对游戏的领导""不可放任自流"，但同时也强调教师"要善于发挥幼儿在游戏中的主动性和创造性"，让教师在实践中同时落实这两条要求，其实是难之又难，因为一旦教师"领导"了幼儿的游戏，就很难看到幼儿在游戏中的主动性和创造性，这也是 50—70 年代幼儿教育中一直存在的"教师主导"与"幼儿主体"的矛盾的延续。

实践链接： 从建国初到 21 世纪初，我国的幼儿教育领域一直强调"双主体"理念，即在教育教学活动中教师起主导作用，幼儿发挥主体价值，对此，你怎么看？如何应对现阶段幼儿教育实践中教师一管就高控、一放手幼儿就"乱"的现实困境？

2. 从《纲要》到《指南》：愈加珍视游戏与生活的独特价值

（1）《幼儿园教育纲要》：强调游戏是幼儿的基本活动，与上课并重，但仍然把游戏看作实现教育目标的手段。1981 年 10 月，教育部颁布了《幼儿园教育纲要》，并在第三部分"教育手段及注意事项"中专门谈到游戏：

> 幼儿园的教育任务、内容与要求是通过游戏、体育活动、上课、观察、劳动、娱乐和日常生活等各种活动完成的，不可偏废。要纠正那种认为只有上课才能完成《纲要》，因而日常教育工作中仅仅注重上课，忽视游戏、观察、劳动、日常生活等重要活动的偏向。要防止幼儿园教育小学化，成人化。
>
> 由于幼儿生理、心理发展的特点，幼儿最喜爱游戏，因此游戏成为幼儿生活中的基本活动。在游戏中，幼儿最易接受教育，游戏在幼儿园整个教育工作中占有极为重要的地位，是进行体、智、德、美全面发展教育的有力手段。

《幼儿园教育纲要》中的这部分表述，不仅提及"游戏成为幼儿生活中的基本活动"，而且专门把游戏与幼儿园上课、体育活动、观察、劳动、娱乐和日常生活等各种活动并列提及，认为它们都同等重要，不可偏废。也是从《幼儿园教育纲要》开始，全国理论界和实践界都开启了对幼儿教育"重上课、轻游戏"的小学化倾向的批判。

《幼儿园教育纲要》这部分的内容还包含以下内容:

> 要为各种游戏创设条件。设置必要的运动器械和各种玩具,要充分利用自然物及无毒无害的废旧物资,因地制宜地给幼儿创造游戏的条件。玩具和各种活动的材料要便于幼儿取放。
>
> 在游戏时间,教师的领导艺术在于充分发挥幼儿的积极性、主动性和创造性,让幼儿愉快地自由地选择各种游戏或其他活动,促进他们的聪明才智和个性的发展。

与1979年的《城市幼儿园工作条例》相比,1981年的《幼儿园教育纲要》尽管也提到教师对游戏的"领导",但更强调"教师的领导艺术",强调如何发挥幼儿的积极性、主动性和创造性,而且第一次强调让幼儿愉快地、自由地选择各种游戏。

20世纪80年代,内蒙古自治区奈曼旗直属机关幼儿园的老师在组织幼儿的户外游戏

20世纪80年代,甘肃省武威市某幼儿园的户外游戏场景

从整个20世纪80年代到90年代,我国的幼儿园教育实践越来越重视基于对儿童尊重的课程改革,重视游戏的作用,但儿童游戏权利的回归在实践中仍然存在种种阻力,上课依然是幼儿园最重要的一件事,备课、赛课、评课依然是幼儿园教师最重要的专业能力。

(2)新《纲要》:重申"以游戏为基本活动"的教育理念和准则,开始关注和尊重儿童的个性。2001年,伴随新一轮基础教育课程改革的兴起,教育部颁布了《幼儿园教育指导纲要(试行)》,这个《纲要》通常被称为新《纲要》。

> 幼儿园教育应尊重幼儿的人格和权利,尊重幼儿身心发展的规律和学习特点,以游戏为基本活动,保教并重,关注个别差异,促进每个幼儿富有个性的发展。
> ——《幼儿园教育指导纲要(试行)》总则第5条

新《纲要》重申"以游戏为基本活动"的幼儿教育理念,而且把游戏与尊重幼儿的人格和权利、尊重幼儿身心发展规律和特点相关联,尊重幼儿就需要尊重幼儿的游戏权利。同时,"以游戏为基本活动"也成为与"保教并重""关注个别差异""促进每个幼儿富有个性的发展"同等重要的幼儿园保教原则。更难能可贵的是,在我国的纲领性文件中第一次出现"促进每个幼儿富有个性的发展"这样的语句,令人极为喜悦地看到"以人为本"的教育思想深入人心的力量。

为推动新《纲要》的实施,教育部和各省市教育行政部门自2002年开始启动一系列培训活动,在一定程度上推动了"以游戏为基本活动"理念的推广,尊重儿童、以儿童为本的理念开始慢慢地在我国幼教人头脑中植根,全国各地幼儿园兴起了"一切为了孩子""为了一切孩子""为了孩子的一切"这样的口号。

尽管这些口号带有明显的宣传和赶时髦的色彩,但在一定程度上反映了新《纲要》带来的幼儿教育观念的巨大改变。

新《纲要》启动的新一轮幼儿园课程改革的力量是巨大的,幼儿园教育开始越来越关注教育活动自身的愉悦性、趣味性,以及幼儿的参与性、自主性、积极性和创造性。全国各地幼儿园也在不断探索"寓教育于生活、游戏之中"的具体含义和实现路径。

> 幼儿园的教育活动,是教师以多种形式有目的、有计划地引导幼儿生动、活泼、主动活动的教育过程。
>
> 教育活动内容的组织应充分考虑幼儿的学习特点和认识规律,各领域的内容要有机联系,相互渗透,注重综合性、趣味性、活动性,寓教育于生活、游戏之中。
> ——《幼儿园教育指导纲要(试行)》"第三部分 组织与实施"

(3)**《指南》:强调珍视游戏和生活的独特价值**。在《国家中长期教育改革和发展规划纲要(2010—2020年)》的制定过程中,学前教育短板呈现出的一系列问题引发了广泛的社会关注,2010年,国务院印发了《关于当前发展学前教育的若干意见》,提出了加快推进学前教育发展的十条政策措施,这个文件的颁布一直被中国幼教人称为"学前教育的春天"。

在学前教育加快发展的大背景下,为帮助广大幼儿园教师和家长了解幼儿学习与发展的基本规律和特点,全面提高科学保教水平,教育部于2012年颁布了《3—6岁儿童学习与发展指南》。

《指南》不仅阐述了各个年龄段幼儿在各个领域学习与发展的特点和目标，提出了具体的教育建议，而且在"说明"部分强调了3—6岁幼儿教育的基本理念和原则，比如，关注幼儿学习与发展的整体性，尊重幼儿发展的个体差异，理解幼儿的学习方式和特点，重视幼儿的学习品质。其中，在"理解幼儿的学习方式和特点"部分，有如下表述：

> 幼儿的学习是以直接经验为基础，在游戏和日常生活中进行的。要珍视游戏和生活的独特价值，创设丰富的教育环境，合理安排一日生活，最大限度地支持和满足幼儿通过直接感知、实际操作和亲身体验获取经验的需要，严禁"拔苗助长"式的超前教育和强化训练。

《指南》强调幼儿的学习与发展，但与以往不同的是第一次革命性地提出了幼儿的学习是"在游戏和日常生活中进行的"，所以"要珍视游戏和生活的独特价值"。传统上，幼儿教师认为上课是学习、运动是学习，但游戏更多是休闲和娱乐，是学习后的放松活动。就算幼儿天性活泼好动、喜欢游戏，那么让教师的教学活动采用游戏化的方式进行，提高教学的趣味性就可以提高教学的实效性了。但是，《指南》却明确强调游戏就是3—6岁幼儿的学习和生活，需要成人给予足够的关注和重视。

实践链接：《指南》强调"幼儿的学习是以直接经验为基础，在游戏和日常生活中进行的"。请问，支持幼儿基于直接经验的学习，与关注游戏和生活的独特价值有关系吗？你能举个例子做出说明吗？

3.《幼儿园工作规程》：跨越30年坚守"以游戏为基本活动"

为加强幼儿园的科学管理，规范办园行为，提高保育和教育质量，促进幼儿身心健康发展，1989年，原国家教育委员会颁布了《幼儿园工作规程（试行）》。

基于对幼儿发展特点的认识和尊重，关于幼儿园教育的原则和要求，《幼儿园工作规程（试行）》明确提出了"以游戏为基本活动，寓教育于各项活动之中"，以及"幼儿园一日活动的组织应动静交替，注重幼儿的实践活动，保证幼儿愉快的、有益的自由活动"。

1996年，原国家教育委员会颁布实施了新的《幼儿园工作规程》，原来的《幼儿园工作规程（试行）》废止。作为幼儿园教育应当贯彻的原则和要求，"以游戏为基本活动，寓教育于各项活动之中"并没有任何改变。第二十六条仍然强调要"保证幼儿愉快的、有益的自由活动"。在谈到教师对于幼儿游戏的指导时，强调教师需要鼓励和支持幼儿根据自身兴趣、需要和经验水平，自主选择游戏内容、游戏材料和伙伴，以获得更符合自身发展特点的富有个性的发展。

> 第二十六条 幼儿一日活动的组织应当动静交替,注重幼儿的直接感知、实际操作和亲身体验,保证幼儿愉快的、有益的自由活动。
>
> 第二十九条 幼儿园应当将游戏作为对幼儿进行全面发展教育的重要形式。幼儿园应当因地制宜创设游戏条件,提供丰富、适宜的游戏材料,保证充足的游戏时间,开展多种游戏。
>
> 幼儿园应当根据幼儿的年龄特点指导游戏,鼓励和支持幼儿根据自身兴趣、需要和经验水平,自主选择游戏内容、游戏材料和伙伴,使幼儿在游戏过程中获得积极的情绪情感,促进幼儿能力和个性的全面发展。
>
> ——《幼儿园工作规程》"第四章 幼儿园的教育"

2016年,教育部颁布新的《幼儿园工作规程》,提出的幼儿园教育原则与要求依然是"以游戏为基本活动,寓教育于各项活动之中""保证幼儿愉快的、有益的自由活动"。这一教育原则跨越30年稳定不变,可见我国幼教人对于游戏与儿童发展关系的深刻认识和对于幼儿园课程改革的坚定信念。

2018年,《中共中央国务院关于学前教育深化改革规范发展的若干意见》中也明确指出:"坚持以游戏为基本活动,珍视幼儿游戏活动的独特价值,保护幼儿的好奇心和学习兴趣,尊重个体差异,鼓励支持幼儿通过亲近自然、直接感知、实际操作、亲身体验等方式学习探索,促进幼儿快乐健康成长。"尽管在幼儿园教育实践层面尚存在不少问题,但"以游戏为基本活动"逐渐成为全国幼教同人的共识和信念,几乎无人不知、无人不晓。

实践链接:《幼儿园工作规程》除了强调"以游戏为基本活动"外,还反复强调"保证幼儿愉快的、有益的自由活动"。请问,你的幼儿园、你的班级每日有哪些真正属于幼儿的自由活动时间?这些自由活动的具体内容和安排是怎样的?是否属于"愉快的、有益的自由活动"的范畴?应该如何调整?

4. 学前教育宣传月:让游戏点亮快乐童年

为了深入贯彻落实教育规划纲要和《国务院关于当前发展学前教育的若干意见》,营造有利于幼儿健康成长的良好社会环境,推进学前教育科学发展,教育部决定从2012年起在全国范围内组织开展全国学前教育宣传月活动,活动时间定为每年的5月20日至6月20日。[1]

学前教育宣传月自2012年开始至2020年,已经连续举行9年,每年都会根据学前教育事业发展现状和需要确定一个鲜明的主题。

学前教育宣传月活动的开展,对于面向全社会普及科学的育儿知识,转变全社会对于学前教育的认识,树立科学的教育理念起到了巨大的推动作用。

---

[1] 摘自中华人民共和国教育部于2012年4月发布的《教育部办公厅关于开展全国学前教育宣传月活动的通知》。

2017 年学前教育宣传月主题活动海报

其中，2017 年全国学前教育宣传月的主题是"游戏——点亮快乐童年"。教育部办公厅专门印发《关于开展 2017 年全国学前教育宣传月活动的通知》，要求各级教育行政部门和幼儿园高度重视，精心组织，整合资源，综合利用多种媒体，组织开展大型公益讲座、专家访谈、现场咨询等主题宣传活动，营造良好的社会宣传氛围。幼儿园要通过举办主题开放日、家长讲座、亲子游戏等多种活动，引导广大幼儿园教师和家长充分认识游戏是幼儿特有的生活和学习方式，创造充足的机会和条件，鼓励和支持幼儿自主游戏、快乐游戏，扭转当时社会上普遍存在的重知识技能学习，忽视、干预幼儿游戏，成人"导演"幼儿游戏，以电子游戏产品代替玩具等剥夺幼儿游戏权利，影响幼儿身心健康的"小学化""成人化"倾向。

实践链接： 各位老师，如果今年学前教育宣传月的主题还是"游戏——点亮快乐童年"，那么你会结合幼儿园的实际设计哪些活动以赢得家长和社会对幼儿游戏的认可，并借此推动教师的专业发展？请把这个方案落实到幼儿园本学期的行动中。无论每年学前教育宣传月的主题是什么，游戏是我们始终要坚守的幼儿教育原则。

5. "以游戏为基本活动"的基本含义与儿童立场

我国改革开放的 40 年，也是幼儿教育改革风起云涌的 40 年。幼教圈刮过的"热风""热潮"不胜枚举，但尊重儿童、尊重儿童游戏的理念没有任何改变，"以游戏为基本活动"已经超越所有的教育原则，被幼儿园教师接受。但是，对于这句话，我们到底该如何从儿童的立场进行思考、理解其内涵呢？

（1）游戏是幼儿阶段最重要的活动，我们必须给予足够的认可和关注。所谓"尊重儿童"不是一句空话，它应该实实在在地落实在幼儿园的办园理念、幼儿园的制度与文化建设、幼儿园的环境创设、幼儿园的一日活动安排中，落实在教师的一言一行中。"基本活动"是不可替代的活动。没有了游戏，幼儿的生活将是无趣的、不幸的。没有游戏的幼儿园教育也将是低质的、恶劣的，绝不应该存在的。

（2）**我们必须保障幼儿每天有充足的自由游戏时间。**过多的集体活动和整齐划一的要求并不适合幼儿园教育，很难满足6岁以下幼儿的发展需求。游戏化的集体教学活动不应该代替自由自主的游戏。年龄越小的幼儿，越需要更多自由自主的时间，按照自身的发展节奏和特点进行自我建构，通过自主的游戏进行学习和生活应该是幼儿园的常态。

（3）**游戏精神应该贯穿幼儿园课程、幼儿园一日生活的方方面面。**"以游戏为基本活动"并不是说全天都让幼儿自由地玩，此处的"游戏"超越了游戏活动实体的概念，既包含作为实体活动的自主游戏，也包含众多蕴含游戏精神的游戏性活动，如游戏化教学活动、游戏化生活活动、游戏化户外运动……以游戏精神统领幼儿园的一日生活更符合我国现今的幼儿教育实践。

游戏精神是从游戏过程中抽象出来的、概括反映游戏内在品质的精神特质，如，自由自主、轻松愉悦、平等尊重、开放创造等。幼儿园里的非游戏活动同样应该蕴含游戏精神。

四川省成都市第十六幼儿园
富有游戏精神的幼儿会在各项活动中表现出来

华东师范大学李季湄教授认为，是否落实"以游戏为基本活动"至少应看三个方面：
* 全园是否建立共同的信念与尊重游戏的幼儿园文化。
* 是否充分满足了幼儿游戏的需要，特别是自由自发游戏的需要。
* 是否把游戏精神渗透到了幼儿园教育的所有环节中。[①]

实践链接： 在教研活动时间，请和老师们一起交流各自对于游戏和"以游戏为基本活动"的理解，看看大家的理解有哪些相同和不同之处？管理者应思考如何提升教师的认识水平，并研究需要落实的具体行动方案。对照"以游戏为基本活动"的含义反思自己幼儿园的实践，在哪些方面做得比较好，在哪些方面还有改进的空间？

二、国内自主游戏的实践探索

进入21世纪以来，随着国家对幼儿教育的重视，一方面加强了幼儿园投入和建设的力度，幼儿园的房舍与教育设施设备得到极大改善；另一方面，提高幼儿园保教质量、"去小学化"的呼声也越来越高，游戏成为检验幼儿园保教质量的重要指标。让幼儿在游戏中学习、寓教育于游戏之中，这是幼儿园教育区别于中小学教育的重要标志。但是，如何"寓教育于游戏之中"，落实"以游戏为基本活动"的保教原则？近20年来，各教科研机构和全国各地幼教机构纷纷开展游戏理论和实践研究，呈现百花齐放的局面。其中，在实践层面，笔者认为最值得借鉴的就是安吉游戏和江苏省"课程游戏化"的实践探索。除此之外，上海市静安区南西幼儿园、上海市芷江中路幼儿园、四川省成都市第十六幼儿园、山东省商务厅幼儿园、山东省淄博市市直机关第二幼儿园、山东省淄博市市直机关第三幼儿园等都有很多优秀的经验，本书不再一一列举。

（一）"安吉游戏"的实践经验

安吉幼教人抱着"让游戏点亮孩子生命"的理念，进行了一场"把游戏权利还给孩子"的革命，脚踏实地地创造出了今天中国幼儿教育界独一无二的"安吉游戏"教育模式，让每一所幼儿园、每一个乡村教学点、每一个幼儿，都能享受到均衡、普惠、优质的学前教育。

"安吉游戏"是安吉幼教模式的一种代称，2014年，在我国首届基础教育国家级教

---

① 程学琴. 放手游戏 发现儿童[M]. 上海：华东师范大学出版社，2020.

学成果评选中，程学琴[①]主持的"县域幼儿园教育实践整体推进机制研究——基于'安吉游戏'模式探索与实践"荣获一等奖，由此可以看到，"安吉游戏"不仅仅是一种游戏改革潮流，它还是浙江省湖州市安吉县整体推进学前教育质量均衡发展的改革模式，既包含了行政管理机制研究、教师培养研究，也包含了幼儿园课程、环境和游戏研究。[②]

安吉游戏中的幼儿

美国宾夕法尼亚大学客座教授切尔西·贝利博士，先后多次走进安吉，由她牵头起草的《安吉游戏国际推广计划》于2014年11月1日正式实施，根据此计划，美国、加拿大、澳大利亚和新西兰等国家12位学前教育与游戏专家组成了专家委员会，负责向国际早期教育联盟、国际游戏联盟和各自国家推介[③]。至此，安吉游戏开始走出国门，在世界范围内产生广泛影响。

2019年5月13日至15日，"安吉·真游戏"国际研讨会在安吉县召开，国内外学者齐聚安吉，共同交流世界儿童早期学习的前沿研究成果，分享"安吉游戏"经验。教育部基础教育司副司长姜瑾在讲话中提出，"安吉游戏"是中国学前教育快速发展背景下，率先在县域层面实现学前教育普及普惠和优质均衡的典范，对中国学前教育改革发展具有广泛、深刻、里程碑的意义，其探索成为中国学前教育走向世界的一张靓丽名片，其实践给中国学前教育带来了一场深刻变革。[④]

2020年1月14日，世界经济论坛发布的最新报告《未来学校：为第四次工业革命定义新的教育模式》探讨了改变现有教育模式的可能路径，并提出"教育4.0框架"。该报告呈现了从全球挑选的16个典型案例，其中包括"安吉游戏"，认为注重个性化、自主学习的中国"安吉游戏"课程，旨在引导一场真正的儿童主导的学习和发现革命。[⑤]

实践链接： 安吉幼教人二十几年持之以恒、专注于游戏研究，探讨放手游戏、还儿童快

[①] "安吉游戏"及"安吉游戏"公益组织创始人，世界真游戏联盟发起人，安吉幼儿教育研究中心主任，曾任安吉县教育局教研员、学前科科长。

[②] 程学琴. 放手游戏 发现儿童[M]. 上海：华东师范大学出版社，2020.

[③] 严红枫，陈毛应. "安吉游戏"：缘何风靡欧美[N]. 光明日报，2014-12-23（05）.

[④] 林泽宇. "安吉·真游戏"国际研讨会召开[EB/OL]. 安吉新闻网，2019-05-14.

[⑤] 唐科莉，张娜. 未来学校的八个特征[N]. 中国教育报，2020-3-20（06）.

乐美好童年的具体路径，取得了举世瞩目的成就。为什么有很多幼儿园搞了那么多课题研究和特色课程研究，却并没有对幼儿发展、教师发展、幼儿园质量提升产生多少推动实效……请结合安吉经验，深刻反思幼教领域中形式主义和功利主义倾向带来的危害。

1. 安吉游戏："真游戏"求索之路

"安吉游戏"走到今天，绝非一日之功。他们从看重集体教学活动到真正践行"以游戏为基本活动"的课程，经历了三次重大转折[①]。

（1）2000年之前：**以教学为中心的无游戏阶段**。这段时间，他们也利用当地自然资源自制了一些玩具材料，利用率却极低。幼儿被教师高控，没有学习与发展的主体地位；教师辛苦，专业得不到认可，职业倦怠普遍存在；幼儿园保教质量低，没有持续发展的原动力。

（2）2000—2007年：**追求环境"繁荣"与活动"热闹"的假游戏阶段**。2001年《纲要》颁布后，安吉县作为湖州地区"贯彻《纲要》试点县"开始了"去小学化、开展区域活动、实行多样化教学"的改革。尽管改革取得了一些成绩和荣誉，但在改革的过程中出现了盲目追求环境的琳琅满目、幼儿游戏表面看起来的热闹，忽略了幼儿在游戏中的地位，忽略了游戏最核心的价值体现等问题，诸如"竹乡一条街""竹乡熊猫之家""竹乡旅行社""竹乡警察局"之类的假游戏频频出现。不过，难能可贵的是，安吉幼教人在这个阶段开始了自己的反思，以及对于幼儿园环境、幼儿园一日活动安排、园本课程建设、幼儿发展、教师专业价值的一系列追问和思考。

（3）2007年至今：**由自我反思跨入抛弃形式主义和功利主义的"真游戏"实践探索阶段**。幼儿园为什么没有游戏？假游戏从何而来？追根究底，这与我们长期的教育传统观念有关，也与我们追求形式主义的功利目的有直接关系。安吉幼教人将"课程改革和教师专业成长紧密结合分步实施，将观察解读儿童的能力作为教师的核心素养，将游戏作为培养这一核心素养的重要途径……用最大程度的自由和最小程度的干预来实现解放儿童的目标，开启一场把游戏的权利还给儿童的'真游戏'革命，并不断寻找幼儿教师自己的专业定位。"[②]

安吉"真游戏"的探索经历了三大步跨越。

第一步——放手游戏，发现儿童，改变儿童观。在这个阶段，安吉一方面在玩具材料配置方面解放教师，由幼儿园统一配置大量自然、生态、探索性强、可组合、可创造的玩具材料，不需要教师在环境创设和制作玩具方面花费太多心思；另一方面，号召全体教师"闭上嘴，管住手，睁大眼，竖起耳"，用谦逊的态度去发现儿童在游戏中的需要和能力，在观察游戏的过程中发现了不起的儿童，从而改变自己过去固有的"儿童不能、

---

①② 程学琴. 源起与发展：一场深刻的儿童游戏革命[J]. 学前教育，2019（3）.

不行，需要我管"的观念。

第二步——看懂游戏，理解儿童，改变教育观。在这个阶段，县域层面和园际层面举办过无数场培训和教研，帮助教师在观察的同时，分析幼儿在游戏中的学习与发展，并对照《指南》各领域发展目标，解读游戏中的幼儿在五大领域的发展表现，由此帮助教师和园长树立"游戏即学习"的信念，转变其儿童学习观和教育观。在这一时期，每所幼儿园也开始改革一日生活的组织方式，由班级教师根据幼儿的活动节律实行弹性安排，开始在一日生活中渗透游戏精神。①

第三步——回应游戏，追随儿童，改变课程观。在这个阶段，教师开始关注游戏之后幼儿的游戏故事表征以及教师与幼儿对游戏过程的反思。就真实的生活和游戏问题进行的反思性交流讨论，大大提升了教与学的效益，由此各个幼儿园慢慢开始了从预设的教材中的教学走向生活和游戏中不断生成的教学，教师的课程观得到改变。安吉幼教也在追随幼儿，回应幼儿的真实体验和探索，在问题解决中、在对话反思中建构起独具安吉特色的幼儿园课程实践样态。

实践链接： 安吉游戏发展的几个阶段也是中国大多数幼儿园都会经历的过程，对照反思一下，你所在的幼儿园现阶段处于无游戏阶段、教师操控游戏的假游戏阶段，还是幼儿自由自主的真游戏阶段？你们曾经遇到过哪些挑战？现在正在着力解决的关键问题是什么？请围绕落实"以游戏为基本活动"的原则，从幼儿、教师、幼儿园三方面确定近期（1—3 年）的发展目标。

2. 安吉游戏：启迪与借鉴

（1）**以"爱、冒险、投入、喜悦、反思"五个关键词界定安吉游戏的理念——让我们看到游戏应该是什么样的。** 爱是安吉游戏的核心，因为幼儿只有感受到爱和关怀，才会放心地游戏，大胆地探索世界。爱是一种文化传承，爱是教育的基石。幼儿在爱中游戏和成长，也在爱中学习爱。

冒险是一种对未知的探索，是儿童心底原始的渴望，是成长和发展的动力。安吉游戏中的冒险既有物理的，也有认知的、社会的，是幼儿在教师的信任下的

安吉游戏中的幼儿②

---

① 程学琴. 源起与发展：一场深刻的儿童游戏革命［J］. 学前教育，2019（3）.
② 程学琴. 放手游戏　发现儿童［M］. 上海：华东师范大学出版社，2020.

直面问题、冲突与挑战，是其自我成长的力量体现。

投入是自主游戏时幼儿最令人感动的美好画面。每一个幼儿自由地按照自己的游戏意愿，操控游戏材料，无限热情地、投入地游戏着，在游戏中探索世界，建构伙伴关系，并发现自己的能力。

喜悦是让幼儿在真游戏中感受放飞自我的快乐。安吉游戏让幼儿有机会做自己，玩自己真正感兴趣的游戏，使用自己的方式操作玩具材料，按照自己的方式建立与伙伴的关系，这会让幼儿充分感受到满足感、喜悦感、成就感、价值感。

反思是让幼儿将自己的游戏经历转化为有意义的知识经验的重要一环。安吉游戏中的幼儿会在游戏前、游戏中、游戏后的每一个环节，不断与环境材料、与伙伴、与教师对话，在对话中自我反思和集体反思，在反思中进入深度学习和自我发展。

（2）*在放手中发现幼儿是游戏高手——让我们看到幼儿应该是什么样的*。安吉游戏中的幼儿令人印象极为深刻，他们热情、投入、有思想、大胆、爱冒险、乐群、爱合作……在教师放手之后，他们更懂得自己，他们有明确的游戏目标，他们会创造性地操控游戏材料，他们会无限变化游戏玩法；他们会为解决某个问题一遍又一遍地尝试，不怕失败；他们胆大爱冒险，却不会盲目伤害自己；他们会勇敢地表达自己的观点，也乐于倾听和接受同伴的建议……放手之后，幼儿就会成为真正的游戏高手。

安吉游戏中的幼儿[1]

（3）*游戏与教学从对立走向统一，建构"以游戏为基本活动"的幼儿园课程实践样态——让我们看到幼儿园课程应该是什么样的*。幼儿园课程区别于中小学的学业课程，是幼儿在幼儿园一日生活中所有有意义的活动的总称，强调幼儿的直接感知、亲身体验、实际操作和多元表征，强调追随幼儿的动态建构过程，与幼儿的生活和游戏直接相关，具有生活化、游戏化、综合性、生成性等特征。过去几十年里，无论理论和政策法规层面多么强调"游戏是幼儿的主导活动""游戏是幼儿的基本活动"，幼儿教育的实践仍然难以改变"以教学为中心"、教学与游戏"两张皮"的局面。教师难以均衡教学与游戏在一日生活中的分量，重视游戏就怕完不成教学任务，就怕幼儿学不到知识……所以，即

---

[1] 程学琴. 放手游戏 发现儿童 [M]. 上海：华东师范大学出版社，2020.

使让幼儿玩游戏，教师也期待幼儿学到更多的知识，所以才会出现所谓的"假游戏""游戏幼儿"的现象。

安吉游戏的实践探索证明，游戏就是幼儿的学习，而且是最重要、最符合其身心发展特点和规律的高效的学习，这种学习具有开放性，让幼儿每天面对自己真实的生活和游戏情境，在解决问题的过程中调动自己的原有经验，最大程度地激发个体和群体潜力，让幼儿的已有经验与新经验建立链接，让每个幼儿的经验和教师的经验建立链接，让幼儿自己的游戏经历经由反思转变为有意义的经验链条，实现学习与发展的自我建构和社会建构的发展目标。

当教师不再为教学和游戏之间的关系纠结，管理者为教师"松绑"，教师为幼儿"松绑"，游戏活动和游戏精神贯穿幼儿的一日生活，顺应幼儿天性、追随幼儿节奏的安吉游戏课程便呈现出它最迷人的一面，这就是幼儿园课程应该有的样貌。

"重新认识'安吉游戏'背景下的课程建设时，我发现孩子是课程的发起者，只要把孩子们感兴趣的点串联起来，支持和陪伴孩子们一起发现和认知周围生活中的一切。其实课程就在身边，既看得见又摸得到……不用远离孩子的教材而教，而是自觉地利用儿童原生态的生活经验，甚至部分保留儿童原生态的生活，由此衍生出游戏课程。"[①]

（4）**开辟出一条有关教师专业成长的切实可行的路径——让我们看到幼儿教师应该是什么样的**。《纲要》自颁布起就强调教师角色的转变，幼儿教师不是教书匠，幼儿教师应该成为幼儿学习活动的"支持者、合作者、引导者"。但是，怎样才算是"支持者""合作者"？如何才能成为"支持者""合作者"？幼儿教师对此太过陌生，所以，在安吉游戏探索的初期，教师们不敢放手、不能放手的情况比比皆是，教师对于幼儿的担心，对于完不成教学任务的担心也同样存在，于是，安吉县教育局组织了大量基于游戏实践问题的培训和基于实践案例分析的教研活动，让教师从管住自己的手和嘴开始，不乱干预幼儿的游戏，在放手游戏时静静地观察幼儿，收集幼儿游戏活动的案例，再通过对幼儿游戏案例的分析，发现幼儿具有的能力和在其中的学习与发展，从而改变教师的儿童观、教育观和课程观，让教师真正成为幼儿游戏和学习的"支持者、合作者、引导者"。

（5）**构建良好的教育生态圈，让幼教发展与当地社区发展相辅相成——让我们看到幼教与社会的关系应该是什么样的**。在落实"以游戏为基本活动"的教育原则时，我们经常听到园长或教师抱怨：家长观念落后，家长不认同"游戏就是学习"的理念，家长期待幼儿在幼儿园里学到更多的知识。其实，安吉游戏在探索初期同样遇到过这样的阻力。安吉游戏难能可贵的重要经验就是幼儿园、家庭、社区的一体化发展，共同构建良好的借力发展的生态圈。

---

① 常晶."安吉游戏"为什么能成功——浙江安吉学前教育改革启示录［N］.中国教育报，2016-10-29（1）.

"比起一般意义上的家、园、社区的合作，安吉幼儿教育模式更深刻、更富文化意义和社会意义。它是一个把幼教改革植根于社区、乡村的整体发展规划之中，通过转变幼儿园文化，转变家长、村民的观念，让幼教发展与小康社会建设、社会主义新农村建设，特别是精神文明建设深度融合的模式。"[1]

实践链接： 安吉游戏的实践探索有许多可以借鉴的经验，请结合你所在幼儿园的发展现状，梳理一下教师在落实自主游戏过程中存在的问题，看看安吉的经验是否可以在你所在的幼儿园实施，尤其是教师专业发展的路径。

幼儿教师是"以游戏为基本活动"的关键落实因素，没有教师的信任和放手，就没有幼儿真正的自主游戏；没有教师专业的支持和推动，也很难出现幼儿的深度学习，所以，必须关注教师专业素养的提升。

（二）江苏省"课程游戏化"项目的实践经验

课程与游戏的关系一直备受学前教育研究者关注，在落实"以游戏为基本活动"的教育理念和原则时，如何认识游戏与课程的关系？如何处理游戏与教育教学的关系？如何既保障幼儿享受到幸福美好的童年生活，又保障幼儿学习与发展的实效？ 2014年起，江苏全省开始启动50个课程游戏化项目，实施幼儿园课程游戏化建设，旨在引导幼儿园树立正确的儿童观、游戏观和课程观，推进幼儿园课程实施符合幼儿身心发展规律和学前教育规律，促进幼儿健康快乐成长。虞永平教授认为，"课程游戏化就是让幼儿园课程更贴近生活，更生动一些，更有趣一点，活动形式更多样化一点，幼儿动用多种感官探究、交往和表现的机会更多一些，幼儿的自主性和创造性更充分一些"[2]。

1. "课程游戏化"项目：主要内容和实施举措

"课程游戏化"建设的内容主要有六个方面[3]：

* 明晰课程游戏化理念
* 改造课程游戏化方案
* 创建课程游戏化环境
* 构建游戏化活动区域
* 建设课程游戏化资源
* 提高课程游戏化能力

---

[1] 程学琴. 放手游戏 发现儿童［M］. 上海：华东师范大学出版社，2020.
[2] 纪秀君. 访虞永平教授：课程游戏化只为更贴近儿童心灵［N］. 中国教育报，2015-6-28.
[3] 摘自江苏省教育厅于2014年8月发布的《关于开展幼儿园课程游戏化建设的通知》。

南京师范大学虞永平教授指出[①]：课程游戏化建设的基本思路，首先是领会游戏内涵和精神，应以《指南》作为总体背景，理解生活、游戏、活动、经验在幼儿园课程和幼儿发展中的作用。具体实施过程中，应包括几个方面的内容：改造课程游戏化方案，基于幼儿园现行课程方案，通过观察、记录、反思、研训等方式，开展课程方案的游戏化、生活化、适宜性改造；创建课程游戏化环境，适时、动态地对幼儿的活动环境进行改造、调整，从室内环境到室外环境，从显性环境到隐性环境，创设课程游戏化的物化情境；构建游戏化活动区域，创建数量适当、种类多样、材料丰富并与幼儿发展相适宜的可选择的游戏区域，区域活动中，教师注重观察、适当介入、有效指导，为幼儿主动发展提供条件保障；建设课程游戏化资源，统筹游戏活动中的各类实物资源、社会专家资源和信息资源等，形成内容科学、管理有序、应用有效的幼儿园课程资源库；提高课程游戏化能力，提升课程活动的规划设计能力、组织实施能力、观察分析能力、诊断改善能力等，在实践中逐步提升教师队伍的专业化水平。

课程游戏化项目实施的举措如下。

* 采用结对帮扶、双园共建的方式进行。项目建设幼儿园以农村乡镇幼儿园为主，兼顾城市薄弱幼儿园，项目共建幼儿园由办园水平较高的幼儿园承担。
* 各级教育行政管理部门、财政部门、高校、教科研单位、幼儿园合力推动项目实施。

实践链接：江苏省课程游戏化改革项目的目的指向幼儿园保教质量的整体提升，请和教师们一起讨论，作为班级教师，自己应该做出哪些改变，以提升幼儿在园的一日活动质量，并让幼儿感觉更快乐和幸福一些？

江苏省课程游戏化改革的内容之一是"改造课程游戏化方案"，你认为，什么是"课程方案"？幼儿园的"课程方案"是从哪里来的？你所在的幼儿园现行的"课程方案"需要改造吗？应该如何在改造的过程中体现"游戏化、生活化、适宜性"的原则？

2."课程游戏化"项目：启迪和借鉴

（1）以"课程游戏化"作为重要抓手，全面提升幼儿园课程质量，而不仅限于对游戏活动的研究。"课程游戏化"项目研究游戏，但不仅仅限于游戏活动的开展，而是覆盖影响幼儿园质量提升的各方面要素，包括教师理念、课程方案、环境、资源库建设、教师支持能力、家园共育等各项活动，以提升一日活动每一个环节的质量为核心，转变幼儿教育中"成人导向""知识导向"的禁锢，让"自由、自主、愉悦、创造"的游戏精神贯穿始终，真正保障幼儿身心健康和谐的发展。

---

① 纪秀君.访虞永平教授：课程游戏化只为更贴近儿童心灵[N].中国教育报，2015-6-28.

（2）**由点到面，分步骤、分层级逐步推进。**"课程游戏化"项目采用由点到面、分层推进的方式进行，第一年遴选50个项目试点幼儿园，以后逐年增加，再由点到面逐步推进到所有幼儿园，并将此作为正面引领课程实施、深入治理"小学化"倾向的关键举措。

以江苏省无锡市湖滨区为例，在"课程游戏化"的推进中，全区"以四个项目园和多个区级项目做'点'带动全区44所幼儿园'面'的整体推进；以每个幼儿园的项目研究做'点'带动整个园所'面'的多元发展；以参与项目的每个教师做'点'带动全区2000多名教师'面'的逐步共识"[①]。

（3）**行政、教研、科研与幼儿园多方合作，协同推进。**"课程游戏化"尽管只是幼儿园内部课程的完善以及内涵和质量的提升，但涉及环境改造、教师队伍专业提升、课程方案改造、家园关系再建等方方面面的问题，所以，绝非幼儿园一己之力可以实现的，这也是尽管我们喊了很多年"以游戏为基本活动"的口号，却仍然存在严重的"小学化"倾向的根本原因所在。所以，改变现状需要各方力量的通力合作。课程游戏化项目中，"各地教育行政部门要组织力量对建设项目进行科学指导，确保项目实施质量，发挥示范引领作用，带动其他幼儿园的课程游戏化建设。各地财政部门应积极支持幼儿园课程游戏化建设，统筹学前教育专项资金给予相应扶持。各级教科研机构要加强幼儿园课程游戏化项目建设的专题研究，加强对项目幼儿园进行过程性指导"[②]。由此形成一张网状支持结构，让幼儿园不再"孤军奋斗"。

推动课程改革和发展的模式，因主体的不同有三种。第一种是行政模式，行政模式推动的幼儿园课程改革是自上而下的，课程游戏化项目的推进，六个支架的实施就是这种模式。第二种是草根模式，是幼儿园自己根据内部发展需要而进行的课程改革，是自下而上的推进课程改革。第三种是平行的示范模式，是由专家团队研究引领的课程改革。在课程的发展当中，只有这三种模式形成合力时，幼儿园的课程改革才最为有效。而合力形成的重要前提是课程改革所有的参与者具有共同的价值观、责任感和目标。"课程游戏化"项目就是三种模式的整合。[③]

（4）**关注教师儿童观、游戏观、课程观的改变，也给予教师实施课程游戏化、提升专业素养的具体支架。**人的观念具有关键的行为引领作用，但并不容易改变。为帮助幼儿园教师真正从观念到教育行为进行改变，以更好地让幼儿园课程回归幼儿的真实体验和发展，在项目的启动阶段，江苏省教育厅就提出了第一步的"六个支架"作为抓手，帮助幼儿园通过行为的改变，形成正确的理念，引发幼儿园课程实质的改变和质量的提升。

---

① 祝晓燕，朱海燕."课程游戏化"项目推进的思与行［J］.早期教育（教师版），2016（7）.
② 摘自江苏省教育厅于2014年8月发布的《关于开展幼儿园课程游戏化建设的通知》。
③ 张晖.课程质量提升之路（下）——以江苏省课程游戏化项目推进为例［J］.学前教育，2017（2）.

> 第一步支架：改造我们的儿童观和教育观
>
> 支架1：通过发现儿童，认识儿童，形成正确的儿童观。
>
> 支架2：让《指南》成为幼儿教师的"圣经"。
>
> 支架3：理解幼儿园课程的特点、环境在幼儿学习与发展中的地位与作用。
>
> 支架4：重新认识和发现幼儿及幼儿的生活活动如何"游戏化"。
>
> 支架5：从关注文本转向关注幼儿。
>
> 支架6：一日活动中尝试实现观念的转变。①

第一步的六个支架对于幼儿园教师转变儿童观和教育观确实起到了很大的作用，但如何推动教师在新的观念下有效开展教育活动，并真正做到"儿童在前、教师在后"呢？2018年，江苏省教育厅推出的第二步支架又恰到好处地给予教师具体帮助。

> 第二步支架：改造我们的专业知识和能力结构
>
> 支架1（对第一步支架1的延伸）：共读儿童心理学或者观察评价等方面的经典书籍，提升儿童观察与行为分析能力。
>
> 支架2（对第一步支架2、3、5的延伸）：根据当地自然与人文环境丰富幼儿园的课程资源，依据《指南》要求，对材料提供、游戏行为、儿童经验获得进行跟踪观察与记录，以让幼儿获得新经验为目的反复尝试与调整，慢慢积累幼儿经验进阶、深化、拓展的过程，为教师积累课程实施经验（如空间、玩法、材料、经验的系列化过程）。
>
> 支架3（对第一步支架1、2、6的延伸）：关于集体活动的探索研究。选择合适场景（可与支架2结合起来），充分提供材料、幼儿充分自主、持续足够的时间，教师深度观察，从中发现需要通过集体活动才能更好实现教育价值的契机（不是所有活动都一定会生成集体活动）；对这一契机进行简要研讨、确认，并进行课前准备（例如可以参考教材）；在儿童思维仍未完全脱离问题情境的时候，组织开展集体活动。
>
> 支架4（对第一步支架4的延伸）：在考虑年龄特点的基础上，尝试各个生活环节的自我服务和独立完成。
>
> 支架5（对第一步支架1、2的延伸）：开展家园合作、幼小合作，引导家长和小学教师掌握科学育儿的观念。

这样的支架是层层递进的，所以，可以引领教师由低到高渐进式提升专业素养；这样的支架具有很强的针对性，所以，可以帮助教师解决自己工作中的具体问题；这样的支架是具体明确的，所以，每一个"支架"都能给予教师非常具体的指引。比如，第一

---

① 张晖. 课程质量提升之路（上）——以江苏省课程游戏化项目推进为例[J]. 学前教育，2017（1）.

步支架的"支架1"强调教师形成正确的儿童观,但路径不是空泛的听讲座和读书学习,而是对幼儿的细致观察——

> 观察1名儿童,每天观察3次,每次3分钟,自己随笔(最好是白描方式)记录,同事们之间以即兴谈话或沙龙方式高频度讨论自己观察到的儿童行为(也可以正式讨论),坚持做一两个月。要求:发现儿童的兴趣点和能力,而不是去发现问题,也不需要提供帮助,学习做一个忠实的记录者和积极的赞美者。提示:户外游戏更容易观察。教研人员和园长也要随教师一起观察儿童,并且还要观察教师。①

教师的专业发展是一项长期而艰巨的任务,需要教师的教育热情和内在动力,更需要幼儿园以及外围更多的专业支持。这样的支架给了教师专业发展的具体路径,去改变固有的教育观念和教育行为,成为推动幼儿园课程游戏化改革的专业准备和专业动力。

(5)**鼓励每个幼儿园根据自己的实际情况找到课程改革、提升保教质量的切入口,以点带面切实提升自己幼儿园的保教质量**。江苏省教育厅几乎每年都会召开一次课程游戏化年度工作总结会,每个地区也会多次举办各种形式的培训、教研、交流、研讨会、现场会,交流各地市和幼儿园项目推进、幼儿园课程游戏化改革的优秀经验,鼓励大家创新性地开展课程游戏化实践研究,所以,江苏省的课程游戏化改革呈现出"百花齐放"的局面。

2019年9月,山东省教育厅发布《关于开展游戏教育实验区实验园建设工作的通知》,这份文件强调了实验区实验园项目建设的工作目标、实验任务、实验区、实验园遴选办法和申报条件,也提出了后期实验工作推进的要求。

文件下发后引发广泛关注,很多地市立刻行动起来,制定相应举措,选出省级实验区和实验园的同时,推出市级实验区和实验园,组织各种各样的启动宣传和培训、教研活动,扩大影响,以引导更多的幼儿园转变教育理念,由点到面带动全部幼儿园行动起来,落实"以游戏为基本活动"的教育原则,全面提升幼儿园保教质量。

我国人口众多,2018年全国幼儿园数量已达27.2万所,截至2020年6月这个数字已突破28万。所以,尽管我们前面介绍了"安吉游戏"、江苏省"课程游戏化"改革的经验,但并不表示全国各地的幼儿园只能按照这几个地方的模板去做,"以游戏为基本活动"的实践样态可以是因地制宜、丰富多样的。

基于各地实践探索的经验,中国教育科学研究院研究员刘占兰认为:如今,高质量幼儿园教育的方向和实践形态已基本清晰,从低到高大体有三个阶段:保底——实施科学的保育教育,合理安排幼儿一日活动;正根——努力形成以游戏为基本活动的实践形

---

① 张晖. 课程质量提升之路(上)——以江苏省课程游戏化项目推进为例[J]. 学前教育,2017(1).

态；发展——普遍提升幼儿教师能力水平，追求教师专业性工作方式。"现在，方向已经明确了。我们要做的是，给游戏正名正身，让游戏有地位有时间。刘占兰说，发展学前教育，区县是责任主体……区县行政和教研形成合力，从游戏薄弱的地区和幼儿园改起，影响能影响的，改变能改变的，从我做起，立即行动！"①

实践链接： 江苏省教育厅在给予教师的第二步支架"改造我们的专业知识和能力结构"中提出了5个具体支架，请针对每个支架的目标选择一本专业书，与教师们一起阅读并尝试在实践中运用，把出现的问题和疑惑记录下来进行集体教研，尝试通过自己的思考解决在游戏中遇到的问题。请相信坚持两年之后，你的专业知识结构一定会发生极大的改变。

"影响能影响的，改变能改变的，从我做起，立即行动！"针对刘占兰老师的这句话，你当下可以做出哪些改变来保障幼儿享受到快乐而有意义的童年？你的行动足以影响我国幼教的整体发展水平。

三、自主游戏开展的实践问题与困境

自主游戏的开展既能满足幼儿游戏的天性，顺应幼儿发展的规律和特点，保障幼儿快乐而有意义的童年，又有助于发展幼儿的自主性和健全人格，推动幼儿在游戏中学习语言、艺术、科学，促进其身心健康和社会交往能力、适应能力的发展，可谓有百利而无一害！可是，横向来看，全国各地幼儿园自主游戏开展的现状却很难让人满意，很多幼儿教师把自主游戏看成理想状态，自己带班时还是会看紧了幼儿，好好上课。自主游戏在理论认知层面和实践层面仍然存在巨大的差距，需要我们所有的幼教工作者认真反思，寻找差距，积极改善。

（一）现状与问题：自主游戏距离我们还有多远

2019年6月，笔者对山东省幼儿园的游戏现状进行了一次网络问卷调查，共回收有效问卷21412份。在参与问卷填写的教师中，山东省占81%，广东、江苏、北京、浙江等省份的教师占19%。本次问卷调查的内容涵盖如下几方面：

* 幼儿园基本情况（幼儿园性质、类别、规模、师资配置）
* 游戏环境与玩具材料（空间大小、空间规划、绿化面积、玩沙玩水区域的设置、玩具材料投放及收纳）
* 游戏开展情况（包括户外和室内的游戏时间、一日活动中幼儿可以自主活动的时

---

① 摘自微信公众号"中国教育报学前周刊"中的《回归游戏 发现儿童："以游戏为基本活动"的内涵、形态、路径日益清晰》一文。

间、教师在幼儿游戏中发挥的作用等）
- 教师对游戏的认识、对"以游戏为基本活动"的认识、对影响自主游戏开展的因素的认识等
- 近两年本人参与的与游戏内容相关的培训等

2019年7月，笔者又在山东省的一个地级市的某个区对园长和教师进行了一次面对面访谈，访谈覆盖全区公办、民办各三个层级（省级十佳幼儿园、省级示范幼儿园、一般类别幼儿园各1所公办幼儿园；市级示范幼儿园、前期参与区域游戏项目试点的幼儿园、一般类别幼儿园各1所民办园）6所幼儿园的46位园长和教师（包括5年以下、5—10年、10年以上教龄的班主任和带班教师）。访谈的主要内容如下：
- 对"以游戏为基本活动"的认识和理解
- 对游戏生成课程的认识和理解
- 对什么是"好游戏"的认识和理解
- 对在幼儿园放手让幼儿自主游戏感觉到的"障碍"
- 在放手开展自主游戏方面期待得到的支持

在对问卷调查和访谈的结果进行简单整理后，基本可以得出如下结论。

1. 室内外游戏环境和玩具材料有所改善，但仍然存在诸多问题

游戏环境和玩具材料是幼儿园游戏开展的基本物质基础，没有良好的环境作为前提，再先进的教育理念也很难在现实中践行，所谓"巧妇难为无米之炊"。本次调查显示，大部分幼儿园的游戏环境有所改善，一般能基本满足幼儿室内外游戏的需要，但尚有部分幼儿园连最基本的游戏条件都不具备，存在诸多问题。

例如，户外环境方面：户外空间不足人均4平方米（基本标准）的幼儿园占调查总数的15.1%。其中，户外空间没有任何游戏区域，仅有一个操场放置滑梯之类的大型玩具的幼儿园占到9.6%；户外没有沙池区的幼儿园占19.8%；户外没有一个水龙头，幼儿没办法玩水或使用水的幼儿园占比高达25.6%；户外没有任何玩具材料和运动器械的幼儿园占0.9%，而户外仅有一个滑梯玩具，别的什么玩具都没有的幼儿园占4.8%。

实践链接：请你结合上述调查问卷的情况，审视一下自己所在幼儿园户外和室内自主游戏环境的现状，再结合第三章的内容看看近期可以为游戏环境的改善做些什么工作。

幼儿园户外游戏区域设置概况

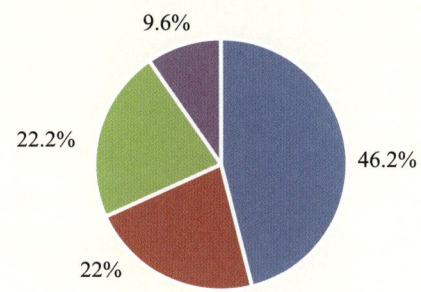

- 游戏区域各种各样，能满足全园幼儿开展各类游戏
- 游戏区域超过5个，基本能满足全园一半以上幼儿
- 游戏区域2～5个，基本上能满足2～3个班的幼儿
- 仅有一个操场，仅有大型玩具区（滑梯）

幼儿园户外沙池区设置概况

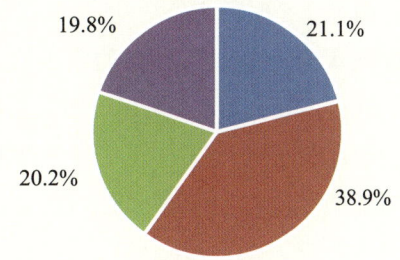

- 有多个沙池区，能满足至少2个班的幼儿同时玩
- 有一个较大的沙池区，能满足1个班所有幼儿同时玩
- 沙池区较小，仅能满足1/2个班的幼儿同时玩
- 没有沙池区

幼儿园户外玩水区设置概况

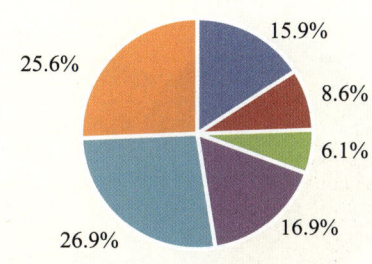

- 有一个以上玩水区，装有20个以上水龙头，供各区幼儿使用
- 没有专门的玩水区，但装有20个以上水龙头，供各区幼儿使用
- 在各处装有水龙头，尤其是沙池区、涂鸦区，共装设10个
- 仅在沙池区和涂鸦区装设3～10个水龙头
- 仅在沙池区和涂鸦区装设1～2个水龙头
- 没有一个水龙头，幼儿没办法玩水或者使用水清洁工具

幼儿园户外玩具材料和器械概况

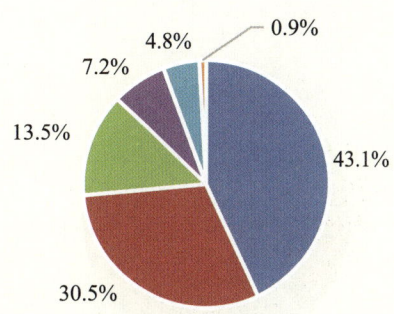

- 有各种各样富有变化并且可操控和移动的玩具、器械
- 有比较多的器械、玩具和材料，但以体能锻炼和运动性游戏的为主
- 有比较多的器械、玩具和材料，但可变化性、可移动性和可操控性不强
- 器械、玩具极少，且以自制和废旧材料为主
- 仅有一个大型滑梯，没有其他玩具材料
- 户外什么玩具和运动器械都没有

2. 多数幼儿园基本游戏时间可以保障，但仍有不少幼儿园教学占用太多时间

"以游戏为基本活动"的教育原则落地实施的基本要求，就是保障幼儿每天有充足的时间进行自由、自主的游戏。本次调查发现，现阶段有 61.4% 的幼儿园每天都能安排固定的、超过 2 小时的户外活动时间，而且至少有 1 小时的幼儿自由自主的游戏；有 81% 的幼儿园每天会有超过 1 小时的室内自主的区域活动时间。看得出，经过这些年的学习、培训和课程改革，《纲要》和《指南》精神的落实很有实效，大多数幼儿园重视调整一日活动内容和作息时间安排表，给予幼儿较多的自主游戏时间。不过，还有相当一部分幼儿园对于幼儿游戏的认识不足，基本游戏时间得不到保障，"以游戏为基本活动"还处于空喊口号阶段。

比如，每天户外活动时间不到 2 小时，活动内容主要是做操和教师组织的集体游戏的幼儿园占比达 12.4%；每天幼儿自由自在的室内游戏时间（即自由选择的区域活动时间）不足 0.5 小时的占 6%；全天幼儿自主活动时间不足 1 小时的幼儿园占比高达 19%；集体教学活动仍然是幼儿园中最重要的活动，有 14.5% 的教师表示"没有时间游戏，因为课程太多，教学计划进行不完"。

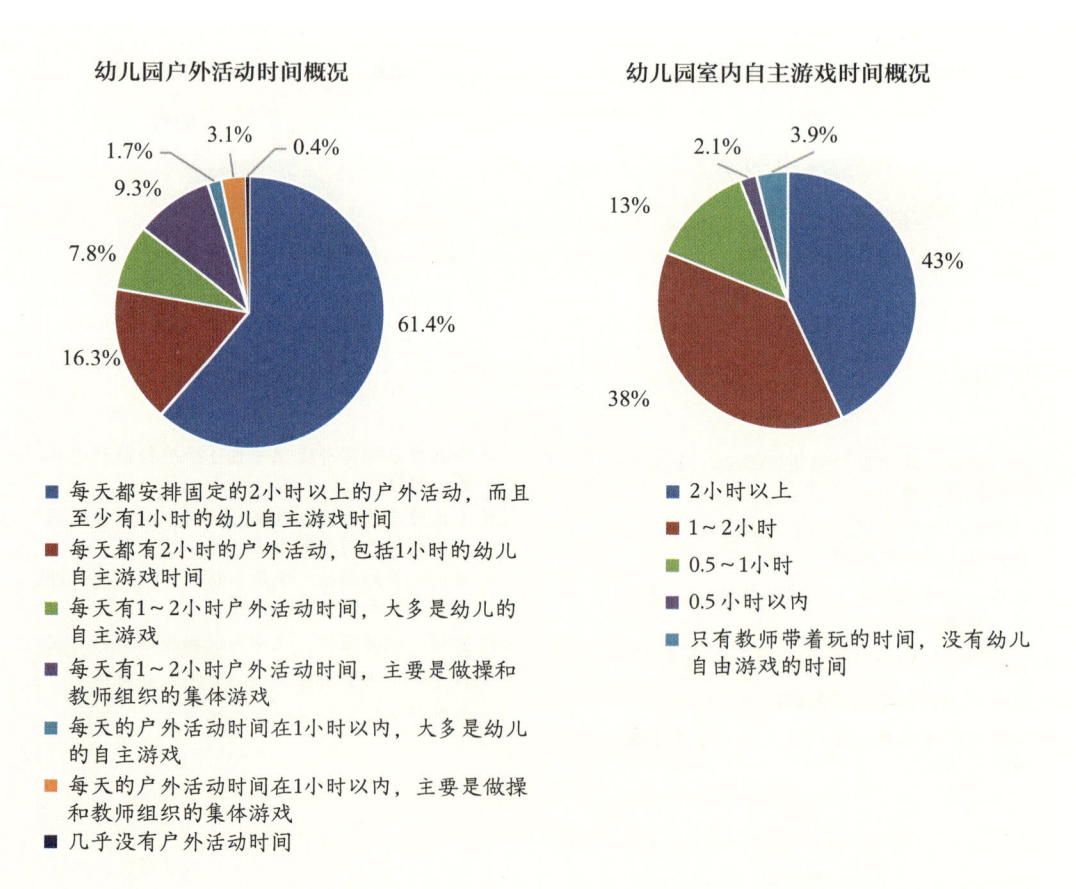

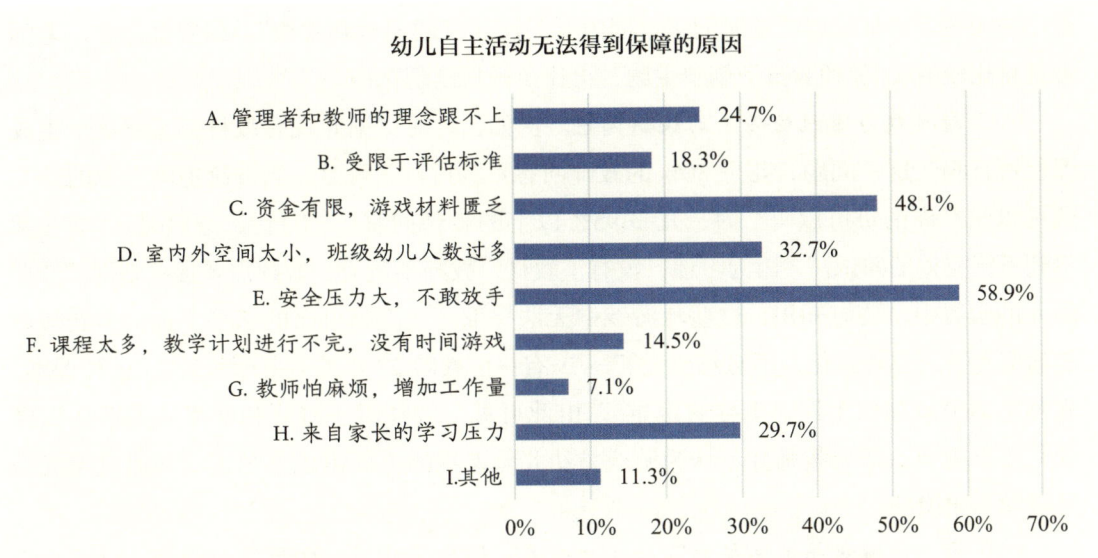

实践链接： 自主游戏的时间与幼儿园课程理念的转变有直接的关系，请在幼儿园教研活动时，组织大家一起认真审视自己幼儿园现阶段的一日活动流程，看看哪些环节是需要调整的，如何调整可以保证幼儿有充足的自主游戏时间，以及如何减少不必要的集体活动、如何减少不必要的消极等待现象等。

3. 对游戏的重要性认识到位，但实践中仍存在很多认识偏差

教师对游戏环境的创设以及游戏过程中的观察指导行为都受其认识和观念的影响，所以，本次调查也包括很多开放性的问题。除了运用问卷调查，还采用面对面访谈的形式进行，这样极易获取教师极具个性色彩的认识方面的信息。

在访谈中，几乎百分之百的教师都表达了游戏很重要和幼儿园"以游戏为基本活动"很有必要的观点。这说明，这些年的培训和对《纲要》《指南》的学习，已经让教师在认知层面对游戏与儿童发展的关系有了正确的认识，在儿童发展方面和保教规律方面的专业知识有所改善。但是，当这些观念与教师的实践工作相结合时，又会出现各种偏差和误区，具体表现如下。

（1）**对"好游戏"的认识偏差**。例如，针对"什么样的游戏是好游戏"这一问题，教师都会说"孩子喜欢参与，兴趣高"很重要，但同时一定会强调好游戏应该让幼儿在玩的过程中"提升能力，增长见识，培养好习惯""能让幼儿玩中学"。在让教师列举一个有趣的游戏案例时，一位教龄10年的教师举的例子是"认识相邻数"，一位教龄4年的教师举的例子是"小班学儿歌《青蛙》"，一位教龄26年的教研组长举的例子是"运用各种材料练习跳跃"……当笔者问教师"老师带着孩子玩更好，还是孩子自己玩更好"时，大多数教师的回答都是"孩子自己玩更好"，但当继续追问"你所在的幼儿园老师带着玩的时间更多一些，还是孩子们自己玩的时间更多一些"时，笔者得到的回答更多

是"一天中，老师带着玩的时间多，因为要关注孩子的安全和常规""因安全隐患，老师带着玩比较多""教师为孩子创建主题，再让孩子自己玩"……

（2）对游戏与课程的关系的认识偏差。例如，针对"抛弃现有教材，追随孩子生成课程可行吗"这一问题，几乎80%的教师回答："可行。"可是，当继续追问"你的幼儿园可以吗？你的班可以吗"时，几乎95%以上的教师回答："不行。"原因是："幼儿学不到系统完整的知识。""因为习惯，没有了教材，教师不适应，教师需要提前备课。""在幼儿的学习中，要有知识，这些从游戏中无法提取。""因为自己的水平不高。""老师可能驾驭不了，思想固化，不愿意改变。"……有一位教龄27年的业务园长说："丢掉课本，教师不知道该如何上课，引导有困难。"由此可见，教师对于游戏和课程的关系认识模糊，还有相当一部分教师并不认为游戏是幼儿园课程的重要组成部分，幼儿通过游戏是可以学到知识的。

（3）对"以游戏为基本活动"的认识偏差。例如，针对"您是如何理解'以游戏为基本活动'的"这一问题，很多教师的回答是："设置的课程、组织的教学活动都以游戏的方式进行。""在玩中学。""在课程中掺杂游戏内容，在游戏中加入课程知识，让幼儿感兴趣。"……也有相当一部分教师在访谈中无法回答"如何判断一个幼儿园是否做到了'以游戏为基本活动'"的问题，或者答非所问，比如，有的教师回答："可以通过看孩子的大运动能力的发展。""看环境是否温馨、师生关系如何。"甚至还有一位教龄10年的业务园长回答说："首先要有省编课程，从中挑选适合孩子的东西，运用到一日生活中。"

尽管针对开放性问题进行的访谈，其结果繁杂，难以统计，但这种面对面的访谈却帮助我们了解到一线园长和教师最真实的状况，倾听到他们最真实的声音，让我们抛弃盲目乐观的态度，认真去思考游戏的现状，思考可以给予不同的幼儿园、不同的教师什么样的具体支持和帮助。

实践链接：请尝试从自己班级的一日活动中选取几个游戏案例进行分析，看看什么样的游戏是"好游戏"，"好游戏"通常具备哪些基本特征，探讨如何让幼儿更多地玩"好游戏"，以促进其身心的健康发展。

4. 教师了解自身的角色应该改变，但在自主游戏实践中易偏向控制

《纲要》强调教师角色的改变，教师不仅仅是"教书育人"的人，"教师应成为幼儿学习活动的支持者、合作者、引导者"。不仅如此，在幼儿的自主游戏中，教师还应该是观察者、追随者、欣赏者、玩伴。为了更好地发挥支持者、引领者的作用，专业的教师首先要用心、细致地观察幼儿的游戏，能看懂幼儿的游戏，并能分析幼儿在游戏中的发展和遇到的问题，寻找恰当的教育契机，运用适宜的方式支持和推动幼儿更好地发展。

调查显示，68%的教师会自觉地观察记录幼儿的游戏行为，并生成适宜的教学内容；19.8%的教师尽管不一定能根据观察生成适宜的教学内容，但仍然会自觉地观察记录幼儿

的游戏行为，撰写观察记录，这是一个值得欣慰的巨大的转变。当然，这个数据可能有一些自我赞美的不够真实的成分，笔者个人也并不认为现实中会有这么高比例的教师能做到自觉观察和记录，但起码这个美好的数据说明了教师已经认识到观察对于自己工作的重要性。当然，调查也显示，有 8.1% 的教师在自主游戏时只顾看护幼儿的安全和纪律，顾不上观察幼儿的游戏。就笔者走过的幼儿园的现状来看，这个数据要远远高于 8.1%。

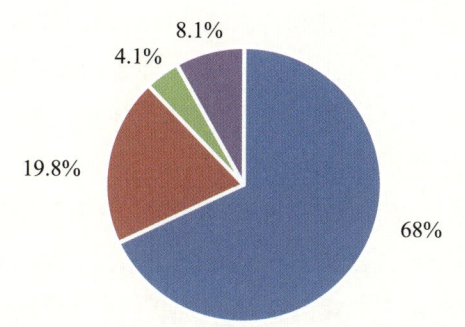

另外，调查还显示，有 21.1% 的教师认为每一块场地、每一样玩具材料，幼儿都应该按照要求去操作，不能让幼儿太随意地玩；有 7.2% 的教师认为，教师必须组织和指导幼儿的游戏，高水平游戏都是教师指导的结果。如此看来，现阶段教师在面对幼儿的自主游戏时，其实内心有很多"矛盾和挣扎"，信任和放手幼儿游戏、在游戏中基于观察来判断何时提供适宜的支持和推动并不是一件简单的事。"知道"和"做到"差距还是很大的。

实践链接：请反思，自己在过去一周的时间里曾经观察过哪几个幼儿？一般观察每个幼儿多长时间？是否对观察的内容做过记录和分析？这些观察和记录分析是否为你这周以及后面的教育教学工作提供过帮助？如果你感觉自己做得不够好，请从今天开始，让自己慢下来、静下来，每天至少认真观察三个幼儿，每个幼儿一次观察不少于 5 分钟。如果你能经常和同事们聊聊你的观察和你的分析，那就更好了。

5. 不同层级的幼儿园，在师资条件、游戏条件、游戏开展现状方面存在巨大差异

教育质量高的地域，幼儿园的师资状况普遍较好，教师具有科学的儿童观、教育观，专业知识和专业能力普遍较高，幼儿园关注游戏，尤其是关注自主游戏的开展，室内外开展自主游戏的物质条件也普遍较好，行政督导和评估也普遍关注游戏质量的提升。相反，在很多地域，相当多的幼儿园依然存在十分严重的小学化倾向，幼儿的自主游戏得不到应有的关注，游戏环境也不能满足幼儿的游戏需要，幼儿在园一日活动质量也较低。

任何一个地域的教育部门都会对幼儿园评级，不同层级之间的幼儿园也同样存在上面谈到的问题，这也是全国普遍存在的一种现象，需要引起广泛的关注，在后续的工作

中更多地向弱势地域和幼儿园倾斜，给予它们更多具体可行的支持和帮助。

实践链接：你的幼儿园在当地教育行政部门的分类评级中属于哪一个级别？你认为，这种评定是否有意义？评定标准是否合理？对幼儿园质量进行评价，最关键的内容应该是什么？请详细列举出来。

（二）困境与挑战：自主游戏尚需解决的难题

尽管自主游戏已经成为现阶段幼儿园教师都感受到的热潮，但在实际开展的过程中，教师们遇到过各种各样的困境和挑战，有些困难来自幼儿园内部，如管理者的理念和水平、教师的专业素养、课程质量、园舍和资金等，也有些困难来自外部大环境，如行政管理机制、教育评估、社会文化观念、家长育儿理念等。

人是一切社会关系的产物。任何一个人都不是在真空中生存和发展的，同样，幼儿园的课程和幼儿教师的教育行为也会受到内外诸多因素的影响。从自主游戏的本质特征和所需要的内外保障来分析，现阶段，幼儿园开展自主游戏仍需要面对如下困境和挑战。

1. "学知识"的传统教育文化与自主游戏的观念冲突

美国文化学家怀特认为，儿童降生于先于他们而存在的文化环境中，当他们来到世界上时，文化就统治了他们，赋予他们语言、习俗、信仰、工具等。① 自有学校教育以来，我们就赋予学校"传道授业解惑"的功能，教师即是"传道授业解惑"之人。我们的教育传统推崇的亦是"传道"，即教儿童做人，做有德之人，此为教育的"王道"；还有"授业"，亦即教儿童学业知识，此为教育的"术"，却也是自有学校考核机制以来备受追捧的，因为有明确的衡量标准，反而超越了"传道"，成为学校教育最重要的目标追求。

其实，如果注意观察，我们就会发现，在上幼儿园之前，不论孩子是由爸爸妈妈带着玩，还是由奶奶爷爷、姥姥姥爷带着玩，他们都会随时随地教授孩子学知识，比如，讲故事、学认字、学拼音、学英语，或者学数数、唱童谣、背诵古诗词……当几个家长和孩子聚在一起的时候，家长们热衷于让孩子们表演自己学到的"看家本领"，学得多的孩子自然会得到更多的夸奖和羡慕，于是，家长们便会变着法用"别人家的好孩子"来"激励"自家的孩子去学更多的知识。我们不得不承认这种文化和教育传统的强大力量。

幼儿园自开办以来就属于学校系统的一部分，所以，同样秉承的教育传统是"教书"与"育人"。无论现阶段我们如何强调幼儿身心发展的特点和幼儿教育的特殊性，无论我们如何强调游戏对儿童发展的重要性，都需要首先与成人文化中对"教书"与"学知识"的执着追求较量，打破幼儿园不单纯教孩子们"学知识"的认识，重建对幼儿教育的合

---

① 怀特. 文化科学［M］. 曹锦清，等译. 杭州：浙江人民出版社，1988.

理期望。

* 幼儿园阶段是形成好习惯的关键时期。
* 幼儿园阶段是人格塑造的关键时期。
* 幼儿园阶段是启迪好奇心、塑造学习品质的关键时期。
* 幼儿是在游戏和生活中学习的。
* 游戏本身就是最好的学习路径。
* 幼儿是通过直接感知、亲身体验、实际操作来学习的。

实践链接： 请与你身边幼教圈之外的至少三个人交谈，了解他们对于幼儿园教育的认识。请你和他们专门谈谈儿童经典诵读的话题，看看他们如何看待幼儿大量背诵古诗词的问题。

如果你班级的某位家长找你，要求你的班级多教幼儿认字、学英语、学拼音和数学，不

四川省乐山市实验幼儿园（图片来自"人文幼学"）

幼儿在玩水的游戏中探究和学习

要老让幼儿玩，免得上小学跟不上，你会如何应对？请尝试在开家长会时做一场演讲，演讲的主题可以参考"游戏与幼儿学习"或者"游戏让幼儿更智慧"。

2. "乖孩子"的养育文化与游戏中的自主性的观念冲突

中国孩子在成长的过程中大都听过这句话："一日为师，终身为父。"它表达的是对教师的敬仰和尊重之情。本书成稿的当下正是教师节，笔者也在重新思考这句话的含义。是的，只有重视教育、敬重教师，这个国家才会有发展的前途和美好的未来。可是，教师应该是一个什么样的"父"的角色呢？这样的"父"与"子"又该是一种什么关系呢？

在 20 世纪出生和成长的很多人对于"严父"的记忆可能超过"慈父"的记忆，而且不仅仅是"严与慈"的问题，更是父母的教育是否缺位的问题、是否具有尊重儿童的理念、是否具有教育智慧的问题。此外，中国的父母和教师一样，往往最喜欢这样的孩子：学习成绩好和乖顺听话。在孩子进入幼儿园的教室之前，爸爸妈妈总要反复叮嘱他"要好好听老师的话啊"……离园时间，把孩子交给父母的时候，教师也会叮嘱一声"好好听爸爸妈妈的话啊"……是的，乖顺听话的孩子＝好孩子，这种养育文化与我们几千年的传统文化一脉相承，已经深深镌刻到我们的基因里了。

从古希腊开始的西方文明就有对于"自由人"的追求，自由、独立和契约文化是西方文明的核心内容，中国文化则推崇君君臣臣、父父子子的伦理纲常。中国传统家庭是以成人为中心的家长制文化，这种文化的平衡保持需要依靠成人的权威，所谓"长幼有序，不可紊乱"，只有这样才有助于维持传统农业文化的"经验"和"传承"。这种文化尽管经历了多次的洗礼和冲击，已经被改变了很多，但在教养儿童方面，成人却依然顽强地保存自我的"高大形象"，不管几岁的孩子，都最好乖乖地听话。是否"听话"成为评价一个孩子是否懂事、是否值得赞许，或者是否需要批评、加以管束的主要标准。

抛却文化影响，教养孩子时要求其乖顺听话，是否也与成年人的自我中心和自私有关系呢？（听话的孩子不仅好管，省心省力，还能满足成人的权威感）……

由于幼儿身体柔弱、认知水平较低、道德发展处于他律阶段、情绪化等因素，在与重要他人的互动中处于被管理者、"听话者"的地位，他们扮演的是幼稚、"弱者"的角色。[①] 幼儿的自我概念是在与重要他人的交往中形成的，他们对自己的认识几乎依赖其他人的看法。当我们长期要求幼儿乖顺听话时，幼儿就会逐渐认同"乖顺听话"的自我镜像，以获得安全感和赞赏，或者避免惩罚。长期的"乖顺听话"必然压制和消耗其蓬勃的生命能量，使其成为被动、依赖、缺乏主见、不会思考、没有行动力量的个体。

自主游戏追求的价值观是独立、自信、自主、探索，自主游戏中的幼儿应该是被充分信任和放手的，自主游戏应该追求幼儿主体性的发挥，教师需要退后、再退后，把游戏选择权

---

① 张国平. 幼儿的自主游戏[M]. 北京：中央编译出版社，2017.

交给幼儿,把发现和解决游戏中问题和纠纷的权利交给幼儿,把结成游戏团体、合作规划和设计自己的游戏交给幼儿……可是,现实中,教师却很难做到,因为教师会认为孩子们不会、不懂、不能,所以孩子们最好还是乖乖地听老师的安排和指挥。其实,从内心深处讲,放手让幼儿自主游戏,教师内心里很怕——怕孩子们再也不服管了,不听老师的话了,乱了套。

所以,要解决这些困扰,需要帮助教师和家长消除对于自主游戏中"自主"一词的误解。尊重儿童,以儿童为本,不等于让儿童自由散漫,想干什么就干什么。尽管很多幼教人都会引用卢梭的话,即"大自然希望儿童在成人之前就要像儿童的样子",但我们也不能由"儿童本位"走向无限的"儿童崇拜"。自主游戏的目标是把儿童从自由引向自主地成长,发展出个体的强大生命能量。20世纪40年代,陶行知先生提出的教育孩子的"六大解放"观点,对于我们今天的幼儿园开展自主游戏仍然具有启迪意义。

* 解放他的头脑,使他能想;
* 解放他的双手,使他能干;
* 解放他的眼睛,使他能看;
* 解放他的嘴,使他能谈;
* 解放他的空间,使他能到大自然大社会去取得更丰富的学问;
* 解放他的时间,使他做自己喜欢做的事。

"解放"幼儿的目的是让他们自己"能想、能干、能看、能谈、能学习",成就幼儿个体自我成长的能力。

教师和幼儿一起玩的美好场景

山东省德州市跃华学校幼儿园

实践链接： 下面的案例来自一位幼儿园教师，请谈谈你对这个案例中教师说的"幼儿游戏水平低"的看法，你同意下面教师的指导吗？

由于幼儿的能力有限，他们的游戏经常处于比较低级的阶段，比如，"小餐厅"游戏中，孩子们只是忙于做饭，而且秩序比较混乱，没有明确的分工。教师应该指导幼儿的游戏，帮助幼儿进行合理的分工，比如，有人负责切菜、炒菜，有人当服务员，有人负责送外卖……这样，游戏内容就会很丰富。

3. "安全与风险"对自主游戏的禁锢

山东省德州市跃华学校幼儿园

尽管爬树有一定的风险，但是对幼儿是难得的探索和体验

每一个儿童成长的过程都会伴随身体的磕磕碰碰，尤其是6岁以下的孩子。归结起来，主要原因如下。

* 幼儿具有活泼好动的天性和生命运动的本能。
* 6岁以下的幼儿身体发育不够完善，动作的协调性、灵活性、平衡性欠佳。
* 幼儿喜欢打打闹闹的游戏，有时候分不清轻重，有时候很难把控局面。
* 幼儿的神经系统易兴奋，难抑制，自我控制能力较差。
* 幼儿的知识经验有限，对自己的行为后果缺乏预见性。

自主游戏意味着幼儿有充足的自由来选择游戏地点、游戏内容、玩具材料和玩法，也意味着需要承担一定的风险，因为幼儿需要在活动中提高身体素质，提升动作的灵活性、协调性和平衡性,包括柔韧性、速度和力量,以避免今后在运动和游戏时遭受更多失败,承担更大风险。幼儿也需要在自主的游戏中探索风险边界和自己的力量,积累保护自己不受伤害的经验。

但是,从独生子女政策开始的中国式育儿,父母的陪伴时间越来越长(父母忙碌时,还有祖父母辈的陪伴),看护得越来越细致,不想让孩子有任何受伤的风险,当然也不会放手让孩子外出独自玩。自 20 世纪 70 年代以来,孩子们的活动半径(指家附近孩子可以不受监督地玩耍的范围)比原来缩小了 90%[①]。

上图[②]中没有 2020 年的状况。实际上,伴随中国城市化进程和互联网技术的加速发展,现状要比上图中呈现的数据更为糟糕。现在,城市中的家长几乎没人敢放手让孩子下楼自己玩,哪怕是在一个安全的、封闭管理的小区,一定都是家长看管着玩,而且几乎寸步不离。这种养育观念和行为的结果,就是家长对孩子的安全越来越不放心,而孩子个人的行动能力和自我防护意识及能力也越来越差。

当幼儿 3 岁之后进入幼儿园,因为动作发展不好、运动能力差、自我防护意识低,在开放的运动和群体游戏中自然就很容易发生受伤事件,而这些事件无论大小都可能被家长无限放大,甚至有可能闹上媒体和法庭。于是,幼儿园便越发小心起来,承受不起孩子受伤的任何风险。

笔者通过问卷调查发现,无论是室内还是户外,教师都不敢让幼儿自己随意活动,怕出安全问题的占 7.3%。就笔者走访过的幼儿园来看,实际数据可能要高很多,这也意味着幼儿在幼儿园一整天的时间都被教师严格看管,很难自主行动,自主游戏更别提了,挑战和冒险的游戏也几乎不可能。

[①][②] 罗柏,缪,理查德森. 学伴自然:儿童户外游戏与活动指南[M]. 田梦宁,译. 南京:南京师范大学出版社,2018.

幼儿园自主活动和集体活动概况

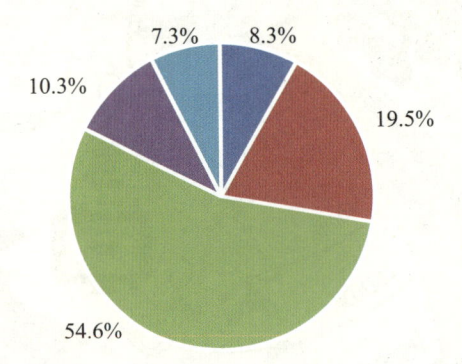

- 一天中幼儿都是自主活动，可以自由安排，几乎没有集体活动
- 除了生活环节会集体行动，其余的时间幼儿自由安排
- 除了生活环节，每天还会安排1~2次集体教学活动或者主题谈话活动
- 只有户外活动时，幼儿可以自由玩，其余时间一般都是集体活动
- 无论室内还是室外，教师都不敢让幼儿自己随意活动，怕出安全问题

在关于游戏的调查中，教师自述开展自主游戏最大的障碍，占据第一位的就是"安全压力大，不敢放手"，占比高达58.9%。

安全的压力不仅来自家长，还来自各种社会媒体。只要某所幼儿园发生一点什么事情，某些媒体就会大肆渲染，社会舆论形成的巨大压力很容易吞噬幼儿园和教师放手让幼儿自主游戏的信心，如果再加上某些地域的行政领导"不作为"，只追求自身"无过"，不承担任何责任，无视幼儿身心健康发展的质量，一味地要求幼儿园平安就好，那么，幼儿园开展自主游戏就会难上加难。

幼儿园看护好幼儿，避免其受到伤害，理所应当；把幼儿的安全和健康放在幼儿园工作的首位一直是《规程》《纲要》和《指南》反复强调的原则，但是，过度保护则会形成禁锢，长远来看会严重地伤害幼儿的身心健康发展。

英国儿童教育思想家蒂姆·吉尔在其发表的文章中列举了一个爬树的例子。请认真思考这个例子，感受冒险游戏中幼儿的收获和发展。

爬树——首先要计划一下如何开始，然后一点一点地往上爬，每一步都要进行力量测试。微风拂过脸颊，也带动着树下的树枝轻轻摇曳。透过树叶的缝隙窥看变化的风景，想象着自己成为这片丛林的国王或者王后。一旦爬到自己能到达的最高点，那就感受一下"君临天下"的滋味吧！你可以大声向下面的朋友们呼喊，享

山东省德州市跃华学校幼儿园

爬上高高的树杈瞭望，感受"君临天下"的美妙滋味

受那360度的全景视野。所有这些都是室内活动无可比拟的。

面对孩子的冒险行为，家长和教师应当考虑为何以及如何去规避危险，并控制自己的恐慌，以避免把它传递给孩子。①

4. 教师的专业素养与自主游戏的要求之间的距离

自主游戏强调放手让幼儿自己玩，听起来很简单，谁不会呢？可是，自主游戏在幼儿园属于课程的一部分，不等同于家庭中的让孩子自己玩，不等同于自由随意玩，幼儿园里的自主游戏应有助于幼儿主体意识、自主能力的发展，有助于幼儿身体、社会性、语言、科学、艺术等各方面的发展。教师需要掌握幼儿心理发展方面的专业知识，能够读懂幼儿在游戏中表现出来的行为，能够抓住幼儿游戏的那些难得的契机，适恰地推动幼儿独具个性的发展。

《幼儿园教师专业标准（试行）》提出，幼儿教师应该具备以下七大专业能力：

* 环境的创设与利用
* 一日生活的组织与保育
* 游戏活动的支持与引导
* 教育活动的计划与实施
* 激励与评价
* 沟通与合作
* 反思与发展

尽管"游戏活动的支持与引导"只是七大专业能力中的一项，但因为幼儿园是以游戏为基本活动的，所以，幼儿教师的其他专业能力都与游戏有着密切的关系，比如，"环境的创设与利用"的能力就包括游戏环境的创设与利用，而且"游戏环境的创设与利用"是教师环境创设和利用的最重要的内容。

受传统职前、职后教师教育和评价机制的影响，幼儿教师普遍比较重视教育教学活动的组织与指导，日常教研的重点也是一日生活管理和教育教学，比如，2013年，胡祥云所做硕士学位论文《幼儿教师专业能力现状的调查研究——以济南市为例》，采用随机抽样的方法，选取济南市392名在职幼儿教师作为研究被试，了解济南市幼儿教师专业能力的现状，调查研究得出的结论是：幼儿教师教育活动计划与组织的能力得分最高，第二是一日生活组织的能力，第三是沟通与合作的能力，第四是激励与评价的能力，最后是反思与发展的能力。②很遗憾，这个研究对于幼儿教师专业能力的界定，没有包

---

① 罗柏，缪，理查德森. 学伴自然：儿童户外游戏与活动指南［M］. 田梦宁，译. 南京：南京师范大学出版社，2018.
② 胡祥云. 幼儿教师专业能力现状的调查研究——以济南市为例［D］. 荆州：长江大学，2014.

含"游戏活动的支持与引导"能力。从知网搜寻相关文章时也发现同样的问题，很多前期的研究资料，在关于幼儿教师专业能力的构成中，极少有对幼儿教师游戏观察与游戏支持能力的相关研究资料。这也从另一个侧面反映了我们对于幼儿教师专业能力的认识是有偏差的。

游戏活动与教育教学活动的很大区别在于，计划性和结构性的高低不同，教学活动通常来自教师的预设，具有明确的目标设定和教学流程设计（具体表现为教师的教案设计），所以教师在执行的时候会很有把握；但幼儿的自主游戏很难提前预设，也很难设计流程。游戏具有的这种模糊性、即时性、变化性经常令教师惶恐，想要指导时却感觉无从下手，不指导又感觉自己没有尽到职责。

幼儿教师对于游戏引导的这种无助感，其实很大程度上来自对幼儿的行为缺乏观察，对幼儿的发展缺乏研究。在另外一项针对幼儿教师的"幼儿研究与支持"能力的研究中，强调"幼儿研究与支持"能力指教师借助科学的行为观察分析技术，深入理解幼儿的学习与发展，并在此基础上提供适宜的教育支持。研究发现，我国幼儿园教师"幼儿研究与支持"能力水平参差不齐，整体水平不高，相关的教育培训也很少。[1]这项研究的结果可以直接迁移到我们这里提及的影响幼儿教师"游戏活动的支持与引导"的因素，教师对于"幼儿研究与支持"与对幼儿"游戏活动的支持与引导"的能力直接相关。

上面这项研究主要涉及初级水平的教师在"幼儿研究与支持"方面呈现出来的特点和相应职后培训课程框架的建构。

初级水平的教师在"幼儿研究与支持"方面呈现以下特点。

> 幼儿观察以"看护"为主要目的，观察内容单一、随意，观察记录方法以拍照为主。在观察分析上，主要是对幼儿行为的二次主观描述、总结，意识不到将观察分析结果与自身的教育行为联系起来，更无法据此提供适宜的教育支持。在教育过程中，教师们对幼儿学习的认知存在误区，不清楚幼儿学习的特点，过度强调教师教学的重要性。此外，教师们对幼儿的年龄特点了解甚少，在工作中不会运用，也不了解幼儿个体差异的表现，难以做到尊重幼儿的个体差异。[2]

如此说来，自主游戏的观察和适宜的引导，绝非易事。其实，它对幼儿教师的专业素养要求更高，需要教师做到会观察、分析，能反思、迁移应用，能在变幻莫测的幼儿自主游戏中巧妙地引领和推动，实现幼儿园课程的生活化、游戏化、综合化和整体质量的提升。

实践链接：很多教师会说："我不会观察和分析幼儿的游戏行为。"请问，主要原因是什

---

[1][2] 徐小妮.「幼儿研究与支持」教师职后培训课程框架的建构与验证[D]. 上海：华东师范大学，2019.

么？你如何看待现阶段的教师培训工作？如果请你为师范学校学前教育专业设计课程，你认为核心的专业课应该有哪些？如果请你设计你们幼儿园一年的培训课程，你会如何设计？如果请你设计你们幼儿园一年的教研活动主题，你会如何设计？

5. 标准化的管理与统一的评价要求对自主游戏的限制

自主游戏最核心的精神是平等、尊重、愉悦、创造，是对幼儿天性的尊重，是对幼儿主体性的认可，这样的精神滋养需要大环境和小环境的共同努力，需要一群人——一群有主体意识和平等精神的教师，在每日与幼儿共同的生活中相互滋养……可是，我们不禁要问，这样具有主体意识和平等精神的教师从何而来？经历了十几年被动灌输知识的学校教育之后进入幼儿园做教师，管理者给予了他们怎样的引领和启迪？幼儿园又制定了怎样的制度来进行规范？营造了怎样的文化来熏染他们？

面对自主游戏的挑战，需要转变理念和反思的不仅有教师，还有管理者，包括各级教育行政管理人员和幼儿园内部管理者，他们应该更多地承担起专业引领者和服务者的角色，而不仅仅是简单地下达命令和通知。

如果自主游戏强调的是尊重幼儿，跟随幼儿的节奏，那么在幼儿园一日活动安排方面是否应该更具有灵活性，课程方面更具有班本气息，评价方面更具有人文色彩？虽然有些标准化的管理与统一的评价要求是需要的，它是幼儿园保教质量的基本保障，但更多的时候应该放权，让幼儿园拥有更多自主权，让每个班级的教师有更多自主权。就像我们放手幼儿，看到孩子们伟大的创造一样，也只有放手教师，我们才会看到幼儿与教师共同创造的独具个性的幼儿园课程。

实践链接： 笔者发现有些区（县）教育行政部门或教研部门给各幼儿园下通知，要求全区（县）幼儿园必须执行传统文化教育课程，或者一些听起来很高大上的课程，比如品格教育课程、礼仪教育课程、非物质文化遗产课程等，对此，你怎么看？另外，还有一些幼儿园写了自己的园本课程，要求教师都按照园本课程方案开展每日活动，对此，你怎么看？你认为，能够体现自主游戏精神的课程应该是怎样的？请你和教师一起交流这些话题。

如果有一天园长走到你的班级发现你没有按照周计划表上的安排进行相应活动，也没有按照作息时间表来安排活动，按照幼儿园评估办法要扣你的分，你会怎么做？

6. 大规模园所及大班额带来的管理困境

> 第十一条　幼儿园规模应当有利于幼儿身心健康，便于管理，一般不超过360人。幼儿园每班幼儿人数一般为：小班（3周岁至4周岁）25人，中班（4周岁至5周岁）30人，大班（5周岁至6周岁）35人，混合班30人。寄宿制幼儿园每班幼儿人数酌减。
>
> 幼儿园可以按年龄分别编班，也可以混合编班。

以上是《幼儿园工作规程》对招生编班的要求，这样的规定是从幼儿的年龄发展特点和幼儿园教育的需要出发进行的规定，这也是高质量幼儿教育的一个基本前提。从基本常识来看，一个幼儿园班级太多，规模太大，就可能导致管理跟不上，出现管理漏洞；一个班级人数太多，教师就很难观察和看护到每个幼儿，做到因材施教几乎不可能；让教师放手幼儿自主游戏，教师不敢；让教师观察幼儿，做好幼儿成长的观察记录，教师顾不上。

可是，现阶段，很多公办幼儿园的现状却不容乐观。一些地方行政管理僵化、追求形式上的浮夸，幼儿园的规模动辄20个班以上，幼儿人数超过千人。很多公办幼儿园班额过大，每个班幼儿人数超过40人，甚至50人、60人以上。在这样的幼儿园开展自主游戏确实是一种难以想象的挑战，尤其是教师看管孩子们的安全已经很累了，怎样让他们放心地让幼儿自主地游戏？又怎样在这么多的孩子中确定观察对象、追踪观察幼儿、书写游戏观察记录，再研讨追随游戏生成课程……如果在某些乡镇幼儿园和某些民办幼儿园，还可能存在教师不足的问题，一个班级不能配备两位教师和一位保育员，他们又该如何应对自主游戏的挑战？

实践链接：请尝试把你班级的所有幼儿分成三个小组，班级三位教师各带领其中一组幼儿开展活动，请问与全班幼儿一起活动相比，你的感觉有什么不同？你是否想要在你的班级继续这种小组活动模式？

7. 幼儿园游戏环境的单一与玩具材料的匮乏

前面的调查数据显示，48.1%的教师认为开展自主游戏的主要障碍来自"资金有限，游戏材料匮乏"，苦于"巧妇难为无米之炊"，因为环境和玩具材料是开展自主游戏的基本物质基础。在很多培训中，我们强调教师理念的转变，强调教师放手，但是，教师放手之后，孩子们在哪儿？在做什么？是否可以获得有意义的游戏体验？是否可以通过自主的游戏获得高质量的发展……所有这些问题还取决于幼儿园户外和室内游戏环境如何，是否具有高品质的玩具材料，玩具材料是否具有引发幼儿有意义游戏的可能，是否具有探究性、变化性和创造性，是否能支持和推动幼儿反复地玩、深入地探索……而现阶段很多幼儿园存在游戏环境单一、玩具材料匮乏，或玩具材料品质不高的问题，这些问题与资金有限有关系，也与我们对于什么是好的游戏环境、什么是好的玩具材料的认识有偏差有关系。

另外，还有一个问题值得一提，即现阶段城市小区配套幼儿园在建设时，没有充分考虑幼儿园对于户外游戏的需要，户外面积普遍较小，尤其是中大型城市，地价较高，幼儿园在配套建设时，建筑面积足够，户外游戏面积却严重不足。

总之，尽管自主游戏在很多地域和幼儿园开展得轰轰烈烈，但从全国层面来看，幼儿园的自主游戏仍然存在各种问题和困境，需要各方力量同心协力做出努力，方能更好地往前走。

小　结

本章核心内容如下。

- 自 1903 年我国第一家蒙养院建立，游戏进入幼儿园，一百多年的幼教发展历史也是以儿童为本教育思想的实践探索历程。尊重儿童就需要尊重儿童的自主游戏。
- "以游戏为基本活动"既强调保障幼儿自由自主的游戏活动，也强调游戏精神贯穿幼儿一日生活，这也是幼儿幸福而有意义的童年保障。
- 改革开放以来的幼教改革呈现出百花齐放的局面，涌现出像"安吉游戏"这样优秀的范例，值得全国幼教人学习和借鉴。
- 审视现阶段幼教实践中的游戏现状，许多问题尚存，面对诸多困境，只有各方力量合作努力，才能有所突破。

四川省乐山市实验幼儿园,图片来自"人文幼学"

第三章

自主游戏的环境创设

> 在教育上,环境所扮演的角色相当重要,因为孩子从环境中吸取所有的东西,并将其融入自己的生命。
>
> ——玛利娅·蒙台梭利

《纲要》指出:"环境是幼儿教育中重要的资源,教育工作者应该通过环境创设促进幼儿的全面发展。"环境是儿童的第三位老师,自主游戏突出幼儿的自主性表现与主体性发展,因此适宜的环境创设尤为重要。

一、环境创设:幼儿自主游戏的基础与前提

幼儿的游戏在很大程度上受到眼前情境和刺激物的影响,不一样的情境和刺激物会引发不一样的游戏。因此,环境是幼儿自主游戏的基础与前提,它对于幼儿游戏活动的开展具有重要的意义和价值。

(一)满足幼儿的游戏兴趣和需要

幼儿是独立的个体,他们的兴趣和需要既有年龄特点,又存在个体差异。因此,适宜的环境可以为幼儿提供不同的支持,满足自身的各种需求。比如,开放的、功能不固化的空间可以满足幼儿玩各种游戏的需要;不同层次的材料可以满足不同幼儿的兴趣和需要;自然野趣的材料易于引发幼儿的挑战性游戏等。

(二)引发丰富多样的游戏

适宜的环境可以激发幼儿头脑的灵活性,促使幼儿以多元的方式投入环境,产生丰富多样的游戏行为。比如,户外的帐篷、树屋、桌椅等有助于引发角色游戏;一个小平台、几条小纱巾有助于引发表演游戏;积木、平坦的空地有助于引发建构游戏,等等。

同时，丰富多元的环境也能激发幼儿在同一类游戏中产生不同的游戏主题和内容，生成多样的游戏情节，使幼儿的自由天性得以表现，积极性、主动性、创造性得到充分发挥。比如，沙池中通常是幼儿玩沙的游戏，但若投放类似锅碗瓢盆这样的生活用品就可能引发幼儿的过家家游戏；如果再增加一些模具或更多低结构的材料，如木块、管子、木板、树枝等，就可能引发幼儿更具个性特点或丰富多彩的游戏情节……

山东省淄博市市直机关第三幼儿园

丰富多元的材料投放可以引发丰富多样的游戏

（三）支持和推动幼儿全面发展

游戏环境蕴含了各种学习的契机。当为幼儿提供了适宜的环境时，就能引发他们参与到能促进自我发展的各类活动中，如计划、讨论、建构、表达、想象、创造、合作和解决问题等，从而促进了幼儿的身体、认知、社会性和情绪情感的全面发展，而不仅仅是某一个方面或某几个方面的发展。

（四）让幼儿的游戏自主而有序

适宜的游戏环境以及摆放有序、便于取放的游戏材料，能为幼儿提供自主选择和自由支配的空间，吸引幼儿参与其中，更加专注投入。在这样的游戏环境中，幼儿的游戏既自由自主，又灵活有序。

山东省德州市跃华学校幼儿园

大树、落叶和白色纱巾把幼儿引入丰富多彩的游戏之中

二、支持游戏：环境创设的理念与基本原则

幼儿的游戏离不开环境的支持与推动，因此，创设游戏环境需要紧紧围绕"支持游戏、促进发展"的理念和基本原则进行，尽可能避免以成人的视角创设游戏环境，避免环境、材料的单一匮乏，缺乏变化等问题。为此，幼儿园在创设自主游戏的环境时需要遵循以下理念和基本原则。

（一）幼儿为本，推动发展

尽管"以游戏为基本活动"的理念已经为广大的幼儿教育工作者所熟知，管理者也在幼儿园的环境创设方面花费了很大力气和资金，但是他们往往还是会受不适宜的评估检查标准的影响，或一味模仿别的幼儿园，而忽略幼儿的发展特点和自主游戏开展的需要。

幼儿园教育最根本的目标是促进幼儿的发展，所以，在创设幼儿园环境时应基于儿童视角，立足每个幼儿的发展，对幼儿园的游戏环境进行如下审视：

* 幼儿的发展特点是怎样的？
* 不同发展特点的幼儿有什么样的游戏需要？
* 我们期待幼儿实现什么样的发展？
* 怎样的环境能满足幼儿的需要、推动幼儿全面发展？
* 幼儿园中哪些环境和材料限制了幼儿自主性、创造性的发展？

……

教师需要时时刻刻从幼儿的视角来审视幼儿园的环境，要创设既能满足幼儿当下的兴趣和需求，又能促进幼儿持续发展的游戏环境。教师既要了解3—6岁各年龄段幼儿的一般发展特点和水平，又要了解每个幼儿已有的不同生活经验，同时需要关注有特殊需要的幼儿和不同个性的幼儿，比如，针对身体有残疾的幼儿，我们要思考如何帮助他们参与到正常幼儿的游戏中；针对胆小、喜欢安静的幼儿，我们是否需要增加相对私密的空间，等等。

实践链接： 作为教师，请你尝试从不同的角度对班级环境进行审视，比如，在教室门口或娃娃家的小桌旁蹲下来看。你看到了什么？感受到了什么？请把自己想象成一个胆小安静的幼儿，或者一个活泼好动的幼儿，你会更喜欢哪一个空间？你是否被环境和材料吸引？你会如何与这些环境和材料互动？你是否感觉到舒适？你是否有存在感和掌控感……这样的换位体验和审视，是否让你对儿童、对游戏环境和材料有了更深刻的体会和感悟呢？

（二）开放多元，激发创造

幼儿期是一个充满好奇和想象的时期，这个时期的幼儿总是会表现出广泛的兴趣和强烈的求知欲，他们对外部世界充满了热情，他们生活的环境和身边的材料会在很大程度上影响他们的游戏内容。

强调"开放多元"的游戏环境创设，一方面是指游戏环境和材料本身的多元化和开放性，开放多元的材料能满足幼儿多种多样的游戏需要，能激发幼儿的想象和创造；另一方面是指教师能够信任幼儿，放手让幼儿自由使用空间和其中的玩具材料，自己决定在什么地方、玩什么、怎么玩，成人不做过多的限制。

实践链接：请在自己幼儿园的游戏环境中慢慢走一圈，看看这样的场地有助于引发幼儿的哪些游戏？幼儿可以自由地从一个场地到另一个场地吗？幼儿可以自由取放、使用这些玩具材料吗？这些设施设备和玩具能否满足全园幼儿自主游戏的需要？是否能满足精力旺盛、喜欢冒险的幼儿的游戏需要？是否能满足那些喜欢安静游戏的幼儿的需要？这样的游戏环境和材料能否激发幼儿的想象和创造……

（三）追随幼儿，互动共生

幼儿园的游戏环境应该具有一定的稳定性，稳定的环境有助于幼儿感到安全和熟悉，形成内在的秩序感。但是，教师还应该根据在自主游戏过程中对幼儿的观察，紧紧追随幼儿的兴趣和需要，不断调整和完善游戏环境和材料，审视其适宜性和发展引领性。

一般来讲，在每个学年（学期）开学前，教师可以根据班级幼儿的年龄特点和课程需要重新对班级环境进行规划布局，玩具材料也需要进行较大的调整；在每个月或每个新主题开始前可能需要对个别空间进行调整，对玩具材料进行梳理；在每周五或周一还需要根据本周活动进行微调；如果可能，在每天幼儿来园前或幼儿离园后，教师可以对班级环境进行检视，适当调整玩具和材料。

环境会影响幼儿的行为，进而影响幼儿的发展。幼儿园环境是在生活过程、课程生成和实施的过程中不断互动生成的，它不是孤立存在的，也不是一成不变的，而是伴随整个教育过程追随幼儿，互动共生、动态变化的。

实践链接：请反思一下，自己班上的环境和玩具材料有多久没有被用心调整过了？为什么？如果后期需要进行调整，你的依据是什么？需要哪些支持？请列出近期环境和材料的调整清单。

（四）因地制宜，融入自然

随着城镇化进程的加速，幼儿与自然接触的机会越来越少。同时，尽管大多数幼儿每天在幼儿园的时间超过8小时，但他们真正在户外、在自然中自由自主的游戏时间却很少。因此，"自然缺失"现象在当下的幼儿群体中是比较突出的。

陈鹤琴先生很早就提出："不要让孩子一天到晚在室内玩弄玩具。我们知道室内的空气，远不如野外的新鲜，常在室内活动，是不合健康原则的，并且室内一切的物品，都是静的、呆板的。野外的花、草、树、木、虫、鱼、鸟、兽多么活泼可爱！"大自然是幼儿天然的游戏场，在幼儿园创设一个贴近自然、充分利用自然元素、支持幼儿与自然亲密接触的游戏环境极为重要。充满自然气息的游戏环境能让幼儿获得更多与自然互动的机会，滋养幼儿的灵性，激发幼儿的想象与创造，坚强幼儿的意志，强健其体魄。

秋日阳光下，幼儿自在惬意地玩着

实践链接： 请站在一棵树下静静地感受阳光透过树叶洒下来、微风轻轻吹过的感觉，转头看看自己幼儿园的户外环境，你觉得哪些地方更凸显自然性、让你感觉更舒适？你觉得如何改造自己幼儿园的户外环境会更贴近自然、更贴近孩子们的游戏需要？

（五）保障安全，适度挑战

3—6岁幼儿处于动作发展的关键时期，安全意识和自我防护意识不足，尤其是在自主游戏中，容易出现一些意想不到的安全问题。因此，保障环境和材料的安全，就成为支持幼儿大胆探索、适度挑战的前提和基础。

"保障安全"与"适度挑战"并不矛盾，"保障安全"是基础和前提，"适度挑战"是幼儿身心获得发展的必然路径。教师要在"保障安全"的基础上，营造一种敢于尝试、勇于挑战的精神氛围和物质环境；同时，教师不应该盲目鼓励幼儿去冒险，应尊重幼儿自己对危险的感受和认知。

四川省绵阳市花园实验幼儿园
看看树上有什么

实践链接： 请你观察一下幼儿园的户外环境，哪些环境和材料会给幼儿带来挑战？是否适宜？针对挑战性过高的环境和材料，如何重新规划？如何把握好安全性与挑战性之间的平衡？

（六）体现美感，关注秩序

具有美感和秩序感的环境可以让幼儿精神愉悦和放松，而只有在愉悦和放松的状态下，幼儿才会更投入地游戏，最大限度地发挥自身的潜能。整洁有序的环境会让幼儿感觉温馨、宁静；舒适的沙发和美丽的纱幔，会让他们身心放松；富有艺术创意的装饰品，

第三章 自主游戏的环境创设

具有美感和秩序感的户外涂鸦游戏区

会让他们充满无尽的想象……教师在创设富有美感的环境时，还应该注重本民族、本地区文化的有机渗透，让幼儿感受本民族文化的美感与魅力，让环境与课程相连接。

实践链接： 请环顾一下本班的环境和角落，哪些空间让你觉得有美感？这种感觉来源于色彩、光线、装饰品，还是物品的有序摆放？哪些地方让你感觉不满意，需要改进？你需要从哪些地方改进呢？

"百宝箱"中的材料种类多样，并且低结构材料较多。请你观察分析本班"百宝箱"中的材料，思考如何存储会吸引幼儿，也便于幼儿取放？

（七）尊重幼儿，鼓励参与

有些教师认为幼儿不具备创设环境的能力，所以通常会按照自己的意愿来创设环境，而忽视幼儿的参与。比如，当幼儿从户外捡来许多小石头在娃娃家玩时，教师会认为这些小石头不卫生、不安全而将其丢掉。此外，还有一些教师喜欢围绕主题活动来创设游戏环境，比如，班里正在开展"寒冷的冬天"主题活动，教师就会在角色区为幼儿创设"火锅店"等游戏环境……然而，教师需要反思的是，这样的环境是否能够真正满足幼儿的需求，吸引幼儿，引发幼儿与环境的互动，促进他们思考、想象、游戏、尽情地表达和表现？

幼儿园的环境创设不仅是教师的职责，更是幼儿的权利。参与环境创设不仅能让幼儿产生主人翁的感觉，增强自主的意识，而且能让幼儿在参与的过程中更加熟悉环境与材料，获得更全面的发展。

1. 邀请幼儿参与环境的规划设计

在环境创设过程中，教师应该尊重幼儿的发言权，相信幼儿有参与环境创设的能力，邀请并鼓励幼儿积极主动地参与环境创设。玩具材料好不好玩？环境是否需要调整？教师应该通过观察、倾听与对话来了解幼儿的想法。教师也可以通过每次游戏后的分享交流环节，引导幼儿围绕"你们还想要什么，还想在这个区域里增加什么材料，这些材料从哪里来"等话题，针对环境创设进行讨论。

户外活动时间，一群幼儿围在小山坡的顶上一起议论着什么。我走近聆听，新新正向小伙伴诉说着自己的发现："你们瞧，山坡顶上缺了好多土，别的地方都长着小草，可这个地方没有小草，我们有空的时候一起来美化一下这里吧！"其他小朋友听了，纷纷表示赞同，并且七嘴八舌地说着自己美化山顶的想法。看到孩子们对美化幼儿园这么感兴趣，我鼓励他们大胆表达自己的想法。

以下是我班幼儿为小山坡规划设计的方案。

新新："我想在山坡的桂花树上建个秋千，还想在那里种些小花。"

贝贝："我想在山坡的最粗的树上建个树屋。"

贝贝的方案

月月的方案

月月："我想在山坡上摆放一张小木桌，旁边放个书架，小朋友可以在那里看书、画画。我还想在山坡上修个透明的玻璃笼子，里面养上一只小兔子，可以把种植园里的蔬菜叶喂给小兔子吃。我还想在山坡的小木屋里开一个手工制作小店，旁边放上一只可爱的大熊猫。"

孩子们对户外场地的规划热情高涨，随后又开始对他们喜欢的沙池、水池和三楼平台重新进行了设计改造。

糖糖："我想把沙池建成一个海滩，在沙池中插上防晒伞，种上椰子树。我们还可以在沙池旁边开个果汁店卖果汁。"

贝贝："我想把水池建成游泳池，在水池上面建个吊桥。"

新新："我想在水池里养蝌蚪和青蛙，在水池上修一个木板桥。"

糖糖的方案

贝贝的方案

月月的方案

月月:"我想在三楼的平台种上花生、萝卜,把三楼变成萝卜田,萝卜叶可以用来喂小兔子。"

铮儿:"我想在三楼的平台上设计一个户外餐桌,我们可以用舞蹈厅里的木头积木搭一个餐桌,小朋友们可以在那里吃饭。我还想在三楼搭一个透明的玻璃小屋,下雨的时候我们可以在里面看雨、听雨。"

……

最后,孩子们还想在山坡的大树上为小鸟搭建一个窝。他们用剪刀剪了一些野草,并尝试着用野草编鸟窝。鸟窝终于做好了,他们齐心协力把它放在树杈上,开心极啦!

对于幼儿园环境的规划设计,我们要善于倾听幼儿的心声,并支持、陪伴幼儿一起去实现他们的想法。

(四川省成都市泡桐树幼儿园　白丹艳)

2. 吸引幼儿收集游戏材料

教师可以在班里创设一个收藏角或宝贝屋,展示幼儿所收集的各种材料,或者组织幼儿一起专门到大自然和家庭中去收集他们喜欢和需要的材料。这些在成人眼里看似不起眼的物件儿,却是孩子们游戏中的宝贝。对幼儿来讲,收集材料的过程也是很有趣的探究、游戏与学习过程。

幼儿总喜欢收藏一些在成人看来不起眼的小玩意儿，如玻璃球、纽扣、小瓶盖等。如果我们用心观察，就会发现每个小玩意儿背后都有故事，这是孩子们的"情感联结"，是"回忆"。它们也许是同伴送的漂亮的小石头，也许是户外活动或者回家路上无意间发现的奇特的小树叶……幼儿在收集这些小玩意儿时，将它们完完全全看作独特的东西。有时，这些独特的小东西还能成为他们游戏时的宝贝。我们既要尊重幼儿对这些小玩意儿的处理权，也要妥善保管它们，以免造成卫生、安全隐患。

在一次谈话活动中，我和孩子们围绕"如何保管自己的宝贝"进行了讨论，最终大家决定准备一个储物筐，专门存放他们的"宝贝"，方便保存和随时取放。同时，我们还约定"宝贝们"的收纳规则。收藏角成为幼儿游戏时经常光顾的地方，这里的小玩意儿对幼儿的吸引力有时超出了教师专门投放的材料。我们发现，给幼儿一些主动权，让他们参与玩具材料的收集、选择过程是非常必要的。幼儿不仅能从我们的态度中感受到尊重和关爱，也会乐于分享他们在这些"宝贝"中的新发现，生成更多新游戏。

幼儿在班级的角落里找到了一个玩具架，他们决定用它来收藏自己的宝贝

幼儿为收藏宝贝的玩具架起了很多名字，如海马宝藏、爱心宝藏、彩虹宝藏、宝藏博物馆；经过投票，"宝藏博物馆"名字最终胜出

幼儿为"宝藏博物馆"制定了规则，并将其绘制出来

第三章　自主游戏的环境创设　•　131

幼儿向同伴介绍"宝藏博物馆"的规则

"宝藏博物馆"正式成立啦

（山东省商务厅幼儿园　宫晓萍　吕乐乐）

3. 鼓励幼儿自主制作游戏材料

幼儿在游戏的过程中有时需要一些成品或半成品材料，教师为此耗时耗力制作了不少，但幼儿往往只是玩个新鲜，随后就不喜欢了。有时，教师出于成人的想象给予幼儿的各色装饰物或精美的玩具材料，却不是幼儿最需要的。其实，教师可以借助美工区，引导幼儿根据自己的需要自主制作一些简单的玩具材料。这些材料也许不像成人制作的那么精美，但是对幼儿可能更有吸引力。

游戏时间，几个孩子来到表演区玩起"孙悟空龙宫借宝"的游戏。当玩到孙悟空耍金箍棒的时候，扮演孙悟空的浩浩拿起教师提前准备好的用比较粗的卫生纸桶制作的金箍棒，但是他明显感觉不顺手，根本耍不起来。几个孩子围了过来纷纷尝试，可是都没有成功。

扮演虾兵的言言说："我们要是再有一个小点的金箍棒就好了。"浩浩说："金箍棒本来只有一个，怎么能有两个呢？再说，我们把小金箍棒放在哪里？"言言说："我们可以把小金箍棒放在一边，用的时候再拿呀。"浩浩立马接口道："那也太费事了吧，一会儿用大的，一会儿再去找小的。"

当孩子们七嘴八舌、不知所措的时候，一直站在旁边的菲菲说："要是能让大小金箍棒合成一体，看起来就像一个就好了。"浩浩看着手里的纸筒金箍棒，想了一会儿，开心地喊了起来："对了，我有办法了，我们做个小金箍棒，把它藏在大金箍棒里不就行了！"

在随后的游戏中，孩子们反复探究如何制作能够藏到大金箍棒里的小金箍棒，他们围绕着它的大小、长短，以及用什么材料、制作方法，反复讨论、验证。最终，他们选用福禄贝尔教具中的红色小棍，在两头插上黄色吸管，做成了第一根金箍棒，并把它藏到了大金箍棒里面。

体验到成功的喜悦后,他们又用纸条、即时贴制作了一个最小的金箍棒,并把它夹在耳朵上,模仿孙悟空将金箍棒藏到耳朵里。

(山东省商务厅幼儿园 寻晓光)

三、创设美的、舒适的和有安全感的游戏环境

在充满美感、舒适感和安全感的游戏环境中,幼儿更容易精神放松、心情愉悦,能够更加专注、投入地进行游戏。在这样的游戏环境中,幼儿更愿意表达、喜欢交流、勇于探索、乐于实现自己的想法。

那么,如何创设具有美感、舒适感和安全感的游戏环境呢?

(一)创设具有美感的环境

美感是指人们在审美活动中直接欣赏美而激起兴奋愉悦的感情状态,是对事物的美的反应。具有美感的环境能够让幼儿心情愉悦,提升其幸福感,激发幼儿游戏的兴趣和热情。

1. 童趣带来美感

幼儿有其独特的年龄特点和审美需求,充满童趣的游戏环境能够与幼儿的已有经验产生连接,能让幼儿产生亲近感和愉悦的体验。因此,幼儿园的游戏环境应充满童趣,尽可能体现儿童的特点,彰显儿童视角,凸显儿童气息。

需要注意的是,童趣不等于环境中处处充满卡通形象。在自主游戏环境中,可以通过摆放适合幼儿的家具,富有童趣的玩具和小摆设,以及创设各种小角落等来彰显童趣之美。

山东省淄博市市直机关第三幼儿园

草地上一对相望的石牛充满了童趣与情境性。石牛的大小、高矮都适合幼儿，经常成为幼儿游戏的素材。旁边攀爬用的绳索、树木、爬梯都是幼儿喜欢的游戏设施

四川省乐山市实验幼儿园（图片来自「人文幼学」）

山坡、滑道都充满了童趣

2. 色彩和谐带来美感

幼儿园环境中最为理想的基础色应为柔和一些的暖色调，或者比较中性的色系，如淡黄色、浅灰色等。这些色彩可以作为清晰的背景，以此衬托玩具材料和幼儿作品，达到和谐的效果。同时，和谐的色彩会让幼儿放松下来，身心愉悦地投入到游戏活动中。

舒适的沙发、柔和的抱枕、温暖的阳光，会让置身其中的幼儿感到放松、自在，充满安全感

3. 自然带来美感

幼儿园的游戏环境应尽可能包含比较多的自然元素，这样易于让幼儿精神愉悦、放松、平静。最好直接在充满自然气息的户外环境中开展自主游戏，如果是在室内环境中开展，那么应尽可能地增加一些绿色植物和自然材料，这些自然的色彩和材质会带来质朴的美感。但是，在实践中，这两个要素往往容易被教师忽视。

四川省绵阳市花园实验幼儿园

原木色的长廊和玩具设施与周围的绿植完美融合，有一种自然质朴的美感

山东省德州市跃华学校幼儿园

高大的树木、满地的落叶、麻绳与土质的地面处处充满着自然的气息，给人以美的享受

山东省淄博市市直机关第三幼儿园

教室角落里开放式的架子上摆放着各种绿色植物，还有干花、贝壳、鹅卵石等自然材料，在室内营造了自然和谐之美

下面的案例充分体现了如何有效利用自然光和绿色植物对班级环境进行改造。

山东省商务厅幼儿园小三班的教室在三楼，它原先是一间办公室，因此和其他班级的空间设计不太一样，一进教室迎面是一扇巨大的落地窗。之前，教师在创设环境时并没有考虑落地窗的光线对幼儿的作用，在靠窗的位置摆放了橱柜，挂上了墙饰，遮挡住了光线。改造之后，教师把橱柜竖向摆放，去掉墙饰，让自然光线透过落地窗照进班级，并在靠近阳光处摆放绿色植物来装点房间。

改造前

改造后

你对改造前后的环境布置分别有什么样的印象和感受?哪些方面的设计让你感到温馨、舒适?哪些具体的元素会让你感觉到自在和美?哪些具体的元素会激发你的好奇心?

我们来听听这个班级的教师在改造环境过程中是怎样思考的。

看到这扇巨大的落地窗,我首先想到的是,如果我家有一扇这样的窗户,我会喜欢吗?我会在这里做什么?我将如何布置这里?通过这样的思考,我增加了色彩柔和的沙发、高低错落的绿色植物、闪闪发亮的珠帘等设计,增添了环境中的温馨元素。

每个幼儿不仅可以自由地坐在这里和老师、同伴亲切地交流,还可以通过落地窗从高处俯瞰户外的街道、楼房、汽车以及每天来来往往的小朋友和家长……作为此次设计的一部分,这扇落地窗可以让孩子们感受到自己的教室与外界的联系。

我们还为孩子们提供了各种各样的彩色透明物品,有成品,也有自制的。当孩子们通过这些彩色物品望向窗外的时候,世界会变得五彩斑斓;当他们将这些物品摆放在桌子上、柜子上、地面上时,阳光穿透过来就会反射出彩色的光芒……

幼儿操作彩色杯子,玩光影游戏

以上环境改造的案例说明，教师若能有效利用光线和绿色植物，就会让环境变得更加温馨舒适，成为教师和幼儿都喜欢的空间。这种令人放松和惬意的环境会吸引幼儿主动参与游戏，观察、探索植物生长的过程。光线进入班级，营造了光与影奇妙变换的场景，为幼儿创造了无数的探究发现的契机。

4. 秩序产生美感

秩序也会带来美感。比如，环境中游戏材料的有序摆放，合理的噪声控制，幼儿在游戏中对规则的内化与遵守，以及游戏前后幼儿有序取放材料的良好习惯，等等，都会带来一种自然、平和的美感。

山东省淄博市市直机关第三幼儿园

收纳挂板可以将剪刀、麻绳、胶带、纸张等工具和材料整齐有序地陈列，便于幼儿取放

相对统一的容器与整齐有序的摆放方式，带来一种安静和美好的感觉

（二）创设具有安全感的环境

安全感是幼儿开展任何活动都必须具备的心理基础，尤其是在自主游戏活动中，一个具有安全感的环境能让幼儿放松、自在地投入游戏，自由地探索游戏环境和材料，敢于创造性地使用材料，富有创意地开展游戏活动，并在游戏中获得更加真实、有效的发展。

一个充满安全感的游戏环境，既包括物质条件，也包括精神氛围。

1. 温暖、舒适、安全的物质环境

幼儿园的游戏环境应尽可能让幼儿感到温暖、舒适和安全。比如，娃娃家中有柔软的地毯、毛绒玩具；舒适的沙发、靠垫；温暖的阳光；阅读角中有舒适的座椅、明亮柔和的光线；班级环境中有适合幼儿独处和小群体活动的私密空间；墙面、家具、陈设的色彩温暖、柔和。此外，环境中所有的玩具设施都坚固、牢靠，也会给幼儿带来满满的安全感。

户外空间也可以很柔软。比如，一棵带有阴凉的大树和一块草坪，用自然材料建造的帐篷、城堡和其他封闭式空间，高高的灌木丛、圆形的草编帐篷，等等。这样的空间设计能够在激烈的户外游戏中为某些幼儿提供庇护，可以让幼儿坐在里面阅读、独自游戏或者跟朋友一起游戏，帮助幼儿在童年时期形成具有生态意义的场所感。

2. 可掌控、可支配的玩具材料

幼儿在属于自己的、可掌控的游戏环境中会获得安全感。因此，在自主游戏活动中，所有的游戏材料都应该是幼儿所熟悉的、可以自由掌控和支配的。

在草地上运用原生态的木质材料搭建了一个半开放的空间,拱形的造型下摆放着圆形木桌和几个树墩,幼儿可以在这里玩各种喜欢的游戏

山东省青岛市西海岸新区第一幼儿园

滚筒是运动器械,也能营造相对封闭、狭窄的隐秘空间

山东省淄博市市直机关第三幼儿园

（1）**幼儿应熟悉所有的游戏材料**。游戏前,教师应带领幼儿通过多种方式熟悉材料,比如,通过观察,了解玩具材料的名称、种类和数量,以及玩具在橱柜中的摆放位置;通过操作每一种玩具材料,认识和了解它们的结构、特点和玩法等。

（2）**玩具材料的摆放应便于幼儿取放**。这就要求玩具橱、材料架的高度要适合幼儿的身高,并且深浅适宜。所有的材料应分类摆放,便于幼儿取用和归位。

山东省淄博市市直机关第三幼儿园

开放性的橱柜,其高度和上面的收纳筐,都便于幼儿自由取放材料

(3) **幼儿可自由取放和使用材料**。教师应允许幼儿自由选择、取放、挪动、组合以及创造性地使用材料。

3. 尊重平等的师幼关系

尊重平等的师幼关系,能让幼儿拥有被接纳、被关爱、被支持、被欣赏的感受,自然地产生安全感。因此,教师应该重视创建尊重、平等的师幼关系。

山东省德州市跃华学校幼儿园

游戏的间隙,幼儿主动跑过来拥抱教师。亲昵的动作和眼神的交流,体现了教师与幼儿之间良好的师幼关系,以及教师对幼儿发自内心的爱和尊重

（1）**蹲下来，学会倾听与共情**。教师蹲下来跟幼儿交流，会为幼儿带来物理空间上的平等感，但真正的蹲下来不仅指身体上的姿态，还应包括心理层面的平等，即教师发自内心地尊重、理解幼儿，把幼儿当作与自己平等的人来看待，耐心倾听幼儿的想法、愿望，关注幼儿的情绪，体验幼儿的感受，与之共情。

蹲下来和孩子对话

山东省临沂市兰山区任家庄幼儿园

（2）**站在幼儿身后追随**。教师需要尊重幼儿的游戏意愿，给予幼儿自主思考和解决问题的空间。在游戏中，教师更适合站在幼儿身后追随，而不是走到前面指挥。在这样的氛围中，幼儿更容易感受到教师的尊重，与教师形成平等的师幼关系。

（3）**做同频共振的游戏伙伴**。陶行知先生说过："你要变成小孩，才能成为小孩的先生。"所以，教师应该作为与幼儿同频共振的游戏伙伴，以平等的身份参与游戏，缩短成人与幼儿之间的距离，与他们一起玩，平等交流，而非高高在上，营造一种宽松和谐的人际环境和心理氛围。

参与到幼儿游戏中的教师温暖而亲切,这种平等融洽的师幼关系会大大激发幼儿游戏的热情

（4）**允许失败,学会等待与欣赏**。在幼儿成长的过程中,失败是不可避免的。幼儿就是在不断尝试、不断失败后反思调整,逐渐积累经验,建构对自己、对外部世界的认识的。在自主游戏中,只有允许幼儿失败,幼儿才会毫无顾虑、有勇气地去探索、尝试,去迎接挑战。因此,教师应该了解幼儿的发展特点,对幼儿抱有合理的期望,允许幼儿在游戏中犯错、失败,教师的等待与欣赏就是给幼儿最大的支持。在教师的等待中,幼儿会感受到教师对自己的信任、包容与欣赏,会自然地对教师产生信赖;同时,教师在等待中会发现幼儿的能力、优势、发展潜质等,更容易创建和谐、平等、尊重的师幼关系。

4. 友爱和谐的同伴关系

同伴关系是影响幼儿安全感建立的重要因素,友爱和谐的同伴关系能让幼儿感受到被接纳和归属感。尤其是在自主游戏中,幼儿需要更多地与同伴互动、交流、协商、合作,友爱和谐的同伴关系能够让幼儿在游戏中放松、自如、主动、愉悦,能促进幼儿的语言表达、社会交往、创造意识与能力、自信心等方面的发展。

教师可以通过创建包容的班级文化,亲身示范正确的交往方式和解决矛盾冲突的方法等做法,影响和推动幼儿间形成彼此包容、善于分享、相互鼓励的伙伴关系。

山东省潍坊新华幼儿园

游戏中的两个小伙伴开心地说着悄悄话

山东省青岛市西海岸新区第一幼儿园

与小伙伴一起游戏,无限喜悦

四、创设自由与开放的游戏环境

自由、开放的游戏环境会吸引幼儿主动参与游戏,是自主游戏开展的重要基础。在这样的环境中,幼儿可以自己决定玩什么、在哪里玩,以及如何玩得尽兴、玩得愉悦。自由、开放的环境更有助于幼儿想象力和创造力的发挥。

自由与开放的环境应该怎样创设呢?一般可以从游戏空间、玩具材料、游戏时间三个方面入手。

(一)整体规划动态可变的游戏空间

幼儿游戏的主题、方式以及游戏情节的发展与室内外的空间布局有着密切的关系。动态可变的空间具有以下特点:

* 不是一成不变的,而是不断互动生成的
* 不仅仅是物理空间的规划,还在细节上体现文化和人文关怀
* 规划设计空间,但不固化空间的使用

1. 合理规划物理空间

规划合理的物理空间是自主游戏的保障,直接影响到空间利用的有效性以及儿童游戏的状态和在游戏中获得的发展。不管室内还是户外,在游戏空间规划上都可以从以下几方面考虑。

(1)**室内外的游戏空间规划**。因场地、环境不同,在开展自主游戏方面,室内外各有优势。比如,室内空间相对封闭,更有助于幼儿专注地进行游戏,更有利于益智游戏、建构游戏、角色游戏、表演游戏的开展;户外空间相对宽敞,更加开放、自由和宽松,除了开展创造性游戏外,还有助于幼儿进行大肢体运动类游戏、沙水泥巴类游戏等。

此外,室内外的游戏空间规划都要考虑动静分开的问题,但是,动与静是一个相对的概念。在室内,游戏性区域与学习性区域相比属于比较热闹的区域,应该有所区分,可以利用活动室、寝室、走廊、阳台等空间进行有效的分隔。在户外,奔跑、跳跃等大肢体运动类游戏的区域相对比较热闹,创造性游戏、安静休息的空间则属于受保护的安静场所。

(2)**不同类型的游戏空间设置**。不同的游戏其性质不同,对空间的需要也不同,所以在空间设置上要有所区别。比如,建构游戏区一般需要较大的平坦的空间,且相对独立,便于幼儿在其中不受干扰地进行搭建游戏;表演游戏的空间需要宽敞、开放,便于幼儿进进出出观看表演,也方便幼儿间的交往,支持幼儿自由参与游戏;角色游戏区可以半封闭,便于幼儿形成游戏小团体,生发属于自己的游戏主题,并不断延伸和拓展游戏情节。

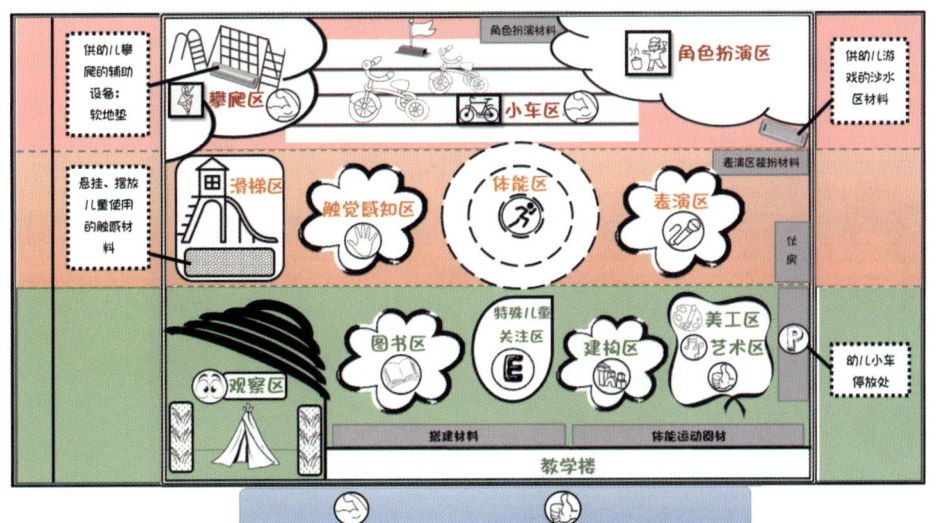

该幼儿园的户外场地比较开阔，形状方正，可以以教学楼为起点，根据由静至动的原则划分为相对安静的区域、不太安静的区域和吵闹区

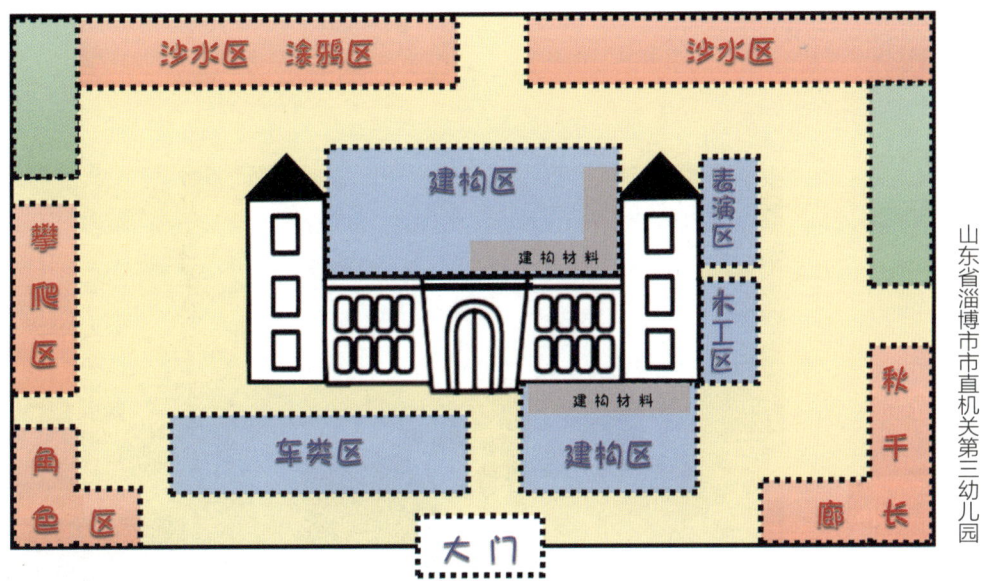

该幼儿园的户外活动场地围绕教学楼环型设计，游戏区域依据游戏性质和特点设置，动静区域分布合理

（3）**引发不同群体活动的游戏空间设置。**室内外的游戏空间设置都要考虑到不同群体活动的需求。大团体游戏活动需要面积相对较大的活动空间，比如，室内用于开展集体游戏的空间，户外用于开展集体运动游戏的场地等；小组的游戏活动需要面积适中、相对封闭的空间，幼儿可以三三两两地结伴在自己选择的游戏空间内开展属于他们自己的游戏。此外，幼儿园还应有适合幼儿独处的私密空间，如室内外角落里的小帐篷或由纱幔围成的隐私区，户外的小树屋、小草房、小帐篷等。

山东省淄博市市直机关第三幼儿园

粉色的帐篷以及柔软的地毯和布垫,营造了一个柔柔、暖暖的阅读区

山东省临沂市兰山区任家庄幼儿园

在户外沙地上用水缸改造的小屋和用麦秸草搭建的帐篷,可以满足幼儿独处和小团体游戏的需要

一条木桩小路曲径通幽,竹林深处一处竹子搭建的小帐篷是幼儿游戏的秘密基地

四川省乐山市实验幼儿园(图片来自"人文幼学")

天然的小竹林和竹林中的小草屋形成的相对私密的空间,也是幼儿特别喜欢的游戏环境

山东省淄博市市直机关第三幼儿园

2. 动态灵活地利用空间

除了合理规划外,游戏空间还要注重动态可变性。学期初,教师可以对环境进行大体的规划,然后随着游戏的开展,师幼可以共同调整和改变环境。

（1）**不固化空间的大小和功能**。有些教师习惯于将室内外所有可以利用的游戏空间全部事先安排设计好，或者对幼儿"在哪里玩"的问题进行严格的要求，导致幼儿的游戏愿望无法得到满足。因此，我们强调每个游戏空间的大小、功能都应随幼儿的需要动态变化。

a.空间大小、位置可以根据需要进行调整。班级空间需要在一天当中进行教学、游戏、餐点等多项活动，大多数班级室内的游戏空间很难固定不变，尤其是空间面积较小的班级，更需要根据不同时期、不同幼儿游戏的需要动态地调整空间。比如，如果某个游戏区域的人数比较多，这个区域的空间就可以自然往外延展；幼儿也可以自由地使用室内外的角落或者空白地带向外延伸自己的游戏空间。

角色游戏是幼儿喜欢和需要的游戏，可是，在相当长的时间里，教师们习惯用成人的视角预设游戏主题和内容，如小医院、小饭店、小超市、小银行等。

幼儿到底喜欢什么样的角色游戏？作为教师，应如何满足幼儿的需要？于是，大三班的教师进行了大胆的尝试，她首先撤掉了原来预设好的游戏区域，然后引导幼儿讨论："你们想在这里玩什么游戏？"幼儿兴奋地表达自己的意愿，超市、警察局、咖啡店等幼儿喜欢的新的游戏主题不断涌现出来。

玩"幼儿园"游戏的小组选择了靠近活动室窗户的一个区域。近一个月的时间里，"幼儿园"的游戏情境随着游戏情节不断发生变化，从刚开始仅有活动室，到逐渐增加了操场、升旗台、医务室、农场等，游戏场地也随着游戏情节的变化不断地向外延伸。最后，"园长进班听课"等游戏情境也衍生出来。

游戏的过程中，幼儿根据自己的兴趣和需要，自主规划场地，自主选择游戏材料，乐此不疲。

幼儿利用教室中间的空白场地创建了"二月二农场"的游戏场景，玩起了"秋游"的游戏

幼儿将一面国旗贴在窗帘上制成"旗杆"，创设了升旗台的场景，玩"升国旗"的游戏

"保健医"绘制了视力表和登记表,为小朋友检查视力

"园长"(红衣女孩)进班听课后,给予反馈

（山东省商务厅幼儿园　吕乐乐）

b. 空间功能不固化，允许幼儿玩任何主题的游戏。教师习惯于为每一个游戏空间设置标牌，或者设置一个个角色游戏屋，甚至创设"某某一条街"等游戏场景，这些做法会固化游戏主题，限制幼儿的想象，也无法满足不同幼儿的游戏需求。

笔者曾经在某幼儿园中班看到全班幼儿都在为"超市"游戏做准备，教师非常认真地表示："这是幼儿自己确定的游戏主题。"笔者问道："全班每一个幼儿都喜欢玩超市游戏吗？"教师沉默了，片刻后说出了她的困惑："活动室空间有限，每个幼儿都有自己的想法，如何满足他们每一个人的游戏需求呢？"

近年来，随着游戏观念的不断转变，教师们已经开始尝试关注幼儿的兴趣和需求，但仍然习惯于以大多数幼儿的意愿来固化游戏场地，这种做法会束缚幼儿的游戏。教师可以创设一个较大的游戏空间，投放各种玩具材料，鼓励幼儿自主生发各种游戏，自发建立各种关系[①]。针对年龄大一些的幼儿，游戏前，教师可以组织幼儿围绕"玩什么、在哪里玩、怎么玩"进行讨论，让他们自己想办法解决游戏场地的问题。笔者曾经在某幼儿园大班看到全班小朋友在游戏前提出了7个想玩的角色游戏主题，在针对游戏场地的问题进行讨论时，幼儿提出可以合并游戏的想法，比如，把"蛋糕店"和"冰激凌店"合并为"甜品屋"，合并理由是它们都属于甜品类；当有幼儿提出把"茶室"和"幼儿园"合并时，其他小朋友提出了异议，认为小朋友喝茶会导致晚上睡不着觉，在幼儿园只喝豆浆、豆奶和芝麻糊。提出合并的幼儿说出了自己的理由："老师在下课后和中午可以喝杯茶休息一下。"这个理由得到其他小朋友的认同，"茶室"和"幼儿园"合并成功。最终，7个游戏主题合并成了3个，并都找到了适宜的游戏场地。

c. 游戏空间适当留白，鼓励幼儿自主利用家具或设施创设开放、多变的游戏空间。教师可以有意识地保留一些未被"开发"与"利用"的空间，不设标牌，不命名，鼓励

---

① 董旭花. 幼儿园区域活动68问[M]. 武汉：长江文艺出版社，2020.

和支持幼儿自由支配。比如，幼儿根据自己的游戏需要利用桌椅、木板、屏风、布料、体操垫、帐篷、滚筒等便于移动、组合的材料，来创造自己的游戏空间，满足自我的游戏愿望。

运用体操垫建造各种不同的游戏空间，生发丰富多样的游戏主题

　　幼儿园可以提供一些能用多种方式转动、堆叠的模块化或带轮子的家具、设施，便于幼儿根据需要调整游戏空间。开放的设施，如纸箱、纱幔以及自然材料也可以帮助幼儿创设不同的游戏空间。

可移动的材料架，便于幼儿根据自己的需要调整空间

（2）尽最大可能拓展幼儿的游戏空间，挖掘、利用潜在的空间资源。无论是室内还是户外游戏，都需要足够的空间供幼儿奔跑、走动、交往和操作玩具材料。根据《托儿所、幼儿园建筑设计规范》，幼儿园户外活动场地人均不少于 4 平方米，室内人均面积不应小于 2 平方米。研究表明：幼儿的活动空间不足，可能会导致幼儿的攻击性行为、注意力分散等问题增加。如果室内外空间有限，拓展和有效利用便成了挖掘游戏空间潜力的突破点。

a. 挖掘幼儿园周边及社区的可用资源。幼儿园周边也蕴含着大量的可用资源，通过争取社会支持，因地制宜地开发与利用，可扩大幼儿的游戏空间。

我园围墙外是街道的一个垃圾场，幼儿园积极争取政府支持，获得幼儿园周边垃圾场的用地权，利用四年时间将其改造成为幼儿喜欢的游戏场，同时优化了社区环境。

改造前的垃圾场

2016 年将其改造成了以水池、山坡为主的小型游戏场

第三章　自主游戏的环境创设　153

2017年再次扩建，本着本土化、低成本、高利用的原则打造了一个4000平方米的生态园

2018年，幼儿园利用自然元素水、木、火、土、生物等再次丰富了生态园的游戏环境，开辟了水域、土域、动物、生活情境等多元游戏场

2019年，幼儿园再次根据幼儿的需要和建议增设了堆肥箱、观察箱、农具展示区、自然物收集角、光影长廊等充满探究性和游戏趣味的环境

（浙江省宁波市北仑区小港浃江幼儿园　邬春芳）

b. 有效利用公共空间。幼儿园的卫生间、走廊、楼梯、门厅等室内公共区域，以及屋顶、教学楼之间的夹道等户外公共区域潜藏着巨大的游戏价值。

在不影响公共区域使用功能的基础上，灵活运用或稍加改造就可以把它们变成幼儿的游戏场。

把楼梯和楼梯间改造为幼儿的游戏空间

山东省德州市跃华学校幼儿园

因教室空间有限，在班级门口的大厅中，幼儿用不同形状的桌子搭建了一架飞机，玩起了飞机场游戏

山东省商务厅幼儿园

山东省德州市跃华学校幼儿园

在大厅上下两层楼设计的钻爬设施，让幼儿园大厅也成为幼儿喜欢的游戏场地

山东省淄博市市直机关第三幼儿园

利用幼儿园走廊的宽敞处为幼儿提供建构材料，使其成为建构游戏区

山东省淄博市市直机关第三幼儿园

利用幼儿园走廊的宽敞处为幼儿提供沙箱,创建玩沙区,解决临近班级室内游戏空间不足的问题

四川省乐山市实验幼儿园(图片来自"人文幼学")

寝室里开辟出来的家庭游戏区

第三章 自主游戏的环境创设

四川省乐山市实验幼儿园（图片来自「人文幼学」）

由楼顶平台改造成的游戏场地

户外环境改造案例

在幼儿园的门厅下面有一个四级台阶，是幼儿每天进入幼儿园的必经之路。这个台阶能否变成幼儿的游戏场地呢？

我们在台阶一侧搭了四块长木板，一个简单的斜坡就搭好了。

这个斜坡成了幼儿的最爱，他们跑上跑下，走上滑下，体验着不一样的感觉。看到斜坡如此受幼儿的欢迎，我们又在台阶的另一侧增加了一个更长的坡道，两个坡道因为长度不同，幼儿走在上面的感觉也不同。

因为增加了坡道，幼儿的游戏也有了新花样。原来紧挨着台阶的地方是一个骑行区

改造前

改造后

域，幼儿只是在平整的地面上进行骑行游戏；现在，幼儿将骑行游戏延伸到台阶上面，从一个坡道把车子推上去，再从另一侧骑下去。向下冲的刺激感觉伴随着幼儿的尖叫声经常回荡在幼儿园上空。

（山东省潍坊新华幼儿园　李国宏）

c. 室内外连通设计。这种设计连通了室内到户外，扩大了幼儿游戏活动的空间。位于一楼的班级如果可以直接通向户外，位于二、三层的班级如果有一个向外延伸的大阳台，建议不要封闭阳台，在保证安全的前提下，为幼儿提供更多室内外活动自由转换的机会。

四川省乐山市实验幼儿园（图片来自『人文幼学』）

大大的阳台没有封闭起来，自然连接室内外空间，既拓展了幼儿的游戏空间，又让幼儿时刻与大自然亲密接触

山东省淄博市市直机关第三幼儿园

一楼班级与室外连通的表演游戏区

d. 搭建可扩大空间的设施。在室内外空间架构比较高的地方，可以通过设施扩大使用面积，比如，搭建一些类似树屋、平台、空中长廊的设施，既可以拓展游戏空间，又增加了游戏趣味。

四川省乐山市实验幼儿园（图片来自"人文幼学"）

依大树而建的环形设施，上面两层，既扩大了游戏空间，又可以登高远眺，满足幼儿的好奇心。下面既是游戏空间，又可以存储游戏材料。中间围起来的大树既提供了绿荫，又能让幼儿伸手可及，进行感知观察

山东省济南市童林堡幼儿园唐冶园

幼儿园将室内空间间隔成了上下两层,大大拓展了幼儿的游戏空间。二楼整整一圈可循环,成为幼儿游戏时最喜欢选择的地方

(二)提供开放多元的玩具材料

玩具材料是幼儿开展自主游戏的重要物质基础。3—6岁幼儿的年龄特点决定了我们应该为他们提供开放多元的玩具材料,具体要求有以下几方面。

1. 种类多样、数量充足

幼儿的思维具有直觉行动性和具体形象性特点,他们是在直接感知、实际操作和亲身体验中获得发展的。丰富多样的玩具材料会引发幼儿丰富多彩的游戏活动,会影响到幼儿游戏的水平,以及幼儿通过游戏获得的发展。

从幼儿的游戏类别上来讲,玩具材料的种类包括:角色游戏材料、建构游戏材料、表演游戏材料、沙水泥巴游戏材料、涂鸦游戏材料、运动游戏材料,等等;从玩具材料的结构性高低上来讲,玩具材料的种类包括:高结构玩具材料和低结构玩具材料;从玩具材料的来源上来讲,可以分为:专门的玩具、自然材料、生活用品材料、工业用品材料等。无论哪一种游戏,都需要种类多样、数量充足的玩具材料。

专门的玩具需要幼儿园专门购买配置,配置时需要兼顾各个年龄段幼儿的发展特点和幼儿的兴趣,同时必须兼顾各种类型的游戏的需要。各种低结构的材料需要教师、家长、幼儿共同收集。如何收集种类繁多的游戏材料?这个问题一直以来困扰着一线教师,其实很多材料就在我们身边。例如,带领幼儿进行户外游戏、散步、远足或者到公园游

四川省绵阳市花园实验幼儿园

童墙玩壁

山东省德州市跃华学校幼儿园

不同种类的乐器和不同材质的物品悬挂起来，幼儿通过敲击发出不同的声响，探究声音的变化，感受游戏的乐趣

玩时，我们可以找到叶子、松果、树枝、石子等各种自然材料；教师可以在五金店里找到电缆线的木质卷轴或塑料管等工业材料；请家长帮忙，可以在家里找到衣架、厨房里的烹饪用具、餐具，或者布料、纱幔、衣物、父母的装饰品等生活用品。教师应该多与家长分享幼儿在游戏过程中与材料互动的视频或图片，让家长看到材料对幼儿发展的价

值，帮助家长建立收集材料、随时提供给幼儿园的意识。当然，教师首先需要建立这样的课程资源意识。

另外，需要强调的是，玩具材料的投放并不是越多越好，数量多并不意味着游戏质量高。幼儿的注意力不够稳定，过多、过杂的玩具材料尽管能吸引幼儿，但也容易让幼儿分心，不能专一、持续地探究和游戏。因此，在投放玩具材料时，应考虑近期幼儿的兴趣、幼儿发展的需要、游戏类型的需要，做到有的放矢。

2. 让材料更具开放性

开放性材料，是指儿童在游戏时可以移动、操作、控制和改变的吸引人的、容易找到的物件和材料。[①] 开放性材料无所不包，既有石子、橡子、树叶、羽毛、果壳一类的自然材料，也有玻璃珠子、瓶盖、丝巾、铁丝、铁环、水管、编织袋、夹子、衣架、毛线团之类的人工合成材料，还包括五金材料、轮胎、盖子、瓶子、毛巾等生活用品、生产材料等。如此说来，"开放"更是一种理念，只要具备了开放的理念，周围环境和生活中遇到的各种物品皆可以成为幼儿游戏的玩具[②]。教师需要消除对玩具材料玩法的限制，放手游戏，幼儿创造性使用材料的想法就会层出不穷，即使是高结构材料也会充满想象和创造。

（1）**可移动、可变化、可组合的材料更具开放性**。《指南》明确指出："多为幼儿选择一些能操作、多变化、多功能的玩具材料或废旧物品。"为支持幼儿在游戏中的丰富性和创造性，自主游戏的玩具材料，应能让幼儿用自己的方式方法来搬运、重新设计、排列组合，激发其用巧妙的、创造性的方式进行互动，支持幼儿的想象创造和可持续探究。

a.**可移动**。顾名思义，可移

---

① 戴利，别洛戈洛夫斯基. 开放性材料1：幼儿创造性游戏［M］. 张瑞瑞，钟欣颖，译. 南京：南京师范大学出版社，2018.
② 董旭花. 幼儿园区域活动68问［M］. 武汉：长江文艺出版社，2020.

动就是幼儿可以根据自己的游戏需要，灵活地操作或移动玩具材料和物品，而不是局限于某一个固定的游戏场地。比如，建构区的积木可以变成小饭店的食物；美工区里的水彩笔盒可以作为建构区的建构材料。在传统的游戏环境中，教师为了便于管理，或者担心幼儿损坏一些精美的高结构材料，不允许幼儿随便移动和操作，影响了幼儿游戏的兴趣，没办法满足幼儿的需求。开放的理念下，教师和幼儿不受玩具材料所在位置的局限，活动室里所有的物品、玩具材料都可以为幼儿游戏所用，支持他们在不同的游戏场景中发挥想象，开展创造性游戏。

从无到有的超市

4个大班小朋友想玩超市的游戏，他们选定了寝室里的两排床之间的通道，因为他们觉得上下床特别像超市的货架。

他们从建构游戏区拿来大大小小的纸筒，全部摆到货架上，并且把有白色边的纸筒和没有白色边的纸筒分类摆放：一种是"儿童饮料"，另一种是"啤酒"。

他们还搬来了服装店游戏中的服饰货架，拿来了衣橱中小朋友的书包、帽子、围巾、衣服，以及材料仓库中小朋友捡的树叶、拾的贝壳等，这些常见的玩具和物品在孩子的眼里都变成超市里的"商品"，彩色玻璃积木变成了"手机"，树叶、贝壳是"工艺品"，形态各异的小积木是可口的"饼干"……

（山东省商务厅幼儿园　邢青苗）

关于材料的可移动性，应该注意以下两点。

一是关于材料摆放的问题。可移动并不代表材料可以随意摆放，不同的物品和玩具材料应该有固定的位置。因此，教师需要和幼儿达成共识，即玩完后必须物归原处。如果幼儿玩游戏玩得不尽兴，想第二天继续使用这些材料，那么教师应该允许幼儿在不影响其他活动的情况下，单独存放这些材料，为此教师可以为幼儿提供一些储物箱。

二是关于材料搬运的问题。幼儿园可提供各种不同的容器、运输工具，如桶、篮子、盒子、各式小车等，以满足幼儿自由搬运玩具材料的需求。

b. 可变化。不限制玩具材料的具体玩法，幼儿可以根据自己的需要和想象操作玩具材料，变化出无穷尽的玩法。幼儿在与玩具材料的互动中探究、游戏、想象，建构自己对世界的认识，获得对于环境的掌控感。

好玩的百宝箱

在 1 小时的游戏时间，3 名小班小朋友利用百宝箱中的沙球、纸箱等玩具材料，玩出了不同内容的角色游戏。他们玩婚礼游戏，搬来纸箱作为舞台，拿来沙球作为麦克风；他们玩理发的游戏，用沙球做洗头用的淋浴头和理发用的推子，用纸箱做洗头池；他们玩医院游戏，用沙球做注射器……在幼儿的整个游戏过程中，沙球作为高结构材料随着游戏内容的不断变化而变化，材料的可变化性体现得淋漓尽致。

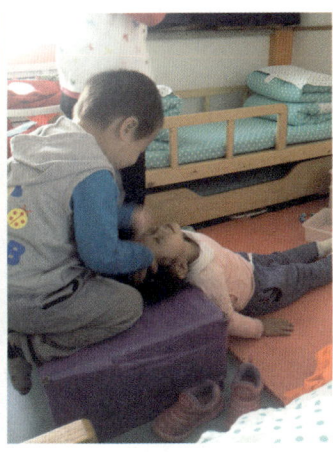

理发游戏

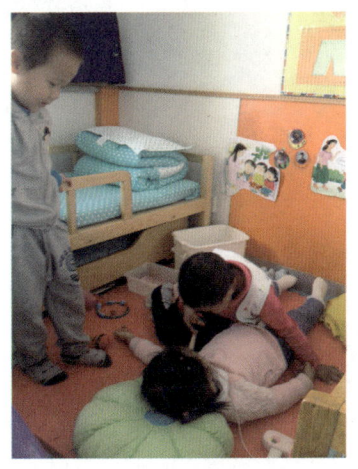

婚礼游戏　　　　　　　　　　　　　　　　医院游戏

——摘自《幼儿园区域活动现场指导艺术》

c. 可组合。单一的玩具材料可能仅有几种有限的玩法，但不同的玩具材料经过组合后，就会有无穷无尽的玩法生发出来，形成特点不同、复杂程度各异的游戏结构。例如，户外若仅有梯子，幼儿游戏时基本就是攀爬、走平衡的简单游戏行为，但若户外除了梯子，还有长短各异的木板、体操垫、轮胎、大大小小的球、纱幔等多元材料，幼儿就会自由组合，玩自己喜欢的各种运动游戏、角色游戏、表演游戏等。这种组合不仅能最大程度地激发儿童的创造力，同时也增强了材料在不同环境与游戏情境中的适应性。

山东省德州市跃华学校幼儿园

幼儿把平衡凳与地上的原木组合变成了一个跷跷板

山东省淄博市市直机关第二幼儿园

男孩不满意木板滑梯，专门找了一块塑料板垫在屁股下，让自己滑下来的感觉更不一样

小朋友利用体操垫和攀登架进行组合,开展滑梯游戏

山东省潍坊新华幼儿园

幼儿创造性地组合木箱、梯子、长板、垫子、滚筒、轮胎等玩具材料,进行各种富有变化和挑战的游戏

山东省潍坊新华幼儿园

第三章 自主游戏的环境创设 • 167

幼儿把篮球等高结构材料，毛根、纸等低结构材料，以及塑料盒、塑料袋等废旧物品与积木进行了巧妙的组合，搭建了"警察与拐卖小朋友的罪犯"场景。后排高大的是警察，前排戴着黑色面具的是罪犯，旁边坐在地上哭泣的是被拐卖的小朋友，人物形象栩栩如生

山东省商务厅幼儿园

大班幼儿持续进行"警察与拐卖小朋友的罪犯"的游戏主题，他们在搭建了人物之后，又搭建了警察局，使用的材料除了积木，还有薯片桶、饮料桶等

山东省商务厅幼儿园

山东省东营市广饶县实验幼儿园

山东省东营市广饶县实验幼儿园

幼儿用平衡凳、轮胎、木板创造出自己的滑梯

教师需要注意以下问题。

一是，在设计和投放材料之初就应特别重视材料可组合的特性。安吉的游戏材料就

很好地体现了这个特点，上百种材料为幼儿游戏提供了多种选择和无限组合的可能性[①]。借鉴安吉游戏材料的特点，各幼儿园在配备游戏材料时都应该注意材料之间的关系，能便于幼儿自由组合。

山东省潍坊新华幼儿园

长板、梯子的宽度与木箱上长方形孔洞的宽度相符，形成了多种组合的可能

山东省潍坊新华幼儿园

不同尺寸的木箱上有大大小小多个半圆形、梯形、长方形的孔洞，可与木板、梯子进行各种不同组合。游戏时幼儿又创造性地把滚筒组合进来，形成自己的游戏

---

① 程学琴. 放手游戏　发现儿童［M］. 上海：华东师范大学出版社，2020.

二是，丰富多元的游戏材料和工具为幼儿游戏提供了多种选择和无限组合的可能性。教师可提供胶带、订书机、毛根、金属线、细绳、橡皮泥、夹子、衣架、子母扣等可以将物品固定在一起的工具材料，以便幼儿根据自己的需要，利用工具将玩具材料进行组合，制作或搭建与游戏主题相关的道具，以此支持自己的游戏。

（2）**低结构材料更具有开放性**。简单地说，玩法、功能固定的材料，我们称之为高结构材料；反之，如果功能、玩法开放，有无限的变化的材料则为低结构材料，如积木、石头等。玩具材料的高低结构是相对而言的，不是绝对的。一般来讲，低结构材料具有自然、开放、功能多元等特点，具有更多的变化性，有利于幼儿游戏中的再造和想象。

低结构材料如下所示。

* 不同色彩的材料：各种颜色的瓶盖、玻璃球、纱巾、丝带、亮片、毛球、毛根、纽扣、毛线、装饰球；各种颜色、形状、材质的容器等。
* 不同气味的材料：各种树枝、松果、贝壳、橡子、树皮、花瓣、果壳等。
* 不同触觉的材料：鹅卵石、石块、软垫、瓷碗、玻璃盘子、铁锅、沙子、泥巴等。
* 可以发出不同声响的材料：各种壶、盘、锅、勺、石臼、瓶子、桶、盒子、铝箔纸等厨房用品；金属、玻璃、木头、石头等不同材质的敲击可以发出各种不同声响的材料等。

山东省德州市跃华学校幼儿园幼儿利用周围环境中各种低结构材料展开想象和创造，玩自己独具特色的游戏

活动室里不同种类、质地、颜色的自然材料,给予幼儿探究的机会,也会引发幼儿各种创造性的活动

山东省淄博市市直机关第三幼儿园

五颜六色的闪闪发光的石头,对幼儿充满了吸引力

山东省淄博市市直机关第三幼儿园

石头在幼儿游戏时会有无穷变化

山东科技大学幼儿园

第三章 自主游戏的环境创设 • 171

在自主游戏中，教师经常面临这样的困惑，到底是投放高结构材料好还是低结构材料好？其实高低结构材料没有好坏之分，高结构材料有助于幼儿游戏主题的确立和游戏情节的展开，低结构材料则有助于幼儿游戏的开放和创造。比如，在角色游戏区，可以适当投放一些具有一定主题意义的高结构材料，如娃娃、听诊器、电话等，同时投放更多的没有任何主题意义的低结构材料，如自然材料、废旧物品等，鼓励幼儿自主生发各种游戏，自发建立各种关系[①]。

教师设置的逼真的"炒货铺"游戏场景

随着秋天主题的开展，大班幼儿发起了"炒货铺"的游戏，教师看到后为幼儿创设了较为逼真的、丰富的炒货铺的游戏环境，投放了相关的道具和材料。孩子们进入这个游戏区域后，很快就明确了角色职责，发生了角色行为，热火朝天地进行着买卖的角色游戏。但是，教师却开始反思环境材料如何创设和投放才能够最大化地发挥幼儿在游戏中的自主性与创造性……于是，教师尝试营造"烤炉坏了"的问题情境，结果发现幼儿很快利用各种低结构材料设计了积木烤炉、快餐盒烤炉等。

用乐高积木制作烤炉　　用水彩笔盒和木质积木制作电子烤炉　　用纸盒和积木制作烤炉

（山东省商务厅幼儿园　王莉）

---

① 董旭花. 幼儿园区域活动 68 问 [M]. 武汉：长江文艺出版社，2020.

上面这个案例提醒所有教师，幼儿的真游戏来自他们自己游戏意愿满足的过程，角色游戏是幼儿假想的游戏，并不一定需要真实的材料，班级里若有更多的低结构材料，就有助于幼儿创造性地解决游戏中遇到的问题，创造性地延展自己的游戏情节。

教师在考虑投放高结构材料和低结构材料时，还要考虑各年龄段幼儿的特点。小班初期，一般可以提供易于幼儿连接生活经验的高结构材料，避免种类过多，但相同种类的材料数量要充足。随着幼儿年龄和经验的增长可以逐渐调整，到了大班则以自然材料、各种低结构材料为主，并且在数量、品种方面均需增加。

教师一定要在观察幼儿、了解幼儿的基础上，根据幼儿的需要进行玩具材料的投放，玩具材料既要适合幼儿的兴趣、需要和已有经验，也要适合幼儿最近发展区的目标，能助推幼儿的发展。

（三）保障充足并具有弹性的游戏时间

游戏时间同样对幼儿的自主游戏有着重要影响，充足且具有弹性的时间是幼儿能够持续、深入开展游戏的先决条件。

1. 保障充足连续的游戏时间

教师应该坚信游戏是教育的主要途径，也是促进幼儿认知、社会性、情绪情感和身体等各方面发展的最佳途径，将游戏作为一日活动的主要内容，给幼儿充分且连续的游戏时间。一般来讲，幼儿园每天至少有 1 小时的不间断的自主游戏时间，而且随着幼儿年龄的增长，这个时间可以延长至 90 分钟甚至更长。充足连续的游戏时间是保证幼儿真正投入和享受游戏快乐的基础条件，有助于幼儿有足够的时间进行游戏准备、发展情节，以确保游戏的连续性、完整性和复杂性。

2. 尊重幼儿的意愿，弹性管理游戏时间

弹性管理，强调时间安排要追随幼儿的节奏，而不是绝对化。传统的幼儿园一日作息计划，习惯于对每一个环节的具体时间进行细化，这导致教师根本没有自主调控的空间。因此，幼儿园可以尝试整合零碎的时间，实现时间的弹性管理，比如，可以将原来每天作息时间中的十几个环节变成弹性的 6~8 个环节。当幼儿的游戏兴趣较高、很难立刻结束游戏时，教师可以灵活调整，在不对其他环节造成太大消极影响的前提下适当延长游戏时间。弹性的时间管理，还需要管理者充分放权，让教师有权根据自己的观察，从游戏情节的发展、幼儿专注程度等方面综合思考与判断，对一日活动时间安排进行必要的、灵活的调整。

某幼儿园大班一日作息时间安排

时　　间	活动安排
8:20—10:00	1. 教学活动 2. 室内自主游戏 3. 上午加餐
10:00—11:00	1. 户外早操 2. 户外自主游戏
11:00—12:15	1. 盥洗、餐前准备 2. 进餐 3. 餐后散步
12:15—14:00	午睡
14:20—15:20	1. 户外体育游戏 2. 户外自主游戏
15:20—16:20	1. 下午加餐 2. 室内游戏 3. 离园

注：每个环节内的活动安排不分先后，教师可以根据实际情况灵活调整。

3. 减少集体教学的时间

目前，还有很多幼儿园存在一定程度的"重认知、轻游戏"的现象，比如，占用游戏时间上课的情况时有发生。集体教学并不是支持和推动幼儿发展的唯一途径，相反针对学龄前儿童来讲，游戏更适宜推动幼儿的发展。幼儿园可以组织教师进行课程实施规划审议，通过研讨，放弃一些不必要的集体教学活动，将更多的时间还给幼儿。

4. 取消不必要的集体性活动

有的教师习惯以集体性的方式组织幼儿的生活活动，如集体盥洗、集体饮水、集体加餐等，无形之中浪费了时间，出现了很多不必要的等待环节。在幼儿有限的在园时间内，教师应该尽可能取消不必要的集体行动，引导幼儿根据自己的需要进行自我管理，发展幼儿自主的意识和能力。比如，将加餐环节与室内自主游戏环节相结合，通过创设奶吧、水果餐厅等区域的方式，引导幼儿在游戏的间隙自主加餐、喝水、喝奶。

五、创设自然与冒险的游戏环境

幼儿既有游戏的天性，又有接触自然的渴望。自然游戏场地中的动植物以及其他多种环境，既可以让幼儿亲近，为幼儿提供与自然互动的机会，又可以给幼儿带来挑战，激发幼儿冒险的欲望。一段矮墙、一棵可以攀爬的树、一个秋千、一个水洼……对幼儿来说，可能就是一个独特的、充满了冒险与挑战的新发现。然而，幼儿园自然与冒险的游戏环境并非不需要设计的纯天然场地，而是要根据幼儿的兴趣和需要创设一些富有变化、充满创意的以及富有挑战和一定冒险性的环境。

（一）户外环境充满自然气息与野趣

当幼儿徜徉在自然环境中时，真正的游戏就会自然发生。大自然为每一个幼儿提供了足够的空间，给予幼儿持续的多元刺激，直接影响着幼儿的游戏状态。因此，幼儿园在进行户外游戏环境规划、设计时，应该花心思去创设贴近自然的空间，让户外环境成为充满自然气息和野趣的多元游戏场。

1. 保留更多的土壤地面

很多幼儿园在建设之初，对地面进行了大面积硬化处理，后来又担心幼儿在户外运动和游戏时摔伤、磕伤，于是在地面上铺设了塑胶、人造草坪。这是一个极大的误区，因为不合格的塑胶在高温下会散发有毒气味，对幼儿的身体健康带来极大危害，而且，大面积塑胶材料的使用，也会导致幼儿与自然完全隔绝。

山坡、草坪、土壤地面是幼儿的天然游戏场，他们可以尽情地在上面奔跑、跳跃、攀爬，可以玩各种喜欢的游戏。此外，草坪、土壤里还蕴藏着大量的探究元素和自然材料，这些都可以成为幼儿的游戏内容和随手可得的游戏材料。

四川省乐山市实验幼儿园（图片来自「人文幼学」）

幼儿在小竹林里挖"宝藏"

2. 利用多种地形特征创设自然野趣的小环境

户外环境的复杂性与多样性同样会增加幼儿探究、游戏的机会与活动的创造性。幼儿园在创设户外环境时，应尽可能利用园本优势，因地制宜地创设多样化地形，并依地形特点创设小树林、草坪、沙地、水池、山坡、山洞、沟壑、小溪、小池塘等自然野趣和充满挑战性的游戏空间，促使幼儿生发丰富多彩的游戏内容。

浙江省宁波市北仑区小港浃江幼儿园

你拉我滑好好玩

山东省德州市跃华学校幼儿园

幼儿园的假山变成幼儿攀岩的游戏场,让幼儿有机会不断挑战自己的能力极限

山东省德州市跃华学校幼儿园

简易的沟壑或土坑,幼儿可以爬进爬出,或用不同粗细的树干、木板搭建小桥

山东省日照市岚山区实验幼儿园玉泉分园

山洞与土坡,一年四季都是幼儿喜爱的游戏场地

第三章 自主游戏的环境创设 • 177

很多幼儿园考虑到安全等因素，往往会将一些自然环境隔离起来，导致幼儿只能观赏无法亲近，更不可能成为幼儿的游戏空间。下面案例中的幼儿园对现有环境进行了改造，让幼儿更好地亲近自然。

我们幼儿园的户外场地上有个大池塘，考虑到安全因素，设计之初，我们用不锈钢护栏将池塘围了起来，并在池塘里种了一些可以观赏的荷花。游戏时间，教师经常会看到孩子们用捡来的树枝隔着护栏去捞池塘里的东西。

通过观察评估幼儿使用环境的状况，并与专家对话后，我们确定了拆掉护栏的改造计划。

当具体实施改造计划时，教师们仍然存在各种担忧：

- 池塘水深1米多，拆掉护栏幼儿出现安全问题怎么办？
- 没有护栏了，孩子游戏时弄脏、搞湿衣服和鞋袜怎么办？

……

为了更好地保障幼儿的安全，消除教师们的顾虑，我们最终确立了如下改造计划：第一步，将池塘进行填埋，将水深由原来的1.5米改造为30厘米；第二步，改造池塘蓄水系统，夏季多雨时，池塘里的水可以流出；冬春季节少雨时，可以补充水；第三步，拆掉护栏，让幼儿随时可以亲近池塘，同时保留原来的荷花等水生植物，维护池塘自然生态。

改造后的池塘变成了一个有吸引力的地方。自主游戏时间，总能看到一群孩子围在池塘边，或观察荷花，或研究水蜗牛、捉蝌蚪，或打捞水面上的枯叶。

教师们也就池塘里有哪些自然元素可以供幼儿探索和游戏进行了观察和体验，由此

池塘改造前

池塘改造后

拓展了本园自然教育课程的内容。为避免出现幼儿弄湿、弄脏衣服、鞋袜等问题，幼儿园配置了雨靴，也与家长做了沟通，请家长每天多为幼儿准备一套衣服、鞋袜。

（山东省德州市跃华学校幼儿园　孙晓燕　刘金照）

3. 因地制宜设置自然野趣的玩具设施

目前，大多数幼儿园都会在户外场地上设置一些大型的多功能组合的运动器械。幼儿玩得久了，就失去了挑战性，失去了游戏变化的趣味性。幼儿园可以从本园的实际情况出发，让自然环境与运动器械、玩具巧妙融合，这样既很好地利用了空间，增加了变化，又让户外环境充满自然野趣的挑战，富有魅力。比如，可以在大树上架设梯子、绳索等，变成幼儿攀爬游戏的设施。

重庆市武隆区凤溪幼儿园

大树下放着一节树干，幼儿或在上面攀爬，或从上面跳下；树枝上的软梯和绳索也为幼儿提供了各种不同的冒险游戏的机会

山东省日照市岚山区实验幼儿园

草坪、阳光、木墩、大树下的软绳秋千、女孩的笑容组成了童年最美好的画面。这样的秋千可高可低，幼儿可坐可站，有层次、有变化，也有挑战

山东省日照市岚山区实验幼儿园

两个男孩闭着眼睛是在想象、休息还是游戏？在自然中沉浸，感受自然的风和阳光，应该是童年生活的重要组成部分

重庆市武隆区凤溪幼儿园

沙池旁这个造型奇特的枯木,对幼儿来讲充满了无尽的想象,是恐龙还是林间怪兽……幼儿可以在上面坐下来休息,也可以进行攀爬、跳跃和平衡游戏

(二)允许冒险,适度挑战

发展心理学研究显示,儿童喜欢冒险,并且在整个童年时期,儿童的冒险偏好行为呈递增趋势①。在《爱因斯坦不用识字卡:孩子究竟怎样学习以及为什么》一书中,作者凯茜和罗伯塔指出,越来越多的研究发现,真正对孩子身心发展最为有益的,其实还是他们自发的、独立的、非结构性的游戏,尤其是户外的冒险与游戏。②

冒险的环境常常伴随着困难与问题,在挑战自身能力的极限时,幼儿会发现问题,会调动一切已有经验面对问题、解决问题,这就是他们学习与发展的真实过程③。此外,适宜的具有冒险性的环境既能规避危险,又能提供刺激性、冒险性活动的机会,挑战幼儿的身体动作、心理承受力与认知能力,帮助幼儿小步递进地向前发展。

倒挂在绳子上,我一点都不害怕

山东省淄博市市直机关第三幼儿园

---

① 中国教育报刊社. 南京大学研究:儿童更喜欢冒险且风险偏好递增[N]. 中国教育报, 2016-3-26(3).
② 张国平. 幼儿的自主游戏[M]. 北京:中央编译出版社, 2017.
③ 董旭花, 韩冰川, 张海豫. 幼儿园户外环境创设与活动指导[M]. 北京:中国轻工业出版社, 2018.

1. 创设"相信幼儿，鼓励挑战"的心理环境，允许冒险

教师要相信幼儿有天生的自我保护意识和能力。因此，当面对幼儿的冒险活动时，教师应该相信幼儿，不轻易否定和阻止幼儿。如果教师经过观察评估，发现幼儿的冒险行为确实存在一定的危险，可以靠近幼儿，准备在幼儿出现危险时出手相助。

2. 提供具有层次性和挑战性的设施设备和玩具材料，满足冒险的需求

自主游戏中，幼儿可以根据自己的能力和需要挑战自我。幼儿园可以提供不同层次的设施设备和玩具材料，既满足不同能力的幼儿选择，又供幼儿自己小步递进地实现自我挑战，比如，大小、宽窄、高低不同的梅花桩、梯子、圆筒、木板等材料。

广东省广州市番禺区东城幼儿园

轮胎设置得有高有低，为幼儿提供了不同层次性的挑战

山东省淄博市市直机关第三幼儿园

所有的绳子都需要幼儿助跑冲刺才能抓到，绳子的不同长度自然形成不同层次的挑战

3. 支持幼儿改变玩具材料的常规玩法，进行创造性的冒险游戏

如果允许幼儿自由支配器械和玩具材料，教师就能发现非常多的幼儿不满足于玩具器械的常规玩法，总要变出点花样来。比如，他们会把钻爬用的圆桶由平放改为斜放，把它们连接到一起，也会站在圆桶上面行走等。教师应该观察和研究幼儿游戏中的探究性和创造性，发现其中蕴含的发展价值，经常和幼儿讨论、交流幼儿园器械玩具的创造性使用和幼儿的创造性游戏。

山东省日照市岚山区实验幼儿园

幼儿改变以往在钻笼中爬行的游戏方式,从钻笼的外面、上面爬行,游戏的刺激性、挑战性大大增强

4. 创设相对安全的环境,不盲目鼓励幼儿冒险

需要强调的是,我们不提倡盲目的冒险和超越幼儿发展水平的挑战,更不提倡仅仅为了追求噱头而创设单一的刺激性的环境①。因此,教师要每天检查场地、器械、玩具材料,排除安全隐患,让幼儿在可控制、有支持的环境中参加冒险游戏。

(三)把自然元素融入室内环境

大自然里随处可见的自然资源,为幼儿提供了丰富多元的玩具材料。与传统的玩具与游戏设施相比,自然材料具有种类多样、结构性低、可移动、便于携带等特点,常见的自然材料有:树皮、树桩、树枝、树叶、植物的果实、泥土、石头、藤蔓、贝壳等。这些东西可以在游戏中供幼儿随心所欲地操作,是幼儿游戏时的好材料。

1. 支持幼儿户外活动时收集自然界的"宝贝"并将其带回室内

户外活动时,鼓励幼儿关注环境的变化,允许并支持幼儿收集小树枝、落叶、松果、落花、石子等自然物,并将它们带到室内。可以在室内创设一个专门的角落存放这些材料,也可以提供存储筐,让幼儿自己决定放置在哪个区域。

---

① 董旭花,韩冰川,张海豫. 幼儿园户外环境创设与活动指导[M]. 北京:中国轻工业出版社,2018.

山东省淄博市市直机关第三幼儿园

幼儿收集的自然物

山东省淄博市市直机关第三幼儿园

教师、家长和孩子共同收集的野果、木棍、木片、野花等自然材料

2. 呼应季节转换，在活动室投放相应的自然材料，让幼儿在室内也能感受季节的变化

　　一年四季春生、夏长、秋收、冬藏，神奇的大自然每个季节都会向我们贡献它的美丽和丰富的资源。把这些资源带进室内，不仅可以美化活动室，让活动室充满勃勃生机，让幼儿在室内也能感受到季节的变化，还会让幼儿感受生命的节律变化，培养对自然变化的敏感。大家都知道华德福幼儿园里会有"四季桌"的布置，即使置身室内，同样可以让幼儿时时感受到季节的变化和自然的气息。当然，这些材料也可能成为幼儿游戏的资源。

山东省德州市跃华学校幼儿园

秋季的窗台上放置葫芦、核桃、松果等自然材料，让人感受到浓浓的秋意，同时也支持幼儿观察、探索和游戏

山东省淄博市市直机关第三幼儿园

"四季桌"的布置，随季节变化，可由幼儿或教师选择任何能反映本地季节特色的物品摆放

第三章　自主游戏的环境创设 • 185

落叶和干花装饰出秋冬季节的暖意和美丽

山东省淄博市市直机关第三幼儿园

3. 支持和鼓励幼儿运用各种自然材料开展自主探究和游戏活动

对现阶段城市中的幼儿园来讲,将自然材料引入室内外非常重要。室内的动物和植物既可以成为幼儿观察、探究的对象,也会引发幼儿更多的互动性游戏活动。比如,大大小小的葫芦可以装饰活动室,也可以成为幼儿自主游戏的低结构材料,还可以成为幼儿美术活动的材料;秋季的落叶,幼儿可以进行观察、分类、排序等探究活动,也可以用来进行拼摆图案、树叶粘贴画等创造性艺术活动,还可以玩富有趣味的游戏活动。

缤纷落叶节

2017年,秋冬的成都,银杏叶纷飞。四川省成都市第十六幼儿园的老师们在赏银杏的同时也在思考着,这纷飞的落叶,怎样可以变成一种教育资源,变成孩子们最美的童年记忆呢?于是,大家决定把季节搬进幼儿园,来一场落叶雨。

孩子们分成两拨儿,轮流撒叶子,轮流享受落叶雨,最后大家聚在大操场上享受叶子的盛宴!幼儿园的二楼上,是尽情挥洒树叶的孩子们。平常,他们可没有往下扔东西的特权,但这一天,他们可以肆无忌惮地往下撒树叶。楼下,是欢呼雀跃的小伙伴们。他们张开手臂,感受着落叶纷飞的神奇。孩子们捧着篮子,张开口袋,想要把这珍贵的"雨点"全部收入囊中。地上很快就变成了金黄的一片。孩子们蹲下身来,把落叶一片一片地捡进小篮里。

满地的树叶更是孩子们寻宝的天堂。他们发现一些奇特的叶子,有的叶片很大,有

的颜色很不一样……

叶子飘呀，飘呀，小朋友们捡呀，捡呀……他们慢慢发现，这金黄的落叶似乎是捡不完的。于是，他们把落叶捧起，抛向空中，看落叶飘飞。他们把落叶抛向小伙伴，引来一阵追逐，一阵欢笑。他们最喜欢的是袭击"老师"，和大玩伴共享落叶雨。

……

第二届落叶节如约而至。为了再走近儿童一点，贴近儿童一点，老师们蹲下身倾听孩子们对于落叶节的期待。"我想用纸筒吹落叶。""我想顶一个筐子在头上接落叶。""我想把树叶扎在头发上。""我想把叶子堆得很高很高，然后钻进去，再把头伸出来！""把树叶放到滑梯上，然后和叶子一起滑下来。""做一个树叶床，在上面睡大觉。"……孩子们讨论着落叶节的各种玩法，下落叶雨仍是最大的呼声。

为了筹备落叶节，孩子们和爸爸妈妈、爷爷奶奶一起干着一件重要的事情——收集落叶！小小的任务，打开了亲子亲近自然的门，也将游戏精神进行到底！

终于到了落叶节这一天。当轻快的音乐响起时,"雨点"落下来了!全园一半的孩子拿着筐子"接雨",另一半孩子在楼上"下雨"。等楼上的孩子将班级收集来的"雨点"撒完后,再换"接雨"的孩子上楼"下雨"!落叶床软软的,具有快乐的魔力,孩子们惬意地躺在落叶床上,自由地滚来滚去。

……

除了落叶雨,落叶仗也是不容错过的精彩!抓起一把叶子就往小伙伴身上撒,然后赶紧跑开,追逐打闹中欢笑声不断。孩子们不仅可以和小伙伴"打仗",也可以和老师、园长妈妈、保安叔叔等打成一片。成人也变成了孩子,享受着游戏的快乐。

除了在户外玩落叶雨、打落叶仗,孩子们还把落叶带到室内,进行了各种各样的探索活动。

——节选自"人文幼学"微信公众号

4. 师幼共同利用各种自然材料装点活动室和寝室

自然材料具有一种质朴、自然、清新的美感,非常适合装点室内环境。教师可以和幼儿一起捡拾小树枝、落叶,用小树枝、落叶制作的作品装饰房间;也可以去户外采摘野花或做成干花,随意插到瓶子里或固定在墙上就非常美;植物果实,如松果、葫芦、核桃、花生、栗子等放置在窗台的筐子里就能带来自然生态的美……

山东省淄博市市直机关第三幼儿园

教室里到处都是干花、鸟窝、落叶、松果等自然材料，它们装扮着环境，也让幼儿近距离地亲近自然

山东省商务厅幼儿园

教室的角落放置了各种植物、树桩，置物架上摆放着各种自然材料，包括贝壳、树皮、种子等

5. 关注自然材料可能带来的卫生和安全问题

在投放和使用自然材料的过程中，教师要与幼儿一起认识和分辨各种材料，了解自然材料的特性，讨论哪些物品可能会带来卫生和安全问题，怎样做既能更好地保护自己，又能避免伤到同伴。

小 结

本章核心内容如下。

- 环境是幼儿园教育的重要资源，是幼儿自主游戏开展的基础与前提。适宜的环境可以引发丰富多样的游戏，最大限度地支持和促进幼儿的自我发展。
- 教师应站在幼儿的视角去审视幼儿园和班级的环境，在观察的基础上，基于专业的思考，经常对游戏环境进行反思与调整。
- 自主游戏的环境应是自由开放的，表现为游戏空间动态灵活，玩具材料开放多元，游戏时间充足且有弹性。
- 遵循幼儿天性，创设富有自然气息与冒险性的游戏环境。教师还应学会放手，引导幼儿参与环境的创设，尊重幼儿对环境和玩具材料的创造性使用。
- 在为幼儿创设适宜的物质环境的同时，也要重视心理环境的创设，如平等和谐的师幼关系、同伴关系。教师应该改变教育理念，善于利用环境促进幼儿的自主发展。

四川省成都市第十六幼儿园

第四章

自主游戏中的教师观察

> 通过仔细观察，你可以重新寻找并发现童年的价值和儿童令人称奇的能力，想起你做教师的初衷。你能够学会兼收并蓄各种相互冲突的观念，重新享受与儿童在一起的全部快乐。
>
> ——德布·柯蒂斯&玛吉·卡特[①]

自主游戏对于幼儿成长与发展的意义毋庸置疑，教师除了为幼儿创设游戏环境、提供游戏材料外，还肩负着重要的职责，即观察和研究幼儿。美国幼儿教育协会的《幼儿教师职业准备标准》指出，幼儿教师要"知道并理解儿童的个性和需要"。我国的《幼儿园教师专业标准（试行）》也多次提到教师作为观察者的责任。

* 掌握观察、谈话、记录等了解幼儿的基本方法和教育心理学的基本原理和方法。
* 在教育活动中观察幼儿，根据幼儿的表现和需要，调整活动，给予适宜的指导。
* 有效运用观察、谈话、家园联系、作品分析等多种方法，客观地、全面地了解和评价幼儿。

可见，观察了解幼儿是对幼儿教师的专业要求，同时也是幼儿教师的重要工作内容之一。我们所讲的观察，不是随意地看，而是研究幼儿的一种专业方法和专业能力，需要教师通过专业的学习和训练才能获得。教师作为观察者的身份应该贯穿在幼儿一日活动的始终，无论在教学活动、区域活动、生活活动还是游戏活动中，教师都需要对幼儿进行观察。在这里，我们重点来谈谈自主游戏中教师对幼儿的观察。

一、在自主游戏中，为什么要进行观察

现阶段，幼儿园的课程要求追随幼儿的兴趣，发现幼儿发展的内在需要，并在此基

---

① 柯蒂斯，卡特. 观察的艺术：观察改变幼儿园教学[M]. 郭琼，万晓艳，译. 南京：南京师范大学出版社，2018.

础上给予适恰的支持和引导,以推动幼儿的发展。在幼儿园一日生活的各个环节里,自主游戏是最能呈现儿童本真的活动,教师可以在自主游戏中看见幼儿真实的兴趣和需要,了解幼儿已有的经验和最近发展区,明确环境和幼儿园课程适宜的走向,并在观察幼儿中找到职业的价值感和幸福感。

(一)自主游戏呈现最真实的幼儿

大多数幼儿教师都知道要通过观察来了解幼儿的个性和需求,客观全面地评价幼儿。如此说来,"看到真实的幼儿"应该是必要的前提,否则我们的"看见"就会误导我们的分析与判断。我们看到的幼儿有可能不够真实吗?答案是肯定的。当然,这里的"真实"是指幼儿的生命状态、行为表现、个性特点以及内在需求等的真实呈现。在教师主导的集体活动中,幼儿往往没有机会和空间展示真实的自己。教师看到的更多的是幼儿相对共性的表现,在这样的情况下,有关幼儿更多真实的状态,教师是无法观察到的。

一般来讲,具备以下条件,集体中的幼儿可能呈现真实的自我:

* 具有安全感、归属感的环境
* 拥有自主选择权的活动
* 充足、自由支配的时间
* 适宜的环境和材料
* 成人的理解、信任与支持

幼儿自由自主的游戏

显然，自主游戏相对其他活动更具备这些条件，一线的幼儿教师应该都有这样的体会。在大多数生活活动、教学活动中，教师要拿出精力去组织幼儿，能够静下心来观察幼儿的时间有限；而在幼儿自主游戏的过程中，教师就有可能更加全面地观察到比较真实的幼儿。当然，如果教师能够将自由自主的精神和宽容、接纳、信任、支持的理念贯穿在幼儿的一日生活中，就会有更多的机会看见真实的幼儿。

实践链接： 看见真实的幼儿是我们了解儿童、读懂儿童的前提。反思在本班一日生活的各项活动中，你是否有机会看见真实的幼儿，为什么？观察本班幼儿在游戏活动中的状态，反思班级的精神氛围是否具备让幼儿呈现真实自我的条件。

（二）借助观察了解、理解和支持幼儿

观察是了解和理解幼儿的基本路径。了解是理解的基础，而观察幼儿正是了解幼儿的前提。只有建立在这种"真实"基础之上的观察才是有效的观察，也才会有真正适宜的教育。因此，教师应该把握这样的机会，在自主游戏过程中用心地观察幼儿，以便更加客观、全面、准确地了解幼儿和分析评判幼儿的发展。

只有基于对幼儿行为表现的观察，以及对幼儿情绪的感受，教师才有可能对幼儿的游戏行为进行分析解读，比如，他喜欢哪类游戏，他对什么样的游戏主题更有兴趣，他的游戏水平如何，他与人交往与合作的能力怎样，他的想象力、创造力如何，他的专注力与思维品质以及其他各方面的发展是否符合他的年龄特点，等等。

一名中班幼儿在搭建院落围墙的时候发现积木不够了，他去找别人借积木却遭到拒绝（别的幼儿也没有多余的积木），可是他没有表现出沮丧的情绪，而是开始观察自己的材料，自己想办法。一会儿工夫，他将之前用三块长方体积木叠放垒高搭好的围墙全部拆掉，改为将长方体积木一块直立接一块横放再接一块直立的方式，有规律地排列下去。可是，他发现积木还是不够。于是，他又调整成一块积木直立、两块积木展开横放的方式，最终用原有的积木完成了围墙的搭建。

幼儿用一块积木直立、两块积木展开横放的方式完成了围墙的搭建

山东省淄博市直机关第三幼儿园

对照上面的观察案例，我们可以从中分析这个中班幼儿在游戏中呈现出的发展水平。

* 在遇到问题时能够向同伴寻求帮助，在遭到拒绝后不生气、不气馁，能积极想办法解决问题，这说明他的社会性发展比较好，既信任同伴，主动求助，也能够承受同伴的拒绝。
* 他能够根据现有材料的特点（横放能增加围墙的长度）和自己的已有经验（按照规律排序的方式）来解决所遇到的问题（积木少，使用原先的方法无法搭建出足够长度的围墙）。对一个中班幼儿来讲，他的观察判断和思维能力已经很不错了。

基于这样的观察与分析，教师就可以判断自己是否需要介入指导以及后续的支持策略。比如，可以考虑邀请这名幼儿分享自己在游戏中遇到的问题、思考和解决问题的方法，给予他肯定、鼓励和欣赏，同时还可以进一步提出问题——"同样使用这些积木，你们还有其他方法把围墙建好吗"，以激发全体幼儿进一步探究的兴趣，拓宽思路，更富有创造性地去解决问题。

从这个案例可以看出，对幼儿的观察直接影响甚至决定着教师对幼儿发展水平的认识与评价，以及教师对幼儿引导与支持的有效性。

实践链接： 请随意在班级中选择一名幼儿，试着写出自己对他的了解，以及接下来需要对他的引导与支持。如果你感觉自己对他的了解不够清晰和具体，对他的引导与支持无从下手，那么，请试着在游戏活动中连续观察他一段时间，并和你的同伴分享你观察到的情况。

（三）观察是课程的源泉

随着对幼儿园课程认识的提升，我们越来越意识到"幼儿园课程不是以教科书为导向，而是以幼儿的发展为导向。观察和分析幼儿的行为表现是教师选择课程内容和组织相应活动的基本前提"[1]。幼儿园的课程从生活中来，从游戏中来，其实更重要的是从教师对幼儿的观察中来。

幼儿的自主游戏中蕴含着丰富的课程资源与课程的生发点，比如，幼儿感兴趣的游戏主题，幼儿在游戏中的行为表现、个体差异，幼儿在游戏中遇到的困难、问题，幼儿与同伴之间的交流互动，等等。因此，游戏前对幼儿前期经验的梳理或唤醒，游戏中对幼儿的支持与推动，游戏后与幼儿进行的回顾与反思，对新经验的概括与总结，从幼儿游戏中提出的新问题、新挑战，等等，这些都可以成为课程。

因此，自主游戏中的专业观察能够帮助教师在幼儿的游戏中找到课程的方向和目标，

---

[1] 虞永平. 幼儿园课程建设与教师专业成长[J]. 中国教师，2020（01）.

确立课程内容与架构的方式，找到课程实施的渠道，同时还能够帮助教师审核课程的适宜性。通过观察，教师可以了解幼儿当下的经验水平、兴趣需求，寻找适宜的方式推动和支持幼儿的游戏活动、探究活动，从而使游戏自然地成为课程的一部分。

第一次游戏

教师的观察：几名中班男孩在玩开车的游戏时吸引了很多同伴一起来玩，场地上出现了一阵混乱。有两名幼儿自告奋勇来当警察指挥交通，他们戴上警察帽，从玩具架上找出一个纸板做的红绿灯，还规定大家都朝着一个方向走，秩序马上就好多了。玩了一会儿，有的幼儿提出红绿灯变得太快了，还有的幼儿说马路上的车不应该都朝一个方向走，司机们和警察争执起来……

教师的分析：幼儿对开车游戏非常感兴趣。进一步了解红绿灯以及马路上车辆行驶的规则，应该是这一组幼儿当下的兴趣和需求。

教师的支持：在交流与分享环节与这一组幼儿围绕该问题展开讨论，但并未给出答案，只是要求大家在来幼儿园的路上好好观察。

第二次游戏

教师的观察：第二次游戏时，这几名幼儿请老师在地上画出双车道，以及路口的斑马线。他们让自己的红绿灯具备了倒计时功能，出现了提示等待的黄灯。

教师的分析：这些幼儿对游戏内容充满兴趣，在马路上观察得非常仔细，能够将新经验及实地观察的内容运用到游戏中，推动了游戏的发展。

教师的支持1：组织小组交流。在交流过程中，教师看到幼儿对自己在游戏中的新创造非常自信，非常满意。

教师的支持2：提出问题，发现幼儿的新兴趣。"你们在来的路上还有什么新发现可以用到游戏中？"在幼儿的回答中，教师发现了幼儿对车标与车牌的关注（一个男孩说，他发现马路上的车都有车标和车牌。大家对这个回答纷纷表示认同，抢着说："我也看到了！"几个男孩很激动地表示也要给自己的汽车制作车标与车牌）。

幼儿的游戏中出现了红绿灯倒计时、黄灯，还有幼儿自制的车标与车牌

幼儿在展览中发现车牌的问题

教师的支持3：追随幼儿的兴趣，支持幼儿动手制作。在美工区投放卡纸、毛根等材料，供幼儿制作车标、车牌，并将做好的车标和车牌固定到自己的车上。

第三次游戏

教师的观察：第三天游戏时，孩子们更兴奋了，他们高兴地互相观摩车标和车牌，神气地开车上路……幼儿的车标画得都比较形象，但是车牌就有些五花八门了，有的只有几个数字，有的前面有个"C"却没有"鲁"，有的"鲁"字画得笔画不是多一笔就是少一笔。

教师的分析：幼儿对车标的观察比较细致，但对于车牌的了解还不是很清晰。

教师的支持1：组织车标和车牌展，提供机会引导幼儿发现问题。游戏结束后，教师请大家把车标和车牌都摘下来，回教室布置一个展览（看展览的过程中，幼儿又有了新的发现。他们通过展览认识了更多的车标，发现有几个人画的是同一个车标，他们还自发地统计哪一种车标最多；也有的幼儿发现了车牌的不同，开始讨论真正的车牌上都有什么。展览吸引了其他幼儿来参观，也有几名幼儿参与到接下来的活动中）。

教师的支持2：抓住兴趣点，启发幼儿研究车牌、画车牌。教师抓住幼儿正在讨论的话题，与幼儿一起梳理他们发现的问题，并启发他们在回家的路上每个人都仔细观察一下马路上汽车的车牌，再向家长请教一下自己搞不懂的问题，然后认真地画一张自己家的车牌，第二天带到幼儿园来。

教师的支持3：再次展览车牌，组织幼儿分享车牌的秘密。组织画好车牌的幼儿一起欣赏自己和同伴的车牌，讨论车牌中的秘密，然后把自己制作的新车牌挂到车上继续游戏。

（山东省淄博市市直机关第三幼儿园　朱美玲）

通过上述案例可以清晰地看到，教师通过在游戏中的专业观察发现了幼儿当下的经验水平以及兴趣与需求，从而确定了支持与推动幼儿游戏的"价值点"，也就是课程的生发点。在推动游戏后的观察中，在对幼儿游戏意愿的追随中，课程的目标与方向也越来越清晰。之后，对进一步支持和推动幼儿游戏的方式的选择，也无不建立在教师对幼儿的专业观察基础之上。整个游戏过程中追踪式的持续观察，帮助教师对课程目标定位的准确性、课程架构方式与实施方式的适宜性做出了及时与相对准确的判断，也让教师对什么是好课程，以及游戏与课程的关系有了新的理解。教师在整个过程中始终尊重自然形成的"游戏小组",没有因为看到了课程的价值而将一部分幼儿的兴趣强加到全班幼儿的身上,这是对幼儿的游戏兴趣与游戏意愿的尊重,也正是基于专业观察所做出的判断和选择。

正如罗斯玛丽所说,"观察记录常常帮助我思考,对每名儿童来说,什么样的活动是适宜的?我设计的活动是不是有助于促进儿童多方面能力的发展?是不是考虑到了儿童发展的个体差异?是不是所有的儿童都需要参加这个活动?这个活动有助于促进儿童的学习吗?对儿童来说,活动帮助他达到了儿童早期学习标准的哪些要求?有助于实现哪些发展目标?"[①]这样的反思性问题应该是所有教师经常向自己提出的,同时应该用这样的问题引导自己对幼儿的游戏进行持续的观察和思考,反思课程生成与开展方式的适宜性和有效性等。

实践链接: 你如何理解幼儿园的课程?如何理解游戏与课程的关系?请在幼儿的游戏过程中观察幼儿的兴趣与需求,试着去发现课程的生发点,尝试去支持与推动课程的进程,并通过持续的观察来反思课程的目标、实施的方式方法等的适宜性。

(四)观察是调整游戏环境与材料的重要依据

"通过观察,教师了解每名儿童是怎样以独一无二的方式表现自己的创造性的,应该提供怎样的适宜材料支持其创造性的发挥。"[②]环境和材料是自主游戏开展的物质基础,对幼儿的游戏有着重要的"引发"与"支持"作用。而游戏环境和材料是否适宜,应该如何调整,教师需要通过对幼儿游戏的观察来获得。

首先,教师可以通过观察幼儿与环境、材料互动的情况,来判断自己所创设的游戏环境、投放的游戏材料是否能引起幼儿的关注,引发幼儿的游戏兴趣,激发幼儿的创造与想象。

比如,很多幼儿园教师通过观察发现,在自主游戏时,幼儿与购买来的大型组合玩具的互动情况几乎千篇一律,缺少有创意的富有个性的互动方式。有些幼儿园就决定将这些大型玩具进行拆分,结果发现幼儿的游戏状态有了令人惊喜的变化,他们会运用这些被拆解的部件玩出他们想要的游戏。再如,在游戏中,教师观察后发现,很多幼儿都愿意去抢占一间小木屋,还常常为此纠纷不断。教师意识到幼儿对这种私密的空间都充满兴趣,于是在环境中投放了一些大纸箱、由木棍扎起的帐篷骨架和一些旧床单等,激发幼儿利用这些材料自己搭建私密空间,既满足了幼儿的游戏需求,又巧妙地激发了幼儿动手搭建、解决问题的能力。

其次,可以通过对全体幼儿游戏状况的关注,针对游戏环境、材料与幼儿人数的适宜性,以及环境、材料与幼儿游戏种类和游戏主题的多样性、丰富性之间的关系进行观

---

①② 格朗兰德,詹姆斯. 聚焦式观察:儿童观察、评价与课程设计[M]. 梁慧娟,译. 北京:教育科学出版社,2017.

察，从而对环境、材料的适宜性做出判断并进行调整与完善。

比如，在幼儿开展建构游戏时，教师观察到多数幼儿都无法完成一个完整的作品，或者建构作品都过于简单、规模偏小，于是开始反思建构游戏材料的数量、游戏时间是否充足。

此外，有的教师在沙水区发现幼儿的游戏内容比较单一，大部分幼儿就是蹲在那里挖沙子。教师由此关注到沙水区只有一些购买来的塑料玩沙工具，材料过于单一。于是，相继投放了一些铁锹、锅碗瓢盆、木片、竹筒、奶粉罐以及一些粗细不同的塑料管、洗衣机下水管等材料，幼儿在沙水区的游戏内容因此变得丰富起来。

游戏环境与材料的价值就在于引发与支持幼儿的游戏，需要教师经常站在儿童的视角进行审视与反思。有些幼儿园的游戏活动之所以开展得不理想，出现幼儿缺乏兴趣、秩序混乱、游戏内容单一等问题，可能就是因为教师缺少从儿童视角对游戏、环境和材料的专业观察和思考。

沙水区多样的游戏材料引发丰富的游戏内容

实践链接： 你所在的园所、班级的游戏环境与材料是否会不断地调整与完善？依据是什么？请与本班教师一起观察本班幼儿的游戏，分析环境与材料的适宜性，并进行必要的调整与改进。

（五）观察是教师教育理念重构的基本通道

观念会直接或间接地影响教师的一言一行。教师对于幼儿、游戏、幼儿教育的认识就是《幼儿园教师专业标准（试行）》中强调的"专业理念"，如何在教育改革的过程中不断重构和完善自己的教育观念是每位幼儿教师专业发展的重要课题。

只有通过在游戏中对幼儿长期、大量、细致地观察，教师才能真正发现"儿童"。有

幼儿在开心地游戏

山东省淄博市市直机关第三幼儿园

了这样的观察，"儿童"不再是抽象的、笼统的概念，而成为有着鲜明个性的、独特的、具体的生命个体。只有通过观察我们才发现，那些以前停留在书本上、嘴巴上的"儿童观""教育观"，如今实实在在地触动了我们。"每个孩子都有着与生俱来的内在生命力""儿童是值得敬畏的""每个孩子都是主动的有能力的学习者和沟通者""儿童是通过自己的力量成长的""儿童是天生喜欢游戏的""儿童是在游戏和生活中成长的""是游戏给了儿童自由而快乐的童年"……这些观念正是在我们沉下心来观察幼儿的时候重新走进我们的脑海，引发我们的共鸣，给我们带来心流体验。也因此，我们才深刻地认识到游戏对幼儿的成长、发展与童年幸福的意义与价值，才会树立起把游戏还给幼儿的坚定信念。

实践链接：班级两位教师相互给对方录制1小时与幼儿相处时的视频，然后回看，看看自己是如何与幼儿互动的，互动的行为体现了怎样的儿童观。

请与同事一起交流一下自己观察到的儿童是怎样的，经过长期认真细致地观察后，自己的儿童观、教育观、课程观有哪些变化。

（六）观察能帮助教师找到职业尊严感和幸福感

我们常常抱怨，幼儿教师的社会地位不高，家长对幼儿教师的尊重不够。这其中有外部客观的因素，但同时我们也应该意识到，幼儿教师自身的专业水平、专业素养也是影响教师职业尊严的重要因素。幼儿教师的专业性体现在哪里？观察就是其中之一。能够用专业的眼光去观察、分析、解读幼儿，这是幼儿教师与其他非专业人员的区别，也是教师在当下各种理念满天飞的情况下，能够拥有专业定力的基础。当幼儿教师练就了观察的本领，能够用专业的眼光去观察、解读幼儿，从而更有效地帮助幼儿成长时，这份职业尊严就会慢慢建立起来。

"通过仔细观察，你可以重新寻找并发现童年的价值和儿童令人称奇的能力，想起你做教师的初衷。你能够学会兼收并蓄各种相互冲突的观念，重新享受与儿童在一起的全部快乐。"① "当我们无视儿童真实的样子时，我们其实剥夺了自己更深层次的快乐源泉。"② 职业幸福感是每一位幼儿教师都渴望能够体会到的，但在日复一日的忙碌中，在年复一年的重复中，职业幸福感却似乎变得遥不可及。有人说，"心在"是我们能够活在当下感受幸福的前提，而对幼儿的观察是能够把我们浮躁的心安住在当下的"法宝"。如果花时间去观察，教师就会发现每个幼儿都会展现出某些可喜的东西。通过观察，教师会被幼儿的一颦一笑、一举一动深深吸引，会被他们强烈的好奇和求知欲以及认真专注、忘我投入的状态打动，不知不觉地沉浸在与他们在一起的"此时此刻"。通过观察，教师能看见幼儿身上那种鲜活的生命力量，看见每个幼儿的独特之处，发现他们的"了不起"，而敬畏之心的升起会让教师对这份能够陪伴这些充满力量的、拥有无限可能的生命的工作产生一种发自内心的自豪与荣幸。

简而言之，通过观察，教师看见幼儿的成长，为幼儿的一个个"哇"时刻所惊喜赞叹；通过观察，教师对教育的热情会被幼儿唤醒，更投入地去工作；通过观察，教师也会看见自己的价值，看见自己前行的方向；通过观察，教师与幼儿会有一种更紧密的连接，当与一个个小生命都建立起了这样的连接时，教师的内心就会变得柔软、温暖，而爱和幸福就会开始自然地流淌。

幼儿在游戏中的快乐、投入会感染与唤醒教师的教育热情

山东省淄博市市直机关第三幼儿园

---

①② 柯蒂斯，卡特. 观察的艺术：观察改变幼儿园教学［M］. 郭琼，万晓艳，译. 南京：南京师范大学出版社，2018.

实践链接： 请与同事一起交流一下自己体验到职业尊严与幸福感的时刻。请尝试在游戏中观察幼儿，发现每个幼儿的独特之处，看见他们的"哇"时刻，体验如何与一个个生命建立亲密的连接。

二、如何做合格的观察者

在自主游戏活动中，教师要成为一名合格的观察者，应该明确什么是观察、到底要观察什么以及如何观察。只有牢牢把握观察的核心，了解观察的内容，明确观察的路径和方法，才能够在针对自主游戏活动的观察中发现想要了解的信息，实现观察的目的。

（一）什么是观察

文献资料对于观察的定义与描述有很多，举例如下。

* 观察是有目的、有计划、有方向、比较持久的知觉活动。[1]
* 观察，是有目的、有计划的知觉活动，是知觉的一种高级形式。"观"指看、听等感知行为，"察"指分析思考，即观察不只是视觉过程，还是以视觉为主，融其他感觉为一体的综合感知，而且观察包含着积极的思维活动，因此称之为知觉的高级形式。[2]
* 有效的观察，需有明确而具体的观察目的，以及关于所观察对象的一定的预备知识，对客观事物的分析和综合能力，记录和整理材料的具体方法等。[3]

综合以上对观察的描述，教师需要把握以下几点。

1. 观察应有目的、有计划

观察不是随意的、漫无目的的，而应该有明确的目的和计划，比如，观察谁？想通过观察了解哪方面的情况，等等。

2. 观察应调动多感官参与

观察不只是用眼睛来看，而是以视觉为主，融其他感觉为一体的综合感知。也就是

---

[1] 董旭花，韩冰川，刘霞，等. 幼儿园自主游戏观察与记录——从游戏故事中发现儿童 [M]. 北京：中国轻工业出版社，2015.

[2] 引自百度百科。

[3] 胡潇. 理性自我在观察中的作用 [J]. 广东社会科学，1998（6）.

说，我们在观察幼儿时，不仅要看，还要倾听，还要去感觉。

3. 观察应有预备知识

教师在观察的时候，要具有与观察对象、观察目标、观察内容相关的预备知识。比如，幼儿基本的年龄特点、发展特点、学习特点、经验水平，以及各类游戏的相关知识等。

4. 观察应与积极的思维相结合

在观察的同时，教师的思维一定是积极参与其中的，需要边观察、边思考，并将观察到的现象与内在的相关知识进行链接，最后将所有的信息综合起来获得判断与结果。

当然，对什么是观察有了比较清晰的认识不代表就能够做好一个观察者，教师还需要明确观察的内容、方法，积累更多观察实践与反思的经验。

实践链接： 请参照以上几个关键词，反思自己的日常观察是否有明确的目标、是否运用多种感官、是否已储备足够的专业知识、是否有积极思维参与。

（二）观察什么

观察内容取决于观察目标，教师应该结合自己工作的实际需要确定观察目标和观察内容。一般来讲，教师在自主游戏中的观察内容包括以下几方面。

1. 幼儿在游戏中的兴趣与专注

教师要观察幼儿在游戏中的投入程度、持续时间、兴趣与转移等。比如，幼儿是专注投入还是游离状态？幼儿在一个游戏主题中持续多长时间？更换主题的频率怎样？

2. 幼儿的游戏水平

教师要观察幼儿确定游戏主题的能力、选择与分配游戏角色的能力、设计并推动游戏情节发展的能力、与环境和材料互动的水平等，当然也包括基本的游戏技能，比如，建构游戏中的搭建技能，表演游戏中的模仿能力及艺术方面的唱、跳、朗诵、表演等基本技能。

3. 幼儿在社会性方面的表现

教师要观察幼儿在游戏中与同伴的语言交流、互动、对规则的理解和遵守、游戏中的合作水平等。

幼儿与同伴合作尝试使用由小竹竿制作的支架与竹子做的水渠引水,过程中遇到了各种问题,尝试自己解决

山东省淄博市市直机关第三幼儿园

4. 幼儿在想象力和创造性方面的表现

幼儿的想象力和创造力表现包括:幼儿借助自己的已有经验和环境材料确定游戏主题,设置游戏角色,创造性地使用材料或者解决问题的方式,以及在游戏中获得的成果或作品是否富有想象力与创造力等。

除了对幼儿个体的观察,教师还需要对全班幼儿在游戏中的整体表现进行观察,比如,幼儿整体的游戏状态与游戏水平,一段时间内游戏主题的数量与特点,幼儿的作品与呈现的整体状况,等等。另外,教师还需要对游戏环境和材料的适宜性,教师介入后幼儿的反应与变化等进行观察。

实践链接: 无目的的观察常常让观察流于形式。在进行游戏观察时,你有明确的观察目的吗?如果你在观察过程中发现了与预设的观察目的不同但也具有观察价值的内容,那么你会如何取舍?

(三)如何观察

要提升观察的实效,班级教师需要进行合理的分工,明确各自观察的目标和内容,选择适宜的观察方法,做好观察的准备。

1. 科学合理地分工,保障观察

幼儿教师的工作琐碎又繁杂,再加上国内大多数幼儿园班额比较大,导致教师在工作中的状态常常是忙碌又紧张。如何确保教师能够有时间、有精力去观察幼儿呢?园所

整体的工作安排以及班级人员的工作分工是否合理是关键。

第一，园所在进行工作安排时要考虑到班级教师的工作性质与工作量，配齐最基本的班级人员，保证每班两教一保或三教。同时，避免班额过大，给教师造成压力。如果现有班额已经超出标准，可以考虑在自主游戏环节由保安、保洁、保健医等后勤人员承担一定的幼儿安全防护工作。

第二，班级教师的工作分工要合理，明确各自的观察任务。三位班级教师在每天的游戏时间应该进行合理分工。比如，一人负责扫描式的全面观察，包括关注整个场地上幼儿的安全。另外两人可以选择某个区域进行定点观察，也可以针对某个幼儿或某组幼儿进行追踪式观察。当然，不管是定点观察的教师还是追踪幼儿进行观察的教师，对幼儿的安全问题都不能视而不见。

2. 掌握基本的观察方法，提升观察的能力

观察能力，是指能够迅速准确地看出观察对象和现象的那些典型的但并不显著的特征和重要细节的能力。观察能力的提升需要教师运用一定的观察方法，通过长期的观察实践形成。

一般常用的游戏观察的方法有以下几种。

（1）**扫描式观察**。扫描式观察，一般是在对全体幼儿的游戏状态进行观察时所使用的方法。教师会在一定的时间段内按照一定的顺序对全体幼儿做一个相对快速的观察，一般以 5~10 分钟为一个时间单位。这种观察方法便于教师了解全班幼儿的游戏状态、游戏主题、游戏角色、游戏材料等。另外，对于幼儿在游戏中的安全问题，教师也可以通过这种扫描式的观察来发现。从这个意义上来说，在幼儿自主游戏的过程中，这种扫描式的观察是不可或缺的。不过，在使用扫描式观察时，要避免目的性的缺失，那样容易使观察失去意义。

（2）**定点观察**。定点观察，是指教师选取一个相对固定的位置或区域来对幼儿的游戏进行观察，把进入该范围的幼儿都作为观察对象。教师可以在一定的时间段内固定在一个位置或区域，过一段时间再到另一个位置或区域观察，也可以整个游戏时间都在一个地方进行观察。这种观察方法便于教师完成一些对于环境、材料与幼儿游戏的相关性的观察任务。比如，教师站在材料架的位置观察幼儿选择材料的情况，发现最受幼儿喜欢的材料以及不受幼儿欢迎的材料，分析游戏材料的选择与年龄、性别、游戏的关系等，为后期的材料调整提供依据。此外，教师还可以就某个游戏场地中幼儿的参与情况进行观察，如参与的人数、幼儿的持续时间、游戏主题与内容等。

（3）**追踪式观察**。追踪式观察，是指教师确定 1~2 名幼儿作为观察对象，然后一直追随幼儿进行观察。这种观察方法有利于教师对幼儿个体进行比较全面、客观的观察。在这样的观察中，教师能够比较完整地看到幼儿从确定游戏主题和角色，到选择材料、

幼儿沉浸于摆弄积木块的游戏中

推进游戏的整个过程中的表现。追踪式观察特别需要教师注意自己的站位与状态，尽量不要给幼儿带来紧张感和压迫感，也不要因为过度关注而给幼儿的活动带来干扰。

3. 借助观察工具，提升观察质量

"工欲善其事，必先利其器"，必要的观察工具可以有效提高观察的质量。在幼儿园的游戏观察中，比较常用的观察工具有照相机、摄像机、手机等。

有人说，幼儿教师是成人世界派到孩子世界的密探，是幼儿在成人世界的代言人。所以，我们需要沉下心来做幼儿游戏的观察者，走近幼儿、观察幼儿，从而理解他们，为他们发声，帮助他们获得更好的成长和发展。

实践链接： 请与同事一起讨论本班教师在游戏活动中的分工是否合理，是否能保障教师有时间、有精力去观察幼儿的游戏，必要的话，一起来调整一下吧。

你最常用的观察方法是哪一种？你认为在游戏中应该如何运用这几种观察方法？

三、如何进行专业分析

"观察"一词中"察"是指分析思考的过程。对观察结果的专业分析，是指教师结合自身已有的教育理论和积累的实践经验，对幼儿在游戏过程中呈现出来的行为特点、发展水平、兴趣爱好、成长需要、存在的问题等进行分析和思考，以反思和改进自身教育

实践的专业化过程。专业分析可以帮助教师审视游戏环境、玩具和材料是否适宜；了解幼儿的发展水平和兴趣爱好，准确把握幼儿的游戏状况，为适时、适当、适度介入奠定基础，为后续制订发展适宜的课程方案提供依据。经常对自主游戏进行观察与专业分析，还可以帮助教师积累有关幼儿发展特点与规律方面的专业经验，快速而有效地提升教师的专业素养，帮助教师树立专业权威形象，提升专业自信。

现阶段，在对观察资料进行分析解读方面，幼儿园教师普遍存在畏难情绪，也确实有很多问题，主要表现如下。

* **角度消极**。教师不是以欣赏、接纳、推动幼儿可持续发展的眼光和价值观来分析幼儿，而是挑毛病、找问题、贴标签，把幼儿与同伴横向比较。
* **主观片面**。教师在分析时容易用已有认识去推断和揣测幼儿行为背后的动机，用固化的思维去分析幼儿的行为，缺乏儿童视角，态度居高临下，容易主观臆断和以偏概全。
* **分析泛泛**。教师没有围绕观察需要达成的目标和解决的问题进行分析，看似堆砌了很多文字，但是缺乏重点和针对性，这样的分析很难为后续推动幼儿发展提供有效的依据。
* **肤浅苍白**。教师在分析和解读幼儿游戏的过程中，往往由于相关专业理论的缺乏，导致分析流于表面，不能很好地把握幼儿的心理特点，不能找准幼儿行为背后的深层次原因，从而无法针对观察结果制定切实有效的支持策略。

为避免出现上述问题，教师需要做好如下几方面的工作。

（一）做好专业准备

一线的教师经常说："我天天观察孩子，也没有发现什么有用的信息。"对幼儿园教师来说，记录一段幼儿的表现，描述幼儿的行为过程并不难，难就难在分析幼儿行为背后的发展水平、动机以及行为的意义和规律等。要想读懂幼儿的行为，教师需要做好哪些方面的专业准备呢？

请问自己以下问题，看看自己是否做好了分析幼儿的准备：

* 对于各年龄段幼儿的生理、心理发展特点，我是否熟悉？
* 对于不同幼儿的个性化发展经验，我是否了解？
* 对于各类游戏活动的性质、特点以及功能，我是否关注？
* 对于幼儿在各类游戏活动中发展的关键经验，我是否明确？

1. 对幼儿发展水平和特点的把握

要想了解幼儿的发展水平和特点，教师应该具备两把"尺子"。一把"尺子"是幼儿发展的共性特点，包括：幼儿的身体素质、大动作和精细动作发展；语言发展；情绪情感的发展；观察、注意、记忆、思维等的发展；自我意识和自主性的发展；人际交往能力的发展；审美意识和能力的发展；想象力与创造力的发展，等等。《指南》全面、系统地阐明了3—6岁幼儿在健康、社会、语言、科学、艺术五个领域的发展目标及每个目标的典型行为表现，有助于教师了解该年龄段幼儿大致的学习与发展水平、行为特点，为分析幼儿提供了直观的参照和依据，是教师分析幼儿游戏行为的有力抓手。

另一把"尺子"是幼儿发展的个性特点。尽管有生理、心理、社会性等方面的共性参照目标，但是由于幼儿年龄较小，各方面的发展还不稳定、不平衡、不成熟，每个幼儿受遗传、环境、家庭教养方式等的影响，存在着较大的发展差异。因此，教师不仅要关注幼儿发展的共性特点，还要关注每个幼儿发展的个性特点。

2. 对各类游戏的性质及幼儿发展关键经验的把握

不同类型的游戏会有不同的特点和发展功能，例如，建构游戏是幼儿运用积木、积塑、拼棒等建构材料创造性地表现周围建筑物、物体形象和场景的游戏活动。围绕建构游戏的性质和价值，教师可从以下几个方面来把握不同年龄段幼儿发展的关键经验。想要进一步了解在不同类型的游戏中，幼儿可以获得哪些发展的关键经验，可参见《幼儿园户外环境创设与活动指导》一书。

幼儿正沉浸在自己的建构游戏中

浙江省宁波市北仑区小港浃江幼儿园

建构游戏的关键经验[1]

关键经验	小班	中班	大班
游戏兴趣	对建构游戏感兴趣，喜欢用积木、插塑等材料进行简单的拼搭活动。	愿意尝试使用更多的建构材料进行搭建，能够比较投入地参与游戏，享受游戏的乐趣。	能专注、投入、持续地进行搭建，愿意搭建有挑战性的作品，体验搭建成功后的成就感和喜悦感。
游戏能力与水平	了解各种建构材料的名称和特征；能运用简单的平铺、垒高、围封等技能，用积木来建构简单的物体形象。	熟悉各种建构材料；会运用架空、组合、对称、按规律排序等基本的建构技能，用积木搭建作品；学习运用插接、排列、组合、旋转等基本技能用插塑来建构作品；能有目的、有计划、有主题地建构；学习使用辅助材料，增强建构作品造型的表现性；能够搭建比较完整的作品。	了解各种建构材料的特点；能熟练运用各种建构技能，进行综合搭建；能恰当地选择不同的建构材料拼搭；有一定的创新意识，能根据经验进行想象搭建；会看平面图，能把平面图变成立体搭建物。
交往与合作	喜欢与同伴一起玩建构游戏，能运用简单的语言进行交流；愿意向同伴介绍自己作品的名称。	能与同伴共同搭建同一主题的作品，游戏中有交流、有互助、有协商；能用较为简单的语言介绍自己的作品，大胆地与同伴交流想法；能理解、欣赏他人的作品。	能与同伴友好协商搭建主题和建构方案，分工合作，完成搭建作品；能较完整地讲述建构活动的过程和主题；在合作中既能有主张、有主见，又能尊重别人的意见，有合作的态度；喜欢挑战，富有想象力；主动沟通、协商，解决游戏中的问题和纠纷。
规则与习惯	在教师的提醒下能遵守简单的规则，不乱扔、不损坏建构材料，知道物归原位。	有一定的规则意识，爱惜材料；游戏后能主动整理材料，按类摆放整齐；游戏中知道要小心行动，不破坏别人的建构作品。	能在教师的指导下，与同伴共同建立材料使用、场地整理、合作搭建的相关规则，并主动遵守；能分工协作、动作迅速地将玩具和辅助材料分类摆放整齐；能按需取用材料，随时清理现场，有一定的安全意识。

---

[1] 董旭花，韩冰川，张海豫. 幼儿园户外环境创设与活动指导[M]. 北京：中国轻工业出版社，2018.

建构游戏中幼儿要造一辆谁都没有见过的车

山东省淄博市市直机关第三幼儿园

实践链接： 请对照上述建构游戏的性质、价值和幼儿需要发展的关键经验，思考角色游戏、表演游戏等创造性游戏活动的性质、特点和发展价值，尝试列出角色游戏、表演游戏中幼儿需要发展的关键经验。

3. 具备持续的、多角度收集幼儿发展信息和资料的意识

要想了解自主游戏中幼儿的真实发展水平和特点，教师需要长期观察，多角度、多层次地收集信息，呈现幼儿在不同的游戏活动中、同一游戏不同的时间中以及同一游戏不同的发展方向上的表现等，从而勾画出幼儿真实的发展全貌。切忌仅凭一次观察，仅凭对一个游戏内容的分析就对幼儿的发展水平和特点"以偏概全"地下结论。

4. 空杯心态，不带评判的思想，不存主观的刻板印象

通常，对幼儿在自主游戏活动中的行为表现，往往由带班教师来进行分析。尽管分析解读幼儿无可避免地会掺杂教师的已有认识，但在分析幼儿前，教师还是要提醒自己放下对幼儿的成见，实事求是地从观察记录中梳理出有价值的信息，对幼儿的言行做出尽可能准确、客观、全面的解读。

（二）明确自主游戏的分析维度

对自主游戏进行分析，教师需要关注以下三个维度：一是游戏中的幼儿，这是教师分析的主要维度；二是游戏中的环境和材料，这是确保自主游戏质量的前提和基础；三

是游戏中的教师,尤其关注游戏中的师幼互动,重点分析教师介入和引导是否适宜。

1. 游戏中的幼儿

在自主游戏中,教师可以针对幼儿表现出来的学习品质、社会性发展水平和游戏水平等方面来分析幼儿的游戏情况。同时,教师还可以分析幼儿展现出来的身体动作发展、情绪情感状态、人格特质、认知发展、爱好特长等,全面分析幼儿的发展水平和特点,了解游戏中幼儿的发展需求,为后续跟进、支持幼儿发展提供依据、奠定基础。

角色游戏活动中对幼儿进行观察分析的相关指标

一级指标	二级指标及核心要素
A. 学习品质	1. 好奇心(敏感、关注未知、好奇、喜欢摆弄)
	2. 兴趣与态度(兴趣、快乐、学习动机)
	3. 主动性与计划性(主动性:目的明确、积极参与、合理冒险;计划性:意图清晰、选择明确、决策果断、行动力强)
	4. 专注力与意志力(专注力:思维能力、聚焦目标的能力、行为控制能力;意志力:注意力、情绪、行为、抗挫能力)
	5. 独立性与坚持性(独立性:自我依靠、自我控制、自我主张;坚持性:全神贯注、目标坚持、主动完成任务)
	6. 反思与回顾(回忆、分析、自我修正)
	7. 想象与创造(丰富、新颖)
B. 社会性发展	8. 遵守规则(规则意识、遵守规则的行为、制定规则的能力)
	9. 冲突解决(识别问题、提出想法、倾听他人、达成共识)
	10. 加入游戏(提出请求、运用策略、主动吸引)
	11. 合作倾向(助人、交往、协同)
	12. 自我调控(准确表达情感、合理调控情感、能够延迟满足)
	13. 自尊自信(自我意识、自我认同、自主自立、敢于挑战)
	14. 尊重理解(情感关注、换位思考)
C. 能力表现	15. 主题、情节和角色(主题稳定、情节丰富、角色多元)
	16. 角色扮演与表现(角色意识和特点、角色表现与创造)
	17. 材料的选择和使用(以物代物、一物多用、创造性使用)
	18. 问题解决(问题意识、问题解决策略)

山东省德州市跃华学校幼儿园

户外自主游戏中,几个幼儿聚在一起,收集地上的落叶和碎屑,玩着过家家的游戏,俨然就是亲密的一家人

2. 游戏中的环境和材料

在自主游戏中,环境和材料发挥着"不说话的教师"的功能和作用,对幼儿的游戏行为产生重要的影响。在对自主游戏进行分析时,教师还应该重点审视幼儿园游戏空间的布局是否合理,是否便于幼儿进行游戏转换;游戏环境的创设是否自然、多元、适宜、可变;玩具材料的投放是否丰富多样,能否支持幼儿游戏、满足幼儿发展的需要。

3. 游戏中的教师

教师作为幼儿游戏活动的"支持者、合作者、引导者",在自主游戏中发挥着举足轻重的作用。教师的儿童观、游戏观、教育观、课程观直接影响幼儿园游戏的质量和幼儿游戏的水平。分析游戏时,教师也需要分析自己对于儿童发展水平的把握是否准确,介入游戏、引导游戏的时机、方式方法是否合理,对幼儿游戏的支持是否到位等。

(三)通过实践—反思—再实践的不断循环,提升分析能力

要提升专业分析能力,教师除了要看懂幼儿的游戏行为,积累丰富的"儿童行为表现库",了解不同类型游戏的特点和关键价值,还要善于在观察—分析—改进—实践—再观察—再分析—再改进—再实践的循环中持续反思,不断修炼自己的分析能力。此外,教师还可以借助同伴、专家等力量形成研究和发展的共同体,在理论学习、实践运用的过程中不断提升自己的分析能力。

四、如何做好观察记录

观察记录是教师将观察中发现的有意义的事件通过一定的手段保留下来，并加以分析解读，以进一步优化教育环境、制定适宜的策略，从而有效地支持幼儿发展的专业方法。观察记录是收集、积累和分享幼儿发展水平与行为表现的重要方式，它使得幼儿的成长与发展历程变得可视化。跨时空、可持续的一系列观察记录还可以帮助教师全面地把握幼儿的行为特点和学习方式，有助于教师对自身的教育行为进行反思，从而更好地提升专业素养。

（一）选择有意义的事件做记录

教师在一天的活动中对幼儿的观察随时随地都可能发生，如此频繁的观察行为，如此多的观察活动都一定要记录下来吗？答案是既不可能，也没有必要。

教师只要选择有典型意义的事件记录下来即可。那么，什么样的事件可以作为典型事件，需要被记录下来呢？

* 能够反映幼儿的发展特点、发展水平的事件
* 能够反映幼儿的个性特点、兴趣、需求的事件
* 能够反映幼儿的自我意识、归属感和社会情感发展的事件
* 能够表现幼儿面对矛盾、冲突、挑战时的态度和行为的事件
* 能够反映幼儿发展中的问题的事件
* 能够反映幼儿各种游戏发展水平的事件
* 能够反映幼儿的课程经验迁移或运用的事件[1]

……

实践链接：仔细回顾自己的观察记录，分析它们反映了哪一类典型事件？这些典型事件帮你看到了幼儿怎样的发展特点？你还能扩展上面的典型事件的类型吗？

（二）叙事性观察记录

叙事性观察记录是对幼儿游戏行为进行观察时最常用的记录方法，这类记录方法注重记录所发生的事实，强调文字描述的客观性，其特点是通过具体、细致的文字语言描述，让观察对象的行为、言语以及周围的环境栩栩如生，令人产生"身临其境"的感受。

---

[1] 董旭花. 幼儿园区域活动68问[M]. 武汉：长江文艺出版社，2020.

叙事性观察记录的缺点在于，教师在观察现场可能来不及详细记录，只能在观察结束后进行补充记录，或者采用录音、拍照、摄像等媒介作为辅助手段帮助进行游戏现场的再现。此外，叙事性观察记录质量的高低，也与记录者本身的文字功底有密切的关系。

叙事性观察记录一般应包含以下基本信息。

1. 观察记录的名称

写观察记录和写文章一样，也需要一个题目，观察记录的题目应该相对具体，有一定的指向性，比如，"蝴蝶餐厅趣事多"就比"幼儿园角色游戏观察记录"更具有指向性，也更容易让阅读者把握观察记录的核心内容。

2. 观察的对象和记录者的信息

观察记录要能够提供必要的观察对象和记录者的信息，如幼儿的姓名、性别、年龄（最好能具体到月龄，因为年龄越小的幼儿，其月龄发展变化的差异性就越明显）、所在班级等。有关观察对象的详细信息，一方面能帮助阅读者快速地把握该幼儿的发展水平和特点，为分析和解读幼儿的言行提供关键的资料；另一方面也便于记录者建立对该幼儿的个人成长档案，为纵向记录幼儿成长的轨迹提供必要的信息条件。记录者的信息可包括记录人的姓名、身份、教龄等，这些信息一方面可以用于判断观察记录的观察视角，了解记录者与观察对象之间的互动关系；另一方面还可以作为记录者个人的工作情况，纳入教师发展档案。

3. 观察的时间

观察记录还应提供观察的具体日期和起止时间，如2020年9月17日，9:30—10:30。具体的日期信息，有助于记录者对幼儿不同发展时期的观察记录进行纵向对比；起止时间信息，可以帮助记录者锁定在这一时间段内观察对象的具体活动内容和行为表现，这是观察记录重要的信息来源。

4. 观察的目的

作为实现教育目标、促进幼儿发展的重要手段，专业的观察应该带有一定的目的性。记录者应结合自己的工作需要确定观察目的，如观察幼儿选择和使用游戏材料的情况，以分析评判游戏材料的适宜性；观察幼儿在游戏中的兴趣和游戏水平，以更好地调整课程走向和课程内容。

观察目的：幼儿对建构区新投放的积木的使用情况。

围绕这个观察目的，教师可以选择建构区，每天观察记录前来选择积木的幼儿所在年龄班、人数、持续游戏的时间、建构的内容和过程。连续观察1周左右，教师就能够得出不同年龄班幼儿使用积木的情况，为下一步增减积木数量、提供辅助材料等提供基本的参考依据。

5. 观察的背景

教师在做观察记录时，还需要提供事件发生的背景信息，包括物质环境及心理和社会环境。其中，物质环境信息既包括幼儿园的活动室、户外活动场地、种植园地、沙池等场地信息，也包括与所观察的幼儿行为有关的设施、设备、玩具材料等方面的信息。心理和社会环境信息包括幼儿正在开展的游戏，活动中伙伴的参与情况，同伴间的交往、冲突、遇到的问题等。

6. 事件发生的过程

这是观察记录的主要内容，教师需要客观、详细地描述观察对象游戏的过程、发生的关键事件、事件演变的过程及结果。对事件的描述应尽可能系统、完整；表述应清晰、准确、有条理；相对客观，不掺杂主观判断或偏见；符合基本的伦理要求，如幼儿匿名、注意保护幼儿的隐私、观察记录幼儿得到了家长的许可等。

7. 对观察事件进行专业分析

这是观察记录最能体现教师专业水平的部分，教师需要结合专业知识对观察到的幼儿游戏事件进行分析解读，探寻幼儿行为背后的缘由和规律，分析评价幼儿的发展。

8. 对教育行为进行反思

根据对幼儿游戏行为的解读与分析，教师可对自身的教育行为、介入指导的必要性和有效性、创设的游戏环境、幼儿的表现等进行反思，寻找存在的问题，并探寻后续支持幼儿发展的具体策略。

（1）**反思自己的儿童观、教育观和游戏活动过程中的言行对幼儿的影响**。幼儿的表现是教师的一面镜子，教师应该从中看到自己的问题并学会反思和调整自己的理念和行为。

（2）**思考游戏环境、材料对幼儿的支持作用以及后续调整的策略**。幼儿的行为深受环境的影响，所以，当教师观察到幼儿的某些行为，并对幼儿的行为和发展有比较深刻的理性分析之后，应该分析环境创设是否适宜，玩具材料的投放是否能满足幼儿游戏的需要，应如何调整才能更好地促进幼儿发展。

（3）**思考今后在游戏中支持和推动幼儿发展的具体方法**。在分析了幼儿的游戏行为后，教师就需要思考如何支持幼儿，比如，介入的必要性、时机、方式方法等。一个专业的幼儿教师不仅需要具备专业的眼光来审视自己的教育行为，还需要具备实践的智慧来引领和推动幼儿的发展。

××观察记录表

观察对象	姓名：	观察时间	日期：　　年　月　日	
	性别：			
	年龄：		起止时间：　时　分 — 　时　分	
	所在班级：			
观察者		观察背景	观察地点：	
			其他背景信息：	
观察目的				

对游戏内容的观察描述	对幼儿行为的分析解读

教师的反思与回应策略

（4）**思考今后课程内容的调整，以更好地支持幼儿拓展经验、提升能力。**游戏活动是幼儿园课程的重要组成部分，同时，也与幼儿园其他活动相互呼应、相辅相成。教师如果观察到幼儿在游戏活动中遇到的问题、困难可能与缺乏某些经验有关，就可以灵活地调整后续的教育教学活动内容，利用主题谈话、阅读活动、集体教学等方式，有目的地帮助幼儿拓展经验、提升能力，以更好地促进幼儿的全面发展。同时，这也有利于幼儿园课程的系统性建构，是幼儿园预设课程与生成课程相互融合与呼应的表现。

（5）**针对个别幼儿的问题，思考家园共育的具体策略。**幼儿不是孤立存在的，而是生活在一个或多个相互关联的系统之中。因此，对于幼儿的任何行为问题，教师都必须与家长密切沟通，一起分析幼儿出现问题的原因，共同寻找解决问题的措施和策略，家园一致引导幼儿慢慢调整自己、逐步改变，从而更好地成长与发展。①

忙碌的小医院

观察时间：2017年12月21日 9:00—9:40

观察地点：山东省商务厅幼儿园 大一班

观察对象：角色区里的幼儿

观察目的：角色游戏中，幼儿自主生成游戏主题与情节的能力

观察内容：小医院里，医生和护士各司其职地忙碌着。护士在给一个发烧的患者挂号，她耐心地询问病人："你要挂什么号？哪里不舒服？"医生则给骨伤的幼儿拍好了片子，给出了诊疗方案。

医生拿着诊疗单，满脸自豪地与我分享："我给冬冬拍片子，发现冬冬胳膊上的骨头坏了，大骨头碎了一块。我得给他接骨，接好了他才可以活动。"然后，医生开心地去寻找刚才的病人给他送诊疗方案。

分析与解读

从幼儿的诊疗方案看，图符记录简单明了，能清晰地呈现诊疗的整个过程，可见这名幼儿对医生诊断骨伤有丰富的前期经验，思路清晰，逻辑性强。

此时，小医院又来了一个病人。见医生没回来，护士细心地询问病情："你怎么了？"病人捂着胸口说："我感冒了，不舒服。"护士轻轻地用听诊器听了听说："不严

---

① 董旭花. 幼儿园区域活动68问[M]. 武汉：长江文艺出版社，2020.

重，我给你开个方子吧。"说完，她就在一张白纸上画了起来。病人边看边等待。

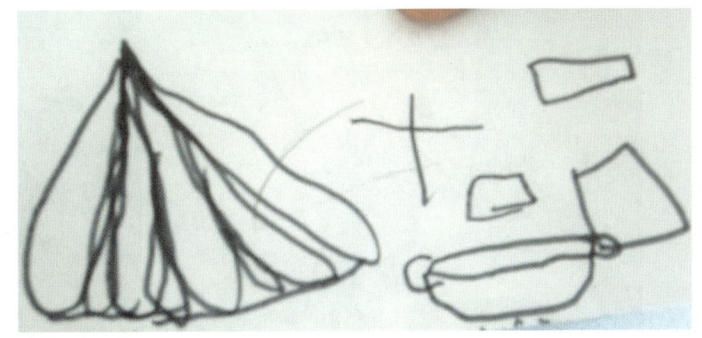

护士画完了，拿着诊疗方案给病人看，这时，医生回来了，护士问医生："我这样给她开可以吧？"医生认真地看后点点头表示同意，病人高兴地接过方子走了。

分析与解读

护士越权代替医生下处方，这个看似不合理的情节，却让我们欣喜地看到幼儿既明确知道医生和护士的职责是什么，各司其职，又能在游戏中灵活应变，相互补位。护士自主处置病人后询问医生意见的情节，既反映了护士对自身职责边界的明确意识，同时我们也可以看出该幼儿比较善于沟通和交流，具有丰富的生活经验，这也充分体现了游戏源于生活的特性。

很快，小医院里又来了一个病号——一个即将生孩子的孕妇。她跟护士着急地说了声"我要生了"，就快速地躺在了医院的病床上。医生赶紧诊疗，趴下和她小声商量了一会儿，说："你需要开刀。"然后，医生就从急救箱里找出一把粉色的小刀，在"孕妇"的肚子上竖着划了一下，孕妇很配合地拉开背心上的拉链，一条团成一团的绿色丝巾露了出来，孕妇开心地拉出丝巾，大声说："我的孩子生出来了，看看，她多调皮！"她抖动着手中的丝巾，一脸欣喜的样子，气氛瞬间活跃起来。

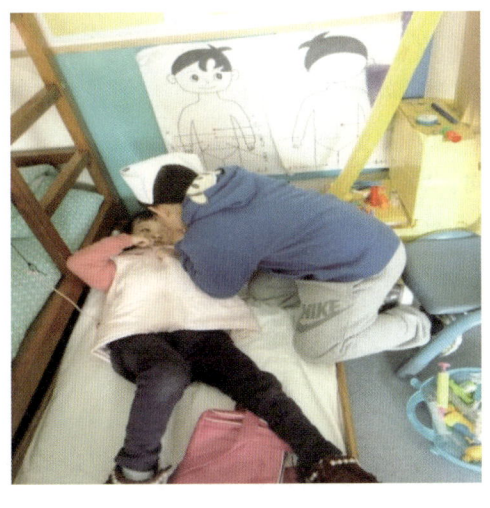 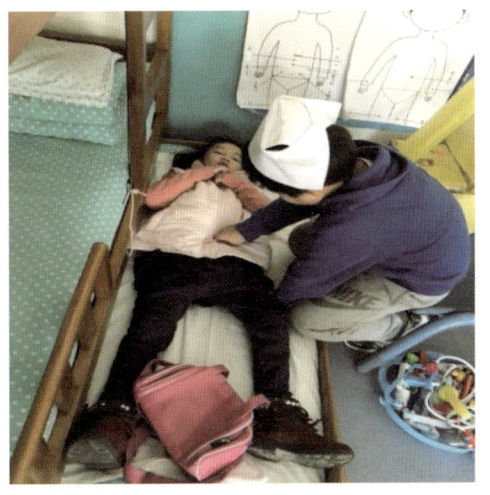

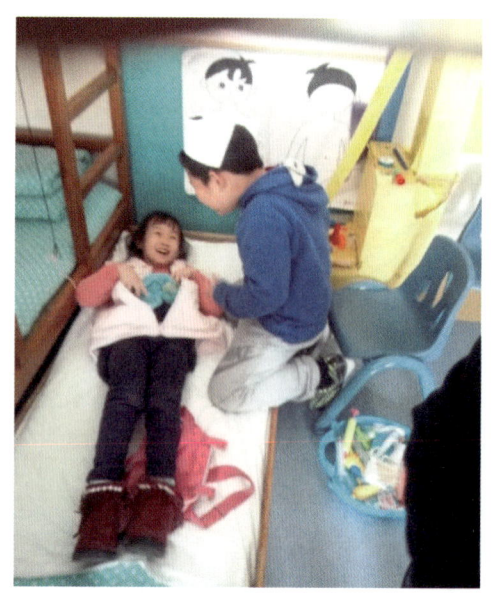

分析与解读

幼儿通过商量一起确定了如何让孩子生出来，开刀、剖腹、出生，整个流程衔接顺畅，同伴间配合默契。幼儿能巧妙借助拉拉链表现剖腹，以丝巾代替婴儿，想象力丰富，以物代物的能力强，这使孕妇生产的过程更为形象、生动。

医生兴奋地看着孕妇和调皮的宝宝，护士也给孕妇写好了诊疗方案。护士看到孕妇已生，先是一阵高兴，随之提醒医生说："应该先打针再剖腹。"

分析与解读

从诊疗处方可以看出，护士对孕妇生产前先打针的处置非常重视，表征清晰，表达有逻辑且完整。同时对治疗流程较为熟悉，游戏投入度高。

孕妇走后，又来了一位男病人，医生询问："你怎么了？"男病人回答："我要生孩子了。"医生露出奇怪的表情，用手拍了一下脑门说："我第一次听说男人还能生孩子。"说罢，他就去找护士，请她先给病人打针。这时，另一个病人来看病，不小心踢倒了医疗箱，病人和医生赶忙收拾器具，此时音乐响起，幼儿的游戏活动结束。

分析与解读

第一位孕妇生宝宝的过程生动有趣，已经吸引了其他幼儿。男孩说要生产，是受前面"孕妇"的启发，说明幼儿此时仅处于对游戏兴趣的关注阶段，而不涉及对生活常理的推断。医生找护士打针,说明他刚才听到并接纳了护士"生孩子前先打针"的建议,可见,同伴间的互动促进了幼儿认知的发展,丰富了幼儿的游戏经验。忙碌的小医院游戏在医生、护士的尽职工作中,在他们给不同病人看病的丰富情节中结束,让作为游戏观察者的我意犹未尽,留给我更多的是对真游戏的思索,这个"真"让我充分看到了幼儿在游戏中的自主、合作、创想,对已有医院经验的认知和创造性再现,并在与同伴互动游戏的过程中再次拓展和提升经验,幼儿的深度游戏在这里得到很好的体现。

反思与回应

1. 分享有创意的情节设计,鼓励创造与想象

游戏中,孕妇形象的出现以及生宝宝时拉开衣服拉链象征剖宫产和用纱巾当宝宝的做法都充满了创意,这既展现了幼儿在游戏角色设置与情节推进中充分的自主性,也能够看到幼儿在这方面的想象力与创造力。在交流与分享环节,教师可以请幼儿分享自己当时的想法,肯定并鼓励这种大胆的想象与创造,激发幼儿在今后的游戏中发挥想象,更加创造性地丰富游戏内容与情节。

2. 展示诊疗单,鼓励幼儿更加富有个性化的表征

游戏中,医生与护士画的诊疗单都非常简洁明了、逻辑完整,能够抓住最关键的特征,使得表征生动形象、清晰准确。教师不妨请两名幼儿分享自己的游戏过程,并请他们向大家展示和介绍自己的诊疗单,也可以请大家来自主解读,从而鼓励和引导全班幼儿能够在以后的游戏中进行更加富有个性化的表征。

3. 满足幼儿的游戏需求,让游戏时间的弹性再大一些

游戏中,教师将"玩什么,在哪玩,怎么玩"的游戏自主权还给幼儿,让我们看到鲜活的游戏内容得以生发。但是,在男孩要来医院生孩子的情节刚刚展开时,游戏结束的音乐就响起了,精彩的游戏活动戛然而止。这对于投入其中的幼儿来说难免有不尽兴的遗憾,也会有一种游戏需求未被满足的无奈。因此,今后在把控游戏时间时要有一定的弹性,即使游戏结束的音乐响起也可以支持幼儿将感兴趣的游戏完成。

(山东省商务厅幼儿园 邢青苗)

(三)行为检核表与等级评定表

如果说了解儿童就像揭示奥秘,那么做记录就是收集线索,教师必须借助专门的工具来提升自己辨识线索的能力。对自主游戏进行观察记录和评价,教师还可以选用行为检核表和等级评定表。

1. 行为检核表

行为检核表，主要是用来记录和检核幼儿在游戏中某类重要的行为呈现与否。观察者需要根据观察目的预先将准备观察的幼儿行为列出，当幼儿表现出该行为时，就在与之相对应的表格中画"√"。运用行为检核表对幼儿的游戏进行观察和记录比较方便和快捷，信息统计也会比较系统和有效，如下表。

角色游戏中幼儿的创造性行为检核表

幼儿姓名	游戏主题与内容有创新	有新角色的设置	生成新的富有创意的游戏情节	创造性地布置游戏场景	创造性地选择和使用游戏材料	创造性地解决游戏中的问题与纠纷
A						
B						
C						
D						
E						

该行为检核表中的第一列"A、B、C、D……"代表幼儿的姓名，也可以是一组幼儿。第一行中的行为表现是教师要在角色游戏中观察的与创造性相关的行为。

实践中，教师可以根据自己的观察目的，结合与之相关的重点行为，制定类似的行为检核表，以便快捷地进行观察记录，也有助于对幼儿的发展水平进行评价。

需要注意的是，在使用行为检核表进行观察记录时，要有时间与次数的积累，仅凭一两次的观察记录就对幼儿相应的行为水平做出评价与判断是不准确的，也是不科学的。

2. 等级评定表

等级评定表与行为检核表有相似之处，当幼儿的行为与表格中的某项内容一致时就被标记出来。与行为检核表相比，等级评定表的优点在于：它不仅能表明幼儿出现了何种行为，还能表明幼儿出现这种行为质量的高低，处于何种水平。

幼儿角色游戏水平等级评定表

评价指标及核心要素	水平1	水平2	水平3	水平4	水平5
1. 主题、情节和角色（主题稳定、情节丰富、角色多元）	行为表现：无明显的游戏主题，没有情节或情节简单，角色单一。		行为表现：有明确的游戏主题，有多种角色，有情节发展和推进。		行为表现：游戏主题明确而稳定，能设计更多与主题相关的角色，能灵活地、创造性地推进情节发展。
2. 角色扮演与表现（有角色意识和鲜明的角色特点，角色表现力与创造力强）	行为表现：时常游离于自己所扮演的角色之外，扮演行为单一、重复。		行为表现：有相对稳定的角色意识，能运用语言、表情和动作表现出角色的特点。		行为表现：能准确地理解角色的社会职责、社会关系，创造性地生动表现所扮演的角色。
3. 材料的选择和使用（善于以物代物、一物多用、创造性使用材料）	行为表现：无目的地摆弄材料，与游戏主题关联不大；主要选择使用仿真道具，偶尔能以物代物。		行为表现：能选择外形相似或功能相近的玩具材料，进行以物代物、一物多用。		行为表现：能不受材料本身外形与功能的限制，创造性地使用材料，既能用同一物品进行多种替代，也能用不同物品进行同一替代。

在使用等级评定表时，既可以针对某个幼儿，也可以针对某个区域中的一组幼儿，它有助于教师更科学合理地观察和评定幼儿的发展。需要注意的是，等级评定表的拟定对教师的专业水平要求较高，随意编制容易误导教师。另外，幼儿的发展是一个动态的、复杂的系统，教师仅根据这些量表就做出判断容易出错，尤其不要依据这种量表简单地给幼儿贴标签。

（四）如何用好观察记录

撰写观察记录不是目的，教师要把观察记录作为走近幼儿、优化和改善课程、调整环境和材料、增进家园沟通合作、提升自身专业素养的支架和路径。因此，观察记录绝不能"沉睡"在教师的计算机中，或是在完成检查任务后而被束之高阁，它至少可以在以下几方面发挥积极的作用。

1. 了解幼儿、审视环境、反思教育行为，提升幼儿园游戏质量

观察记录，不仅能够帮助教师看到儿童发展理论所描述的幼儿发展的共性特点，还能够看到一个个富有生命能量、独一无二的、极具个性特征的幼儿。因为看见和看懂，幼儿教师对于如何通过提升自身的支持水平，优化环境、玩具和材料，提高班级游戏质量，进而更有效地支持幼儿的发展有了深刻的领悟。

2. 与幼儿分享和交流，增进师幼互动

观察记录还具有记录幼儿的发展轨迹，评价幼儿的发展水平以及与幼儿分享交流，促进师幼间和谐互动的作用。去掉观察记录中的分析解读和反思部分，教师配合图片或视频的游戏故事确实会成为孩子们喜欢的自己的故事。会讲故事的教师也善于调动幼儿，因此游戏故事讲述的过程也会成为孩子们非常喜欢的师幼共享的美好时光。[①]

3. 与家长分享和交流，以达成教育共识

在幼儿园教育工作中，家园沟通是一项必不可少的基础性内容。很多家长难以理解艰涩的儿童发展理论，但是对记录自家孩子的叙事性观察记录情有独钟。教师借助专业的观察、描述和分析解读幼儿游戏的观察记录，可以在家长心中树立起负责任、专业的幼儿教师形象，并向家长形象地阐释幼儿发展和幼儿教育的相关知识，以便家园达成教育共识，形成教育合力。

4. 跟进和调整课程方案，形成发展适宜的课程样态

"一日活动皆课程。"有机联系、丰富多样的课程内容是促进幼儿身心健康、和谐发展的重要基础。对自主游戏活动的观察记录，能帮助教师敏锐地捕捉和发现幼儿的兴趣点和经验生长点，方便教师跟进后续的课程内容，并用幼儿感兴趣的方法将其组织和串联在一起，形成发展适宜性的课程样态。

5. 与同事分享、学习和教研，促进专业成长

园本教研是促进教师专业成长的一种重要方式，而开展园本教研的方法之一就是案例式研讨。观察记录可以作为案例式研讨重要的内容来源之一。教师们集体教研，共同分析观察记录中幼儿的行为特点，辨析教师的支持行为是否适宜，共同分享教育智慧和

---

① 董旭花，韩冰川，刘霞，等. 自主游戏中的观察与记录——从游戏故事中发现儿童［M］. 北京：中国轻工业出版社，2015.

经验，从而建设一支学习型、研究型的专业化教师队伍。

实践链接：你所在的幼儿园或者你自己是如何使用观察记录的？请回顾近期自己的观察记录，尝试从以上几个方面把它的价值发挥出来。

小　　结

本章核心内容如下。
- 观察是教师了解幼儿的游戏行为、支持幼儿发展的必修课。
- 观察是教师修正自己的儿童观、教育观、课程观的基本通道。
- 教师需要不断地提升自己在游戏中的观察、分析、判断能力，为支持和推动幼儿的发展打好基础。
- 做好观察记录同样重要，观察记录是教师研究幼儿、调整课程的重要信息资料。

山东省淄博市市直机关第三幼儿园

第五章

自主游戏中的教师支持

> 成人的角色是为儿童准备环境和提供他们所"需要的"信息、想法、鼓励和资源,即便有必要介入,也应当是在尽量短的时间内的侵入性最少化的介入。成人应当清楚地知道,他们为什么加入儿童的游戏,以及他们的加入将如何帮助儿童。
>
> ——露丝·威尔逊[①]

为了确保幼儿在游戏中的自由和自主,在游戏开展过程中,我们往往要求教师首先要"管住手、闭上嘴",因为只有教师"管住手、闭上嘴",不随意干扰幼儿的游戏兴趣与意愿,才会有幼儿自由自主的真游戏。但是,正如《〈3—6岁儿童学习与发展指南〉解读》中所讲到的,"尽管没有成人的介入,幼儿也能在游戏中自我发展,但是有没有成人的介入和指导,幼儿的发展还是有区别的。"所以,"管住手、闭上嘴"不代表教师在游戏中就不作为,而是应以"支持者、推动者"的角色在适宜的时机给予适恰的支持,这正是幼儿教师的专业性所在。

一、为什么是支持者和推动者

对于这个问题,我们不妨试着从幼儿的视角来思考一下:在幼儿进行自主游戏的时候,他们更希望自己的身边有一个指导他如何游戏的教师,还是一个能够支持他自主开展游戏的教师呢?答案非常明确,幼儿更希望拥有一个尊重他的游戏意愿、理解他的想法、懂得他的需求、在他最需要的时候能够支持他的人。以支持者的角色参与游戏的教师会有一种欣赏的视角,一种追随者的心态,带着这样的感觉,教师更容易去把握幼儿游戏和发展的方向。相反,如果教师带着俯视的视角和居高临下的权威感看待和介入幼儿的游戏,那么这个游戏就比较容易朝着教师想要的方向发展,最后幼儿的游戏往往就会变成教师想要的游戏。

其实,是叫"指导者"还是"支持者"并不重要,因为我们完全可以用"支持者"

---

① 威尔逊. 幼儿园户外创造性游戏与学习[M]. 陈欢,译. 北京:中国轻工业出版社,2020.

的心态来做幼儿游戏的"指导者",只不过"支持者"这个词所带来的角色意识更容易让教师找到自己在游戏中的准确定位。教师通过用心的观察去发现和追随幼儿的需求,给予幼儿适时适切的支持,游戏才能始终是幼儿的游戏,幼儿也才能在游戏中获得更加完整、更加有效的成长。

二、如何做一个合格的支持者与推动者

自主游戏中,教师所有的支持和推动都应基于对幼儿的观察与了解,基于对幼儿在游戏中主体地位的尊重。也只有这样,教师才能做到允许幼儿犯错、允许他们失败,真正学会等待,才会不纠结于当下知识点的对错,在适当的时候给予支持和推动。

(一)学会观察、学会倾听,形成儿童视角

儿童视角,首先是认识和发现儿童,是基于儿童,从儿童出发。一位无法站在儿童视角去观察、理解、处理问题的教师,不可能真正支持和促进幼儿的发展。

说到底,儿童视角就是儿童立场问题。成尚荣在《儿童立场》一书中指出:"在教育的现实中,儿童立场受到了猛烈的冲击,最为突出和严重的是,成人们(当然包括教师)以惯有的思维,从自己的立场出发,把自己的需求当作儿童的需求,以自己的兴趣代替

儿童的兴趣，最终以牺牲儿童为代价实现自己预定的教育意愿和目标。"[①]

因此，在自主游戏中，教师尤其需要形成自己的儿童视角，学会从幼儿的立场出发，看见幼儿的需求，追随幼儿的兴趣，支持和推动幼儿用自己的方式去追寻和探究他自己的目标。

幼儿园的大树下面有一个还没完全搭好的帐篷，它只有搭起的支架，下面铺了几块海绵垫子。游戏一开始，就有几个小班的幼儿挤在里面玩起来，他们都躺在垫子上兴奋地有说有笑，玩得非常开心。游戏结束后，主班教师对配班教师说："看来孩子们真的非常喜欢这样的私密空间，咱们赶紧找一块布，先给他们把帐篷围起来吧。"两位教师一起找来一块旧床单，将它围在帐篷的支架上，用夹子固定住，一个更具有私密感的帐篷就做好了。

可是，第二天的游戏时间，教师发现昨天挤在帐篷里玩的那几个幼儿并没有像原先那样钻到帐篷里去，而是把海绵垫从帐篷里拖出来铺在地上，躺在上面玩。教师很好奇，走过去问他们为什么不在帐篷里玩，他们说："在里面看不见啊。"教师蹲下来顺着孩子们的视线看过去，风摇着大树的叶子，阳光透过树叶的间隙洒下来，闪闪烁烁，奇妙又好看。原来，他们是被这些斑驳变幻的光影吸引住了……

只有用心观察和倾听，只有学会从幼儿的角度去看、去想，才能帮助教师真正看见幼儿、发现幼儿，逐渐读懂他们、理解他们，才能使教师逐渐摈弃成人固有的成见，学会放下先入为主的"以为"和评判，学会站在幼儿的立场思考和看待问题，慢慢形成自己的儿童视角。

实践链接：为什么要形成儿童视角？作为一线教师的你拥有儿童视角吗？请尝试在平时的工作中更加用心地观察与倾听幼儿，从自己的切身体会出发谈谈儿童视角与成人视角的不同。

---

① 成尚荣. 儿童立场：教育从这儿出发[J]. 人民教育，2007.

（二）尊重幼儿、相信幼儿，修炼敬畏之心

敬畏之心，既包括对儿童的敬畏，也包括对学前教育专业性的敬畏。在幼儿游戏的过程中，教师要认同并尊重游戏是幼儿的权利，始终都要记得这是幼儿的游戏，相信幼儿能够通过自己的力量获得成长，相信游戏可以激发幼儿的无限潜能。一名合格的支持者需要怀着谦卑的心走进幼儿的游戏，相信幼儿才是真正的游戏专家，对幼儿的游戏一定要观察在前、谨慎介入，不盲目插手。学前教育具有非常强的专业性，支持与推动幼儿的成长仅靠教师所谓的热情和想当然的反应是无法实现的。要做一个合格的支持者，教师必须心有敬畏。心有敬畏，才能控制住"评判"与"教导"的欲望，甘于站在幼儿身后，乐于去追随幼儿前行的方向，并以专业的态度去支持和推动幼儿的发展。

自主游戏时间，一名大班男孩想爬上一个用两条绳子系起来的秋千。秋千有点高，不好上，他踩着旁边的木墩试了几次都失败了。

男孩没有放弃，他爬上秋千旁边养小动物的木房子，再次尝试，终于在第9次失败后，成功爬上秋千。

在尝试如何下秋千时，男孩一不小心摔了下来。教师检查后发现并无大碍，请他在一旁休息一下。一会儿，男孩又想去爬秋千，教师没有阻止，只是尽可能地靠近一些做好保护。

刚刚的失败还是给男孩造成了一些困扰，他站在木房子上，手抓绳子一直抖动双腿但始终不敢踩到秋千上去。好几分钟过去了，教师没有催促、没有打扰。终于，男孩站到了秋千上，并再次尝试用自己的方法下秋千，经过多次努力，男孩终于安全落地。

反复练习几次后，男孩熟练地掌握了下秋千的方法，心满意足地离开了……

通过以上案例，我们不难看出，正是教师对幼儿的充分尊重与信任才给予了男孩不断尝试、挑战自己、巩固技能的机会，也让男孩拥有体验成功、建立自信的可能。对幼

儿的尊重与敬畏，也是对幼儿游戏能力和自我成长能力的信任，在很多时候，这种"信任"才是教师对幼儿最大的支持。

实践链接： 上面这个案例带给你怎样的触动？你在观察幼儿的游戏时，是否也有过这样的情形？请和你的同事经常分享这些案例。如果你的班级从来没有出现过类似的情形，请反思其原因。

（三）勇于尝试、善于反思，锤炼实践智慧

实践智慧决定教师介入的实效性。教师每天都与幼儿生活在一起，随时都会与幼儿发生互动，互动的质量决定着幼儿发展的质量。每一位教师都会有一个很长的专业发展过程，如果教师一直对自己的专业能力持怀疑态度，或者因为有过不成功的经验，就对介入幼儿的游戏望而却步，那就可能永远在原地踏步。任何一位教师都无法杜绝游戏中的无效介入、负效介入，我们需要做的是在实践中多尝试、多反思，不断提高支持和推动幼儿发展的能力和水平。

当教师对介入的方式方法没有把握时，可以选择继续观察，也可以根据自己的判断进行"试探性介入"。随着教师经验的丰富和专业水平的提高，正效介入会越来越多，无效和负效介入会越来越少。

在每次介入幼儿的游戏前，教师不妨先问自己几个问题：

* 到底发生了什么，我了解吗？
* 我需要介入吗？为什么？
* 如果我介入会不会干扰幼儿？
* 如果我不介入会怎样？
* 不介入的结果我能接受吗？为什么？

介入幼儿的游戏后，教师可以通过以下三点来进行反思，帮助自己判断介入的有效性：

* 我的介入是否尊重了幼儿的游戏意愿？
* 我的介入是否帮助幼儿获得了新经验，提升了游戏水平？
* 幼儿对我的介入是否有积极的响应？

请看下面这个案例。

游戏时间过去好一会儿了，小班的女孩田田一直骑着三轮车在场地上转圈。

教师发现后正考虑是否需要介入，恰好女孩骑车经过时车轮轧到了教师的脚，女孩赶忙道歉。教师趁机让女孩停住，并以警察的身份询问女孩是否有驾照。女孩很开心地

进入角色，假装掏出"驾照"请教师看，教师假装翻看"驾照"，并提醒女孩开车要小心。女孩跟"警察"说"再见"后骑着车走了。

当女孩再次转到教师身边时，主动问教师这次还查不查驾照，教师继续以警察的身份说："这次不查驾照，要查酒驾。"女孩笑着说："我是小孩儿，又不喝酒。"教师说："小孩儿开车也要查酒驾。"女孩非常配合地朝教师的拳头吹了一口气。教师放行，又问女孩要去哪里，女孩想了一下说要去上班。教师追问她要去哪里上班，女孩想了想回答说去医院上班，然后又骑着车走了。

几分钟过去，女孩仍在骑车转圈，教师又以病人的角色找到女孩说肚子痛，请女孩来看病，女孩说自己是"护士"不能看病，并主动给"医生"打电话，让"医生"赶紧回医院给病人看病。另一个女孩跑来当医生加入游戏。周围的几个幼儿也被吸引过来，一起帮助"医生"想办法……

在这个案例中，教师的介入是值得肯定的。教师是在充分观察的基础上尝试介入的。教师以角色的身份介入，比较巧妙地帮助女孩进入游戏情境，并确立了自己的角色。教师看到女孩对自己的介入有积极的响应后才有了进一步的介入，而且在听到女孩说在医院上班后又追随幼儿的游戏意愿，以病人的身份介入游戏，对幼儿的游戏起到了有效的支持和推动作用。

需要注意的是，教师第一次以警察的身份介入属于试探性介入。如果幼儿当时不理教师的问话，或者干脆扔下三轮车走开，那么教师就不应继续介入，而应该停下来观察，放弃介入或者再寻找合适的时机尝试介入。

在试探性介入的过程中，如果教师发现自己的介入是无效的，甚至是负效的，应该及时停止，继续观察、倾听、解读，然后再来判断自己介入的时机和方式方法。在这样循环往复的尝试与反思中，教师一定能够不断提升自己的观察能力、倾听能力、判断能力、支持能力，积累更多的实践智慧，成为幼儿游戏更好的支持者和推动者。

实践链接： 请找出一个教师介入幼儿游戏的案例，针对其介入的必要性、介入的频次、每次介入的背景和时机，以及介入的最终效果进行分析，或者大家一起研讨，分析是否有更好的选择。

三、自主游戏中的支持策略

在幼儿游戏的过程中，教师的支持策略应在对幼儿细致观察的基础上，在尊重幼儿的游戏意愿的前提下，遵循促进幼儿自主发展的原则去实施。在游戏前、游戏中、游戏后的三个阶段，教师可以采用哪些策略来推动幼儿游戏的进程呢？

（一）游戏前的支持策略

在游戏前，教师可以通过唤醒和拓展幼儿的经验，引导幼儿制订游戏计划和讨论游戏玩法等给幼儿提供支持。

1. 拓展和唤醒经验，丰富游戏内容

游戏是幼儿生活经验的一种反映，幼儿缺少生活经验，或者原有经验未被唤醒都会导致幼儿游戏内容的单一与游戏情节的单薄。因此，在游戏前，教师可以通过多种方式唤醒和拓展幼儿的经验，让丰富的经验推动幼儿的游戏。

（1）**承前启后续接游戏经验**。游戏前，教师可以采取集体或小组的方式，通过照片、视频与幼儿交流、讨论之前的游戏，内容包括游戏的主题、情节、他们最感兴趣的部分、遇到的问题等。这样做，一方面能帮助幼儿回顾之前的游戏，梳理思路与问题，另一方面能启发和推动幼儿在原有游戏经验的基础上，找到新的挑战和兴趣点继续游戏。这种方式有利于幼儿游戏经验的接续和迁移，有利于幼儿的游戏向更丰富、更深入的方向发展，有利于引发和推动幼儿在游戏中深度学习。但是，需要注意的是，如果讨论后幼儿想要开展新的游戏，教师应该支持而不是强迫幼儿继续玩之前的游戏。

（2）**利用游戏材料唤醒已有经验**。很多时候，幼儿游戏的主题单一并不是因为他们缺少生活经验，而是因为他们原有的经验尚未被唤醒。所以，教师可以通过投放相关的游戏材料来唤醒幼儿原有的生活经验，以丰富幼儿的游戏。比如，一顶护士帽或一根输液管能够唤醒幼儿去医院看病的经验，从而引发幼儿玩医院看病的角色游戏；一本关于本地著名建筑物的画册也许能唤醒幼儿以前参观游玩的经验，从而引发与此相关的建构游戏；一套动物头饰或者一本图画书就能唤醒幼儿以往听故事的经验，引发以该故事为主题的表演游戏……

（3）**借助幼儿的兴趣点拓展新经验**。教师可以根据自己对幼儿兴趣的观察和了解适时地丰富幼儿的新经验。比如，教师关注到班里的男孩最近非常喜欢讨论城市里新建的大桥，就可以在建构游戏前展示一些富有创意的桥梁图片、其他幼儿的桥梁搭建作品，或者有关桥梁搭建的新技能，引发幼儿用积木建构桥梁的兴趣。又如，在前期的游戏中幼儿生成了烧烤的游戏主题，教师观察到幼儿只是用小棒穿起树叶架到桌子上就玩了起来，没有更丰富的游戏情节，于是就找来烧烤摊烤肉串的视频，请幼儿一起观看。在接下来的游戏中，幼儿用积木搭起了烧烤炉，用纸板当扇子，一边吆喝一边不停地扇着"肉串"，另一只手还不停地转动着"肉串"……显然，新经验的拓展丰富了幼儿的游戏内容和情节，起到了有效的支持作用。

2. 引导幼儿制订计划，减少游戏的盲目性

教师可以通过引导幼儿制订游戏计划，减少游戏中的盲目性。在每天的游戏开始时间，教师可以请幼儿通过语言表达和符号表征等方式把自己想要玩什么游戏，想跟谁一起玩，想在哪里、用什么材料玩，以及怎样玩等，以计划的形式表达出来。这样一来，一方面，能够帮助幼儿尽快明确游戏主题、梳理游戏思路，学会有目的地进行选择，减少游戏过程中的盲目性；另一方面，幼儿在一起交流游戏计划时也会相互启发、拓展游戏思路。同时，幼儿在对自己的游戏进行计划的过程中，能够养成做事有目标、有规划、有条理的好习惯，受益终生。

下图是某幼儿园4名大班幼儿制作的小组游戏计划，他们想玩超市游戏。从游戏计划图可以看出，他们有明确的角色设计和分工，有收银员、导购员、理货员。他们还预设了游戏所需要的材料，如收银机、梯子、货架、花卉、萝卜、甜甜圈、玉米等。

要准备一些用于售卖的花卉、甜甜圈、胡萝卜、烤玉米

收银员拉一张桌子当收银台，将一个纸盒当收银机

理货员准备一个小型梯子整理货物

孩子设计的自动收银台

下页图片是某幼儿园大班上学期的8名幼儿制作的"甜品屋"游戏计划。从游戏计划图可以看出，他们规划了柜台的摆放，设计了想要售卖的甜品并将价格做了详细标注。

需要注意的是，制订游戏计划需要一定的抽象思维能力和有条理的表达能力，对于低年龄的幼儿还是很有挑战的，因此，教师要有合理期待，并循序渐进地引导幼儿学会做计划。此外，还应注意，当幼儿在游戏中未完全按照自己的计划实施时，教师不应硬性干涉，更没有必要要求幼儿必须按照计划开展游戏，以免影响幼儿的游戏兴趣，使幼儿的游戏变得僵化和形式化。教师可以在游戏结束后，请幼儿回顾自己的游戏过程，并与自己制订的计划做一下对照，逐渐认识到游戏计划的作用和价值，把游戏计划与画画区别开。

参与"甜品屋"设计的8名幼儿签下了自己的名字

把两张桌子拼起来，布置成甜品屋的柜台

散落的数字、糖果、饮料、巧克力、冰激凌是幼儿设计的甜品和标注的价格

实践链接： 每次幼儿玩游戏都要先做计划吗？幼儿的游戏计划必须要画出来吗？游戏时间总共40分钟，幼儿表征计划就用了20多分钟是否值得？幼儿制订了计划，但是在游戏时又将它丢到了一边，教师该怎么办？请你和同事一起讨论这些问题，尝试给出自己的分析和结论。

3. 讨论玩具材料的玩法，推动幼儿的创造性发展

在游戏前，教师可以有目的地引导幼儿开展旧材料新玩法的讨论。比如，针对角色区的一筐鹅卵石，请幼儿来说说自己以前用它们玩过什么游戏，还可以怎样玩，引发幼儿之间的兴趣、经验和方法的相互激发与碰撞，实现互相启发、拓展思路、激发创造、提升游戏水平的目的。

对于新投放的玩具和游戏材料，教师可以给幼儿一段熟悉和探索玩法的时间，先观察幼儿会怎样使用，过一段时间再根据情况有针对性地组织幼儿交流与讨论。

4. 讨论游戏常规，保障游戏活动顺利开展

对于低年龄段的幼儿，或者当幼儿的游戏常规出现问题，抑或游戏环境发生了变化时，教师就有必要在游戏前组织一些关于游戏规则的讨论，用比较直观的方式给予提示，以保障游戏活动顺利开展。

需要注意的是，在自主游戏中过多的规则、过多安全上的限制，不仅会束缚幼儿，影响幼儿游戏的自由开展，不利于幼儿自主意识和能力的培养，也会让教师感觉疲惫。所以，自主游戏中的游戏常规一般只保留最基本、最必要的规则即可，比如，不伤害自

浙江省宁波市北仑区小港浃江幼儿园

小滚筒的新玩法

己和他人、不破坏环境和材料、不影响他人的游戏等。教师不需要针对每个游戏场地的人数、游戏的流程等进行规定，更不需要将严格的游戏流程贴到墙上，教师应该相信幼儿有能力根据游戏的情况来自己决定和调整。另外，游戏前的规则讨论或提示不宜时间过长，教师应结合实际，抓住重点，简短明了，让幼儿能够理解、达成共识即可。好的游戏秩序的关键是，在游戏中教师能够持之以恒地关注幼儿的规则意识养成以及遵守规则的能力的培养，逐步引导幼儿养成良好的游戏常规。当幼儿的规则意识和能力养成之后，教师就不必每天都重复强调和组织讨论了。

实践链接： 回顾自己在每次幼儿游戏前，一般都会做什么、说什么，反思这些做法是否对幼儿的后续游戏有支持作用，还可以如何改进。

（二）游戏中的支持策略

对于游戏中的幼儿，教师首先应该尊重他们的游戏意愿，相信他们的游戏能力，学会等待，留给他们充分的自主游戏、自主探索的空间，这是对幼儿最大的支持。教师必须明确，很多时候幼儿的游戏是无须教师介入和指导的。但是，当幼儿的游戏需要教师的引导、支持与帮助时，教师应该把握好时机，适时介入，并通过适宜的方式支持与推动幼儿的游戏。

在什么情况下，教师需要介入？在游戏中，教师又需要通过什么样的策略来支持和推动幼儿的发展呢?

1. 介入的必要性与时机

教师在游戏中的介入必须建立在用心观察、充分分析的基础上。除此之外,教师还需要预测和权衡自己的介入可能对幼儿产生什么影响,不能盲目介入。一般来说,需要教师介入的情况主要有以下几种:

※ 出现安全问题时
※ 幼儿向教师求助时
※ 幼儿之间发生较严重的矛盾冲突时
※ 幼儿遇到困难想要放弃时
※ 教师观察到游戏中出现推动幼儿成长的契机时

但是,需要注意的是,这些情况不能一概而论,教师需要在充分观察与分析的基础上做出判断。

(1)*关于安全问题*。由于教师教育观念的不同,以及对幼儿的天性和能力的认识不同,大家对于"危险"的理解也有很大的差别。有时候,教师眼中的危险并不是危险,教师眼中的安全也并不安全。有时,所谓的危险只需要教师靠近关注即可,有时却需要教师果断介入、采取措施。比如,幼儿排队从较高处往下跳,只要高度适宜,地面是软的,有保护措施,教师仅需要靠近幼儿重点关注即可。但如果是硬质的地面,即使不是太高,教师也需要请幼儿铺好软垫做好准备后再跳下,或者教师不打断幼儿的游戏,直接及时地将软垫铺在幼儿往下跳的地方。但是,如果幼儿在排队跳下的过程中有严重的推搡现象,教师就需要直接介入,与幼儿讨论游戏规则,分析后果,待幼儿明确规则后再继续游戏。

上午的户外自主游戏活动开始了,林林和程程进入游戏场地后,用滚筒、轮胎和垫子搭了一个两层高的平台。

接着,林林和程程又搬来一块长木板架在垫子的最上面,木板的一端还伸出去一大块,林林说:"我们可以玩跳板的游戏,从木板伸出去的那一边跳下去。"说着,他把木板调整到自己满意的位置,然后对程程和睿睿说:"你们在我后面坐下压住木板,我先来跳。"程程和睿睿听从了林林的建议,坐到了木板尾端。林林正要顺着木板往前走,程程叫住他说:"先别急,让我们再加上几个人压住木板吧。"他又叫来两名幼儿坐在他的后面。

林林慢慢地走向木板的最前端,一纵身跳了下去,并高兴地喊:"太好玩了!"说完,他又爬上垫子,排到了队伍的最后面。接下来轮到程程跳了,他看了一下木板,用脚试了试,木板在脚下晃着,他犹豫了一下没敢跳,最终选择走到队伍的后面继续排队

等候。下一个是浩浩,他先是回头看了一下坐在木板上的小伙伴,然后大声对后面的同伴说:"压好了吗?"得到大家肯定的回答后,他才挥动手臂跳了下去。睿睿呢,则慢慢试探着把脚挪到木板的前端,反复尝试确定安全后才一步跨了下去。

(山东省潍坊新华幼儿园 曹伟丽)

从上面的案例可以看出,虽然这个游戏看似比较危险,但幼儿对于游戏中的危险有一定的预见性,也有自我保护的意识和能力,并且他们面对挑战有自己的判断,不会盲目地冒险。因此,在此类情况下,教师不必急于介入,靠近、关注即可,要给予幼儿自主发现问题和解决问题的机会,也要留给幼儿根据自己的能力来判断和选择是否要参与挑战的空间。

(2)*关于幼儿的求助*。只要幼儿求助,教师就一定要介入吗?答案是不一定。这需要教师根据自己对幼儿及游戏现场的观察、了解和分析做出判断。

比如,当幼儿遇到的困难是在他"跳一跳能够得着"的范围,或者有些幼儿独立性比较差,遇到一点问题和困难就要向成人求助,此时,教师需要做的不是直接提供帮助,而是根据现场的情况首先鼓励幼儿尝试独立解决问题、克服困难。

当幼儿多次尝试后仍不能成功或仍不能解决问题而继续求助时,教师就可以考虑以适宜的方式介入游戏,给予支持和帮助。比如,借给他"一只手",让他在尝试的过程中既有安全感,又能体验到自己的力量,慢慢走向独立。教师也可以用平行介入的方式给幼儿以示范和引导。必要时,教师还可以直接介入,以问题启发幼儿思考,或给予幼儿一点技能和方法,让幼儿能举一反三,触类旁通。

在给予幼儿帮助时,教师需要注意:帮助幼儿不是包办代替,帮助幼儿不是让幼儿避开困难。教师心里要始终装着蒙台梭利的那句话——"请帮助我,让我自己成长"。教师的帮助应该是支持幼儿自己去解决困难。真正的帮助是让幼儿能够感受到来自教师的支持,同时仍能体验到成功与自信,而不是"老师行,我不行"。

"借"给幼儿一只手,她就不害怕了

山东省淄博市市直机关第三幼儿园

（3）**关于幼儿之间的矛盾冲突**。幼儿在游戏中的发展不仅包含知识能力,更包括幼儿的社会性发展以及人格的建构,是指向幼儿完整成长的。游戏是促进幼儿社会性发展非常重要的渠道。当幼儿与同伴在游戏中发生矛盾或纠纷时,正是幼儿社会性发展的最好契机。因此,教师的支持一定不只是推动幼儿把游戏玩好,还要推动幼儿在游戏中获得更完整的发展,支持幼儿更好地建构自己。

游戏中,面对幼儿的矛盾冲突,教师需要给予关注,但不一定要马上介入,除非有幼儿出现暴力行为危及他人安全时。一般,教师可以先静观其变,关注并了解幼儿之间发生矛盾冲突的原因是什么,幼儿面对问题的态度是怎样的,幼儿解决问题的方式是怎样的……很多时候,幼儿之间的矛盾冲突并不需要教师的介入,幼儿会以自己的方式解决问题,而这个过程对幼儿双方来说都是社会性发展和人格的建构过程。

游戏时间,轩轩正在骑三轮车,嘉嘉走过来说他要骑一会儿。

轩轩:"我还没玩够呢!"嘉嘉不高兴地说:"你已经骑了好长时间了,该我骑了!"轩轩还是不同意。

嘉嘉建议说:"我们用剪子包袱锤决定吧!"轩轩同意了,但结果是轩轩输了。轩轩不高兴,不肯把三轮车给嘉嘉,嘉嘉硬抢但没有成功。

这次轩轩提议:"咱们来玩木头人,谁先动了,谁就输了。"结果,嘉嘉输了,嘉嘉也不认账。

嘉嘉再想出一个办法,说要两个人都站起来喊"一、二、三",谁先坐到车座上谁

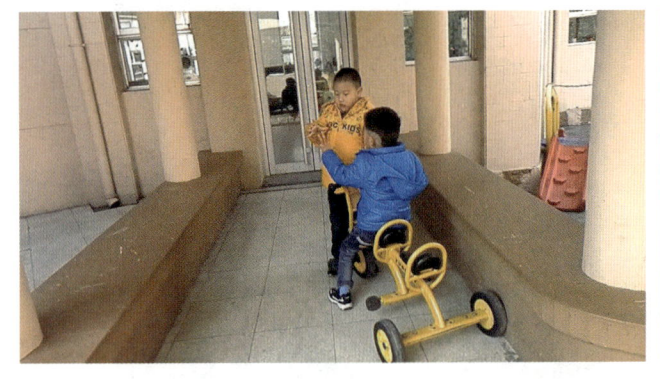

嘉嘉提议用"剪子包袱锤"的办法来决定谁骑车　　　　　　　　轩轩建议用"木头人"的游戏来决定谁骑车

就骑车。轩轩站起来,但只是屁股离开车座,并没有离开车子,所以还是他先坐回到车座上。

嘉嘉说他要赖,轩轩不服。两个人各自拽着车头和车尾,谁也不让步,一直在拉锯、僵持着……

好几分钟过去了,老师说:"游戏时间快结束了,你们要是想不出办法,一直在这儿站着,那就谁都没时间玩了。"

嘉嘉看看轩轩,又看看周围在玩游戏的小朋友,无奈地放弃抢车大战,去别的地方玩了……

案例中,在嘉嘉和轩轩抢车时,教师没有过早介入,而是留给两个男孩自己解决问题的机会。两个男孩各自都想出解决问题的方法——剪子包袱锤、木头人、看谁先坐下,等等,虽然没有成功解决问题,但对中班的幼儿来讲,遇到问题能积极地想办法,而且能把前期的经验灵活地运用到当下的问题解决中,已经非常不错了。

教师在充分地观察、等待之后的介入不是直接替幼儿做出决断,或者以教师的权威命令幼儿怎样去做,而是提醒幼儿再这样僵持下去浪费了时间,谁也玩不好,从而引导幼儿在必要的时候要学会权衡、学会放弃、学会妥协。

在游戏后的交流与分享环节,教师专门邀请两个男孩讲述事件的整个过程,抓住怎么解决问题、怎样遵守规则、怎样信守承诺,什么叫公平公正以及权衡与妥协等问题,与两个男孩以及全班的幼儿共同讨论,引发思考,实现经验的共享与提升,促进幼儿自主解决问题的意识与能力的发展,促进幼儿和谐人格的建构。

此外,在幼儿的自主游戏中,还有一些情况需要教师以适宜的方式及时介入,比如,幼儿在游戏中长时间地单一重复或无所事事;幼儿行为或语言偏离正确的价值观;幼儿的打闹行为严重影响到其他幼儿的活动,幼儿的情绪失控,等等。

通过对以上情况和案例的分析可以看出,在游戏中,教师介入的时机需要好好把握。介入过早,可能会导致教师看不到幼儿实际的问题和行动,打扰到幼儿的游戏,影响幼儿在游戏中的投入度，剥夺幼儿自主探索、勇敢挑战和独立解决问题的机会，影响幼儿对游戏的兴趣以及他们在游戏中的成就感、自信心和快乐体验；介入过晚，可能会使幼儿因能力不足而放弃，因失败、沮丧而放弃，因矛盾导致游戏进行不下去而放弃，或者因自己无法解决问题而退缩，还有可能造成安全事故，使幼儿受到伤害。

那么是否有介入引导的标准时机呢？答案是没有。是否需要介入和何时介入，都必须基于教师对游戏现场的专业观察与专业分析。所以，关于游戏中介入时机的把握与介入方式的选择是一个特别需要教师认真观察、了解幼儿，并在实践中不断尝试，在成功或失败的过程中不断总结、反思，形成经验的过程。

2. 具体的支持策略

在幼儿游戏时，教师介入的方式主要有两种：一种是以游戏者的身份介入，一种是以非游戏者的身份介入。以游戏者的身份介入又可以分为平行介入和交叉介入两种方式，也就是教师在幼儿旁边自己玩和进入幼儿游戏与幼儿一起玩。以非游戏者的身份介入，是指教师不进入幼儿的游戏，而是通过改变环境、调整材料、给出建议、提出问题以及组织幼儿讨论等方式支持幼儿的游戏。

介入方式的选择，需要教师通过对幼儿游戏的了解以及对游戏现场的专业观察与分析来做出判断，下面来谈谈教师在游戏中介入、支持的几种具体策略。

（1）*通过对话推动游戏*。教师围绕游戏中的问题与幼儿展开对话，能够有效地引发幼儿的思考，调动幼儿的思维，从而推动幼儿的游戏往前走，或推动幼儿思考解决问题的方法。这其中最为关键的是，教师如何通过观察幼儿的游戏发现和抓住问题。教师也可以通过师幼、幼幼对话来倾听幼儿的感受与想法，捕捉对话主题，推动游戏发展。

小班幼儿正正和淘淘在玩具柜前转了好久，最终选了几个沙包和一部电话，两个人一前一后来到竹林边的木船上。他们把东西放到船尾的木板上，然后开始爬上爬下地玩起来。教师观察了一段时间，看到他们的游戏没有新的发展，于是决定先试探性地介入。

教师："我看到你们在船上爬上来又爬下去，我很想知道你们在玩什么游戏呀？"

淘淘："老师，我今天想跟正正玩开超市的游戏。"

教师："很好啊！你们商量好了吗？你们的超市准备在哪儿开呢？"

淘淘："我们就想在木船上开。"

教师："这个主意不错，木船上能开个不小的超市呢。你们准备卖什么呀？"

正正："我们要开个大超市，我们要卖牛奶和面包。"（正正边说边指着船尾的沙包）

教师："还有别的吗？大家可能想从你们的超市里买好多东西呢。"

正正："还可以卖水和冰激凌。"

教师："你们和爸爸妈妈去超市都买过什么呀？"

淘淘："买过面包、酱油、洗发水、菜，妈妈还给我买过饼干。"

教师："它们都放在一起吗？"

正正："不是，它们放在不同的地方。"

教师："那你们的超市还需要好好布置一下呢，你们准备怎么摆放你们的货物呢？"

淘淘："嗯，我们的木船很大，都能放得下。"

正正："这里是卖菜的，这里是卖面包和饼干的，中间还可以卖玩具呢！"

教师："哦，这样大家选起东西来就方便多了。但是，现在看起来，你们的货物有点少呢。"

淘淘："我们马上就要去进货了，等一会儿你就可以来买东西了。"

教师："好的，你们准备好了，可以通知大家一声，我们一定会去的。"

两名幼儿飞快地跑到材料架旁边，选择了好多材料运到了木船上，开始布置他们的货物……

教师在与幼儿对话的过程中，了解了幼儿的游戏意愿，也看到了幼儿需要支持的"点"。教师通过如下问题引发的对话帮助幼儿聚焦游戏主题，引发幼儿思考，有效地推动了幼儿游戏情节的拓展。

* 你们准备卖什么呀？
* 你们和爸爸妈妈去超市都买过什么呀？
* 它们都放在一起吗？
* 你们的货物有点少呢？

（2）**及时调整环境与材料，支持、推动游戏**。游戏中，教师应该通过关注幼儿与环境、材料互动的情况，观察和判断现有的环境、材料是否能够满足幼儿游戏的需要，是否能够支持他们的游戏，在适宜的时候及时调整与改善环境和材料，以便更有效地支持幼儿游戏。

沙水游戏中，教师观察到一群中班幼儿用矿泉水瓶装满水后，将水洒到沙地上。他们说自己在用水画画，玩得非常开心。可是，过了一会儿，陆续有幼儿放下瓶子去别处玩了。教师询问了几名幼儿，他们说光这样不好玩。

教师找来一个钉子，在几个水瓶盖上扎了不同数量的孔投放到幼儿身边。幼儿把水瓶装满水，然后用扎了孔的盖子盖好，用手挤压瓶身，互相滋水玩。有的比赛看谁射得远，还有的在沙地上洒水玩。有的幼儿发现这样能够画出比较形象的图案，画的时间也比以前更长了。

教师又找来几个大小不同的矿泉水瓶在瓶身上打上孔，孔的高度、大小和数量都不同。幼儿发现后高兴得不得了，他们开心地玩，也慢慢有了新的发现，开始投入地探索：为什么瓶身上有孔的瓶子装满水后不用挤压，水会自己流出来？从瓶身上高度不同的孔里

出来的水射的远近都不一样？还有的幼儿发现，用手指堵住几个孔后，剩下的孔里射出的水更远了。他们还把大瓶与小瓶都装满水摆成一排，比较哪个射得最远……

案例中，教师对游戏材料的及时调整与改善，不仅满足了幼儿游戏的需求，还有效地引发了幼儿的探究活动，为幼儿下一步的游戏活动提供了有效的支持。对于游戏环境与材料的调整，既可以在游戏中进行，也可以在游戏结束后针对在游戏中的观察有目的地进行。

（3）**提出问题，引发挑战**。在幼儿游戏的过程中，教师可以通过细致的观察，发现并追随幼儿的游戏兴趣，在适当的时机提出问题，引发和推动幼儿的深度学习和探究，让幼儿在不断挑战中获得新经验，收获新的成长。

两个女孩用一块长木板和一个木架做了一个跷跷板，两个人每人坐一边开始玩起来。旁边几个女孩也被这个自制的跷跷板吸引过来，她们也坐到同伴的身后，一会这边翘起来，一会儿那边落下去，大家玩得不亦乐乎。

一个胖胖的男孩跑过来一屁股坐在左边的木板上，木板右边的三个女孩被翘起来却落不下来了，女孩们大声地笑着、叫着，让男孩放她们下来。男孩一站起来，跷跷板又平衡了。右边第一个女孩开始站起来指挥大家，她让男孩自己坐一边，她们3个女孩一起坐到另一边，这次她们把男孩翘得高高的……他们彼此交换着位置，变化着人数，进行着各种尝试。

一直在一旁观察的教师走过来给他们提出了一个问题："一个女孩可不可以把男孩翘起来？"男孩很自信地说："她们肯定不行，我很重，所以她们根

本没办法把我翘起来。"女孩们不服气，争着要来试一试，结果6个人谁也没有成功。教师再次提出问题："如果长木板与木架接触的位置调整一下，会有什么变化呢？"几个幼儿一起调试着，一会儿男孩那边的木板长一点，一会儿又让女孩这边的木板长一点，反复试了好几次，他们好像发现了其中的秘密。他们让女孩那边的木板尽可能长一点，结果女孩很轻松地就把男孩翘起来了。他们高兴地请老师看，又让每个女孩都来试一下。

教师冲他们竖起大拇指，夸他们有办法。然后，提出第三个问题："如果木架只能放到长木板的中间，还有没有办法让一个女孩把男孩翘起来？"几个幼儿又开始了新的尝试……

案例中，教师通过观察看到了幼儿的兴趣所在——探索跷跷板两端重量与跷跷板平衡状态的关系。沿着这个方向，教师提出"如果长木板与木架接触的位置调整一下，会有什么变化呢""一个女孩可不可以把男孩翘起来""如果木架只能放到长木板的中间，还有没有办法让一个女孩把男孩翘起来"等几个问题，层层递进，既追随了幼儿的游戏意愿，又激发了新的探究兴趣，引发了幼儿的深度学习，让幼儿在不断挑战中获得新的经验，同时体验到挑战带来的快乐与自信。

（4）**平行游戏，示范、引领与启发**。以平行游戏的方式介入幼儿的游戏，能够在不打断、不影响幼儿游戏的情况下，比较自然地给予幼儿示范、引领和启发，从而巧妙地支持和推动幼儿的游戏。

案例1

建构区，大班的一组幼儿想用木质单元积木搭建一个球体。在搭建之初，他们就遇到了球体底座怎么搭的问题，他们在教师的鼓励下反复尝试都不成功，于是有幼儿放弃努力准备离开了。教师观察到这一情况，立即取来积木，一边自言自语"我要搭一个球体的底座，嗯，搭一个更像圆形的是不是就可以呢"，一边在幼儿旁边用积木搭出了一个八边形的底座。幼儿围到教师身边观看，受到启发，搭好了底座，终于开始向上搭建起来。

案例2

小班的娃娃家游戏中，幼儿在忙忙碌碌着，门口的一个男孩一直在向里张望，想参与但又不知道该怎么办。

教师观察到这一情况，拿着一个纸盒走到娃娃家门口，"咚咚咚"假装敲门，娃娃家的人打开门问："你是谁啊？"教师说："我是送外卖的，这是你们订的午餐。"娃娃家的人收下外卖，说："谢谢，再见。"

门口的男孩看得很认真，但仍然在犹豫着。

教师又一次敲开娃娃家的门，说自己是妈妈的好朋友，来串门。教师被邀请进去，坐下来，喝茶，吃点心……男孩看得出神了。教师告别出来了。

过了一会儿，男孩来敲娃娃家的门，娃娃家的人问："你是谁啊？"男孩说："我是宝宝的朋友，来串门。"男孩被请进了娃娃家……

以上两个案例中的教师以不打断、不影响幼儿游戏的方式介入，既巧妙地给幼儿以方法的示范与经验的拓展，又有效地支持幼儿拓展了游戏情节。

（5）**参与游戏，直接推动**。在幼儿游戏时，教师也可以以游戏者的身份直接参与幼儿的游戏，与幼儿互动，支持和推动幼儿的游戏。

小班女孩在玩泥巴，她先把一块泥巴团成几个圆球——压扁，一会儿又把它们合起来揉成一块大泥巴。然后，她用手在泥巴上拍，拍了几下就开始看着别人玩了。

教师："你刚才做的圆形的那个是什么呀？"

女孩："是饼干。"

教师："哦，你这里是甜品屋吧，你是糕点师吗？"

女孩："是的。"

教师："你刚才做的小圆饼干真好啊！你的店里还有什么样的饼干？我想买回家给我的宝宝吃。"

女孩："你要什么样的啊？"

教师："你都会做什么样的饼干啊？"

女孩："嗯……圆的、方的，还有小熊饼干。"

教师："好的，我都买一点吧。我一会儿再过来取。"

女孩："好的。"

女孩马上开始忙活起来……

教师用小石子当钱买了好多饼干，女孩高兴地收下了钱。

教师："你的饼干做得很好吃，你的甜品店里有生日蛋糕吗？我的宝宝今天过生日呢！"

教师与女孩的互动吸引过来几名幼儿。

教师："你们是做蛋糕的，还是来买蛋糕的呀？"

几个幼儿笑嘻嘻地，有的说是做蛋糕的，有的说是来买蛋糕的。

女孩很高兴，她请想做蛋糕的小伙伴坐到自己旁边，请想买蛋糕的小伙伴在前面排队，然后和同伴一起开始做蛋糕了。

教师退到一旁继续观察幼儿的游戏。

案例中的女孩在开始游戏时内心可能没有一个明确的游戏主题，随意地玩了一会儿就进入了一种茫然旁观的状态。教师没有盲目介入，而是先询问了解幼儿的游戏意愿——做饼干，在此基础上用"甜品屋"与"糕点师"引导幼儿进入游戏主题。"你都会做什么样的饼干啊"这个问题也是从先了解幼儿已有经验的角度提出，这样就避免了因为教师的介入而干扰幼儿的游戏意愿的问题。另外，教师的介入很容易影响其他幼儿的注意力，所以，当幼儿进入游戏状态时，教师就应该适时退出。

正如以上几个案例所描述的，教师可以直接介入幼儿的游戏，以游戏者或非游戏者的身份推动游戏的发展。只是使用这种方式需要慎之又慎，不仅因为在大多数情况下，幼儿的游戏无须教师的介入，还因为"老师成为游戏者角色过程中的危险之一是，成人会取代儿童而主导游戏，游戏不再是孩子的了；另一个危险则是可能会吸引孩子寻求成人的注意"[1]。也就是说，教师直接介入幼儿的游戏，幼儿容易受到教师的影响而背离自己的游戏意愿，还有的幼儿会因为教师的加入而刻意表现自己，以吸引教师的注意，从而失去在游戏中本真的样子。所以，很多时候，教师需要觉察自己的控制欲，同时必须清醒地认识到，自己的介入可能是有效的，但也可能是无效或是负效的。教师需要学会控制自己想要介入幼儿游戏进行指导的冲动，学会再等一等。安吉游戏强调，要使环境和材料对幼儿游戏的支持最大化，教师对幼儿游戏的干预和控制最小化，这是非常有道理的。

"孩子对成人直接以游戏者或中介斡旋者身份参与的需求，会随着他们自己维持游戏能力的增加而减少。"[2]也就是说，在低龄阶段的幼儿或者游戏水平较低的幼儿的游戏中，教师可以根据游戏现场的实际情况，以适宜的方式参与到游戏中，直接支持和推动幼儿的游戏。但对于年龄大一些或者游戏水平比较高的幼儿，教师应尽量减少这种直接介入游戏的方式。

实践链接：对于教师在游戏中的介入时机问题，你是否有过困惑？请把你曾经的困惑情境描述出来，试着分析一下，如果再遇到类似的情况，自己是否会介入，会在什么情况下、以什么样的方式介入。

回顾自己在幼儿游戏中介入的案例，分析一下介入的结果是无效的、正效的还是负效的？结合本小节的内容，试着梳理一下在游戏中介入、支持时应该注意的问题。

（三）游戏后的支持策略

游戏结束后，教师仍然可以发挥支持与引导的作用。游戏后的经验梳理与交流反思对幼儿游戏的支持价值，甚至超过教师在游戏过程中的介入。在这个环节，教师重点关注或力求实现的目标应该是，通过引发和推动幼儿的自我反思与集体反思，帮助幼儿回

---

[1][2] 琼斯，瑞诺兹. 小游戏大学问——教师在幼儿游戏中的作用[M]. 陶英琪，译. 南京：南京师范大学出版社，2006.

顾游戏过程、梳理经验、发现问题、反思方法、建构经验、提升能力，从而推动幼儿的学习与发展，也为后续的游戏开展提供更有效的动力源。

在游戏结束后，教师可以通过以下几种方式为幼儿的游戏提供进一步的支持与引导。

1. 回顾过程，多元表征游戏经验

游戏结束之后，教师可以不急于带领幼儿进行交流和分享，而是先请幼儿画游戏故事。这种安排可以避免打断幼儿对游戏的感知与思考，更直接地进入对游戏过程的回顾。幼儿可以用线条、颜色以及自创的图形、符号来记录和表征自己的游戏经历和体验，记录自己在游戏过程中的思考以及遇到的问题，也可以用游戏地图、游戏连环画或游戏绘本等方式来呈现自己的游戏故事。教师则通过观察、倾听与询问等方式帮助幼儿用文字的形式记录游戏故事。

这个过程不仅是幼儿梳理和回顾自己游戏的过程，也是教师倾听幼儿，从而更准确地了解幼儿的游戏意愿、兴趣点以及游戏需求的机会。通过这样的倾听与交流，教师更容易发现自己观察的局限性，更容易注意到幼儿思维与成人思维的不同，从而避免因自己的主观猜测而在接下来的交流中，无意识地引导幼儿去关注教师的兴趣点而不是他们自己的。这种方式也有利于教师不断反思和修正自己的儿童观，养成放手游戏、细致观察、停止假设、深入研究幼儿的专业习惯。

山东省商务厅幼儿园
某大班幼儿画的游戏故事

山东省淄博市市直机关第三幼儿园
某大班将幼儿的游戏故事张贴到互动墙面上,供幼儿相互观看和交流

2. 注重反思,总结提升游戏经验

游戏结束后,教师可以通过组织幼儿进行集体或小组的交流与分享,帮助幼儿反思、梳理、概括和提升游戏经验,实现游戏经验的共享与推广。在这个过程中,教师除了鼓励幼儿表达自己在游戏中的感受与体验,还需要引导幼儿在尽可能清晰完整地回顾自己的游戏的同时,能够通过不断反思逐步建构自己的经验。反思是幼儿将经历转化为知识的关键过程。透过个体的和集体的反思,可以把幼儿个人的、零散的感受、体验和经历转化为知识经验,并形成有益的知识链条。游戏中的直接感知、亲身体验、实际操作不是开展教育的目的,而是幼儿学习的路径。通过这个路径帮助幼儿建构起自己的知识经验,真正的学习才会发生,而反思是实现这一目的的有效途径。

如何引导幼儿对自己的游戏进行反思呢?教师可以通过倾听幼儿的交流与分享或针对幼儿自己画的游戏故事提出问题,不断追问,引发幼儿回顾和思考。

在幼儿交流与分享的过程中,教师应该推进幼儿的自我反思,而不是让幼儿仅仅用"是"与"不是"这样的回答来回应教师的问题。因此,教师应注意提升自己提问、追问和回应幼儿的技巧。

比如,在大班幼儿讲述了自己搭建连体建筑的过程之后,教师通过以下问题帮助幼儿梳理经验,持续反思。

※ "你们为什么要搭一座连体建筑?"——引导幼儿回顾主题来源。
※ "你们觉得怎样才算是连体建筑?"——引导幼儿反思与归纳,提升经验。
※ "在设计图纸时,你们都考虑到了哪些问题?搭建过程中遇到的材料不足和连廊支撑的问题,有人想到过吗?"——引导幼儿反思游戏计划的全面性。

* "你们想出了几种方法？你们觉得自己的方法怎么样？这是最好的办法吗？还可以怎么解决？"——引导幼儿回顾、反思自己解决问题的方法，提升与拓展经验。
* "你们觉得大家的建议怎么样？哪些是对你们有用的？"——引导幼儿关注同伴的经验，学会有选择地吸取和采纳同伴的建议。
* "当别人也遇到这样的问题时，你会怎样帮助他，或给他什么建议？"——引导幼儿总结和迁移游戏经验。

在引导幼儿回顾、梳理和反思的过程中，教师也能够验证自己的观察，深入分析，逐步看见幼儿的需求，进而找到支持游戏、推动游戏的切入点。

3. 聚焦问题和创新点展开讨论，深化幼儿的思考

在引导幼儿交流与分享游戏经验的过程中，教师可以将幼儿在游戏中遇到的问题提出来，供大家集体讨论、思考，也可以针对游戏中的创新之处展开讨论。

（1）**针对问题的交流与讨论**。针对问题的交流与讨论，关键在于通过大家的讨论找出解决问题的多种方法，巩固和拓展幼儿的经验，提升解决问题的能力。这就需要教师具备问题意识以及细致地观察与敏锐地发现问题的能力。

教师可以抓住幼儿游戏中的典型性问题，引发幼儿的思考与讨论。比如，建构游戏中，幼儿在搭建球形建筑时遇到了如何让建构作品能够均匀地由细到粗、再由粗到细形成球体的问题；《老鼠嫁女》的表演游戏中，出现了3名幼儿都想当大黑猫，争执不下的问题等。

针对这些问题，教师可以通过展示在游戏中拍摄的照片或视频，请当事幼儿描述事情经过，引导其他幼儿一起发现问题，找到问题的关键点，思考、讨论解决方案，引发思维碰撞，实现共同学习、相互激发、拓展经验、提升能力的目的。

针对幼儿在游戏中出现的规则遵守、合作交往、矛盾冲突等社会性发展方面的问题，教师也可以在游戏后的交流与分享环节作为讨论主题提出来。教师可以引导当事幼儿描述事情经过，反思自己的行为，引导其他幼儿在过程描述中厘清事件脉络，找到矛盾焦点，引发共同讨论与集体反思，支持合作，推动自律，形成共同的价值观。同时，培养幼儿喜欢交往、乐于合作、遵守规则等意识，提升社交智慧和能力，支持与推动幼儿的人格建构。

（2）**针对创新点的交流与讨论**。教师可以结合游戏中的实际情况以游戏主题的创新、游戏内容和情节的创新、材料使用的创新、方法技能的创新、作品的创新等作为主题，组织幼儿进行讨论和交流，聚焦幼儿的创造性思维，激发幼儿的想象力与创造力，提升幼儿的实践智慧。幼儿的创造力与想象力在游戏中随处可见，教师应该抓住具有典型意义的案例展开讨论和交流。

在角色游戏区，教师投放了一堆玉米芯。教师观察到，很多幼儿都选择了用玉米芯来玩游戏，但大家的玩法很不一样。教师有意识地把幼儿游戏时的场景拍了下来，并在游戏后组织大家就玉米芯在游戏中的创造性使用进行了交流与分享。

有的幼儿说，自己在小厨房把玉米芯当排骨、当香蕉；有的幼儿说，在表演区把玉米芯当鼓槌；有的幼儿说，把玉米芯当成卷发棒烫发；还有的幼儿说，在小超市把玉米芯当胡萝卜卖……

教师肯定和鼓励了幼儿的做法，并提出了新的问题："你还想在游戏中用玉米芯做什么？"引发了幼儿进一步的思考。

最后，教师鼓励幼儿在今后的游戏中更具有创造性地去使用其他的游戏材料。

玩具材料的创造性使用是幼儿在自主游戏中的典型表现。上面案例中，教师针对这个创新点与幼儿进行了交流与分享，激发了幼儿在后期游戏中创造性地使用玩具材料的兴趣与热情。

建构区的一组幼儿用搭建鸟巢的方式建构起一个中间没有任何立柱支撑的巨大的多边形屋顶，这是在建构区从来没有出现过的封顶的方法。

游戏结束后，教师邀请全班幼儿现场欣赏这组幼儿的作品，并启发大家针对作品提问，请小创作者们来回答。

回到教室后，教师播放自己用手机拍摄的整个搭建过程，带领全班幼儿为他们鼓掌喝彩，表达自己对他们作品的喜欢与认可。然后，充满热情地邀请这组幼儿向大家介绍他们的搭建过程，以及遇到的问题。请他们和大家分享这个了不起的方法是怎么想出来的。

接下来，教师又组织大家一起思考还有没有其他办法来解决建构面积太大，无法用单块长板积木直接平铺封顶的问题。幼儿纷纷思考和表达自己的观点，并充满期待地等待在第二天的游戏中去尝试和验证自己的方法。

本案例中的分享，是教师针对游戏中方法和技能上的创新，组织幼儿进行的交流与讨论。教师充满热情的、发自内心的肯定给予了参与创新的幼儿极大的鼓励，也引发了全体幼儿的深度思考，极大地鼓舞和激发了幼儿想象与创造的热情。

4. 交流与分享环节需要注意的问题

在交流与分享环节，教师还需要注意以下问题。

（1）**不同年龄段幼儿的能力不同，教师组织交流与讨论的方式与内容也应有所不同**。在小班初期，教师应以鼓励幼儿大胆分享、乐于分享为主要目标，以交流幼儿的游戏体验、游戏主题和基本过程为主要内容。另外，对玩具材料的爱惜、对游戏规则的遵守都可以作为这一阶段的交流主题。在低龄阶段，组织幼儿交流的方式多以个体的分享为主，随着幼儿各方面能力水平的提升，在中、大班阶段可以更多地组织幼儿针对某个主题展开小组或集体讨论，交流的内容也可以侧重于游戏中的问题解决与创新。

（2）**交流与讨论的主题要重点突出，有针对性**。这里的重点需要基于教师在游戏过程中的观察和倾听来确定。教师可以从幼儿的兴趣点、"哇"时刻入手，思考哪些是值得分享的；也可以从游戏中的问题与矛盾入手，找出哪些是具有典型意义的、对本班幼儿有价值的内容，再组织幼儿展开讨论。

（3）**不要用某个知识点的对错破坏幼儿的自主与自信**。在幼儿交流与分享的过程中，教师需要注意处理好当下的领域目标与那些对幼儿一生成长具有重大意义的大目标的关系。

比如，当幼儿在激动地分享自己玩沙的发现时，说沙子很奇怪，干沙子没法塑出形状，而加上水变成湿沙子就可以了。他说，这是因为水遇到沙子就变成胶水了，就能把沙子黏到一起了。

教师在听到这样的分享时，首先要做的是鼓励和肯定幼儿积极探索的做法，欣赏他有自己的发现，鼓励他以及全体幼儿继续去探索，而不是去评判他的推论的对错。幼儿教育最有价值的目标是呵护幼儿的好奇心，培养幼儿对万事万物的热情态度，在这个阶段纠结于一个知识点的对错而否定幼儿自主探索的价值，很有可能会打击幼儿自主意识和自信心的建立，这实在是因小失大，得不偿失。幼儿能够自主热情地去探索、充满自信地去学习和游戏，这是对幼儿一生的成长都有重要价值的大目标。"为什么湿沙子能够塑型？"这个问题是幼儿可以继续去探索和发现的，我们不应该因为一个推论的错误而破坏幼儿的自主与自信。

（4）**注意通过交流与讨论探寻幼儿经验的生长点和课程的生发点**。在倾听幼儿分享自己游戏经验的过程中，教师还应该有意识地去寻找幼儿经验的生长点和课程的生发点，找准时机、抓住重点给予幼儿最需要的支持与推动。比如，一组幼儿在分享自己的建构作品时，说他们搭的是卡丁车，但大家都看不出这是卡丁车。通过与幼儿的对话，教师了解到这几名幼儿只是听别人说起过这种车的名字，他们对卡丁车的认识是模糊的、不具体的。教师意识到这可能就是幼儿的需求和新经验的生长点，甚至可以成为这个小组的新课程的生发点，于是找来卡丁车的图片、录像推荐给这组幼儿。幼儿充满兴趣地观察与讨论，引发了后续的建构活动以及对各类车辆的探究活动。

（5）**关注实效，经常反思，不断提高组织能力**。游戏后的交流与讨论可以以集体方式，也可以以小组方式进行，时间可长可短，关键是要讲究实效。这就需要教师不断提高自己组织幼儿交流与讨论的能力，需要教师具备反思的意识和能力，进行反思性教育实践。在每次组织完交流与分享之后，教师都可以反思和追问如下问题。

在今天的交流与讨论中：

* 我是否鼓励和支持了幼儿对游戏的回顾？
* 我是否耐心倾听了幼儿的表达？
* 我是否抓住了重点问题展开讨论？
* 我的提问有哪几个？是否引发和推动了幼儿的反思？
* 我对幼儿的观点是如何回应的？是否让幼儿得到肯定与启发？
* 我是否看见幼儿真实的需求？
* 我是否尊重了幼儿的游戏意愿并给予了支持？
* 我是否鼓励了幼儿的自主与创造？
* 我是否促进了幼儿的经验再造或能力提升？
* 我是否从中发现了经验的生长点或课程的生发点？
* 我是否推动了幼儿持续的游戏兴趣？

……

总之，游戏后的回顾、讨论、交流和分享的整个过程都应指向"反思"，指向幼儿的个人反思和集体反思，指向教师的反思。引导幼儿交流与讨论的目的，是支持和帮助幼儿提升在回顾中反思的能力，梳理、分享、概括、建构和提升经验，形成有益的知识链条。这样的支持有助于幼儿智慧的达成，学会反思是可以让幼儿受用终生的能力和品质。教师在这个过程中的反思，则有利于提高自身的专业知识水平、专业观察和判断能力、专业支持能力以及教育实践的能力。只有具备和提高了这种专业分析、专业决策、专业行动、专业反思的能力，教师才能有效地区分支配与支持的界限，才不至于把支配幼儿当成支持幼儿，才能更有效地支持幼儿在游戏中获得更好的发展。

实践链接： 游戏后的经验梳理与交流反思对幼儿游戏的支持价值甚至超过教师在游戏过程中的介入。你是否赞同这样的说法，为什么？

如何在交流与分享中避免将自己的关注点和兴趣强加给幼儿？谈谈你的经验。

请同事帮忙用视频记录你与幼儿共同进行的一次游戏分享活动，回看视频，检视自己是否追随了幼儿的兴趣，是否提出了有价值的问题，是否有效地帮助幼儿拓展了经验、深化了思维，是否关注到了幼儿认知、情感、社会性等方面的整体发展。

小　结

本章核心内容如下。

- 教师需要相信幼儿，控制自己"评判"与"教导"的欲望，甘于站在幼儿身后，追随、支持和推动幼儿的发展。
- 掌握介入时机与支持方法的能力，需要教师在实践中不断尝试、反思和提升。
- 支持与推动幼儿在游戏中的发展是幼儿教师专业性的体现，也是其职责所在。
- "自主与发展"是游戏的核心，所有的引导、支持与推动都不应该偏离这个方向。
- 在游戏中，教师要尊重幼儿的个体差异，允许并支持幼儿按照自己的节奏和方式成长。
- 教师要把培养幼儿主动热情的生活态度作为教育的重要目标，不要用当下某个知识点的对与错破坏幼儿的自主与自信。

山东省商务厅幼儿园

第六章

自主游戏的家园共育联盟

> 幼稚教育是一种非常复杂的事情，不是家庭一方面可以单独胜任的，也不是幼稚园一方面可以单独胜任的，必定要两方面结合方能取得充分的功效。
>
> ——陈鹤琴

家庭是幼儿园重要的合作伙伴。放手让幼儿游戏，支持幼儿在自主的游戏中获得身心健康和谐的发展，是幼儿园和家庭共同的责任。幼儿园应该让家长在形式多样的体验和丰富有趣的活动中感悟和理解游戏对幼儿发展的重要意义，并主动支持幼儿的游戏，和教师一起成为维护幼儿游戏权利的"同盟军"。

一、基于自主游戏的共识共育

自主游戏开展关键在于幼儿身边的成年人的儿童观、游戏观、教育观的转变，这个转变仅仅发生在教师身上是远远不够的，家长作为幼儿成长过程中最重要的陪伴者，其观念的转变尤为重要。越来越多的实践证明，建立良好的家园共育关系，引导家长主动担当起维护幼儿游戏权利的责任，将有效地推进幼儿园自主游戏的开展。

然而，由于理念偏差、担心游戏中幼儿会出现安全问题以及缺乏与儿童发展相关的专业知识等，总会有部分家长对自主游戏存在如下疑问和误解。

* 幼儿园是教育机构，孩子是来学本领的，不是光来玩的。
* 游戏就是玩耍，是学习活动后的一种消遣，孩子不能光玩不上课。
* 孩子在幼儿园玩野了，不爱学习了，坐不住了，怎么办？
* 孩子在游戏中即使有学习，获得的也是零零散散的知识经验，这对他们入学以后的正式学习有用吗？
* 孩子年龄小，没轻没重，万一玩游戏的过程中出现安全问题怎么办？

……

实践链接： 请对你班上的家长进行一次调查，看看家长对幼儿园开展自主游戏还存在哪些疑问和误解，请换位思考并理解这些疑问和误解背后家长的担心。

幼儿教育不单纯是幼儿园里的教育，而是家园双方的协力教育。推动幼儿园自主游戏深入开展，如果没有家庭的支持几乎不可能实现，所以，家庭和幼儿园需要达成如下共识。

* 游戏既是幼儿的天性，又是促进其发展的重要途径。
* 游戏是最符合幼儿年龄特点和发展规律的学习方式，对幼儿的全面发展有着重要的意义和价值。
* 游戏中幼儿获得的知识经验看似是零散的，但实际上是每个幼儿按照自己的发展节奏在主动学习，成人应该相信幼儿，给予他们更多的自由选择和自主游戏的机会。
* 环境是自主游戏的基础与前提，开放的、多元的游戏环境有助于幼儿的想象和创造，能最大限度地满足幼儿的游戏兴趣和需要。
* 大自然是天然的游戏场，应该为幼儿提供更多的接触大自然的条件和机会。
* 适度的挑战有助于幼儿的发展，成人应该信任幼儿具备一定的自我保护意识和能力，当然也需要让幼儿在具有挑战性的活动中发展其风险评估的意识和自我保护能力。

二、构筑家园共育的实践联盟

现代教育的发展使家园共育日益专业化，构筑家园共育联盟对教师、家长在共育理念和共育实践方面提出了更为专业的要求和期待。

（一）传递自主游戏理念，感受自主游戏魅力

教师作为专业的幼教工作者，应该发挥自己在专业上的优势，主动向家长传递正确的自主游戏理念；而家长也应该主动参与互动交流，与教师分享在家庭中开展游戏活动的经验和收获，彼此沟通，交流协作，逐步形成科学的、一致的自主游戏理念。

传统的以沟通家园共育理念为主要内容的家长工作，多采用家长学校的方式，以讲座等单向灌输的模式开展，且较少有自主游戏方面的内容。结合自主游戏的特点，我们更倡导幼儿园教师借助游戏现场，以家长的实际问题和困惑为切入点，引领家长感受自主游戏的魅力，从而认同自主游戏的理念和价值。

1. 通过环境解读，传递自主游戏的理念

环境中蕴含着丰富的游戏理念和发展价值，教师可以邀请家长实地参观幼儿园的游戏环境，思考环境创设的目的和意义，更深层次地理解自主游戏的理念，认同和支持幼儿的自主游戏。

环境启示录

环境对幼儿的游戏有着重要的作用。为了使家长了解"环境是重要的教育资源"这一理念，以便达成教育共识，我们组织了新学期家长会——"环境带给我的启示"活动。

活动分为三部分：首先，请家长自由参观幼儿园的班级环境；其次，引导家长围绕以下问题组织讨论：你看到了什么？这样的环境创设背后蕴含着怎样的理念？对于幼儿园环境创设，你还有什么疑惑？家长围绕以上问题，积极发表自己的看法，并提出自己的困惑，比如，为什么幼儿园精致的成品玩具少，而像树皮、木片、石头之类的自然材料、废旧物品和生活物品却较多？为什么要把教室分割成一个个的小空间？墙上贴的图画是随意贴的还是有什么作用？等等。最后，我们针对家长的问题，从专业的角度就班级游戏环境创设对幼儿发展的作用以及教师设计环境的意图进行分享，与家长对话。

家长针对在游戏环境中发现的玩具材料，提出自己的想法

（山东省商务厅幼儿园　刘俊）

在解读游戏环境的过程中，教师可以了解家长的所见、所思，在家长与家长、家长与教师之间的互动对话中达到沟通交流的目的，从而进一步增进家长对游戏环境作用的了解，这也是帮助家长由单纯的旁观者变为思考者进而转变为行动者的过程。

山东省商务厅幼儿园
家长自主观察、探究户外玩具材料

2. 通过参与体验，感受自主游戏的魅力

幼儿园可以通过邀请家长到游戏场地亲身体验各种不同的游戏活动，并在活动后分享和反思自己体验的过程和感受，帮助家长进一步理解幼儿在游戏中的内心感受、实际需求、真切发展，从而更深刻地体验自主游戏的价值和魅力。

主题建构游戏：交通工具

一、活动目标

1. 帮助家长以儿童的身份参与建构游戏，用游戏者的视角评价幼儿的活动，树立正确的儿童观。

2. 协助家长找到一些可以在家支持幼儿开展自主游戏的方法。

二、活动准备

1. 三个相对独立的场地，并在每个场地投放积木等建构游戏材料，在其中一个场地增加了交通工具的模型、图书等资料。

2. 每组一张图画纸和彩色笔。

三、活动过程

1. 教师简要介绍活动要求，请家长一起玩主题为"交通工具"的建构游戏。

2. 家长随机分成三个小组，并分别进入三个准备好的游戏场地。

3. 教师介绍游戏规则：第一个游戏场地的家长根据自己的想象进行搭建；第二个游戏场地的家长可以参考教师事先提供的模型、图书等资料进行搭建；第三个游戏场地的家长由教师带领按照教师提前预定的步骤进行搭建。

4. 给家长30分钟的时间进行搭建游戏。

5. 搭建游戏结束之后，家长相互观摩建构作品并自由进行讨论，比如，哪一组搭建的过程最容易？哪一组最有趣？哪一组搭建的作品最一致？哪一组最独特、有创意？

6. 请每位家长将自己在搭建过程中所获得的学习与发展用关键词写在本组的图画纸上。

7. 教师就"关注过程，放手游戏，把游戏的自主权还给孩子"的理念向家长阐述自主游戏的意义和价值，同时引领家长在家中通过环境创设、材料投放等方式支持幼儿游戏。

四、活动反思

本次活动中，教师创设了三种不同的建构游戏情境，分别折射出了三种不同的游戏理念。从家长游戏结束后梳理出的关键词可以看出，第一组、第二组的家长获得的学习与发展是多方面的，如同伴合作、借助资料解决问题等；第三组家长写出的关键词则非常有限。由此，家长们从不同的角度谈了自己的感受和体会。有的家长认为，第三组跟着教师预设的搭建步骤进行建构是最简单的模仿学习，而第一组、第二组的搭建虽然没有教师手把手的帮助，但是家长在整个过程中学到了很多东西，最后也比较有成就感。还有的家长体会到结果并不重要，重要的是让幼儿在游戏中用自己独特的方式表达感受和想法，作为家长不能以成人的眼光去干涉他们的游戏。家长们在参与和讨论的过程中，真切地感受到了什么是自主游戏，应该如何看待幼儿的自主游戏，也认真听取了教师提出的支持幼儿在家进行自主游戏的建议。

（山东省商务厅幼儿园　刘晓东）

需要注意的是，在组织体验式家长活动之前，教师需要对体验的主题、内容、材料以及讨论的问题进行梳理和准备。比如，关于"回忆童年游戏"的体验活动，可以帮助家长唤起童年的记忆，借助家长回忆自身成长经历的过程，让他们更容易理解和体察幼儿的游戏需求，更能对幼儿在游戏中的快乐情绪和成长发展感同身受；关于"挑战与冒险"的体验活动，可以帮助家长消除对幼儿在自主游戏活动中安全问题的顾虑，体验游戏中蕴含的冒险刺激及成功挑战带给幼儿的喜悦；关于"表征游戏故事"的体验活动，可以帮助家长体会到游戏后反思的意义和价值，等等。

家长们一起体验童年游戏,感受游戏的快乐,从而更好地理解游戏对儿童发展的关键意义

3. 通过活动宣传，了解自主游戏的价值

幼儿园和幼儿所在的班级可以通过网站、微信公众号、班级群等媒介发送一些育儿资讯及活动宣传信息，这是快捷、有效又深受家长喜爱的沟通方式。幼儿园可以借助这一方式，向家长发送自主游戏中幼儿的活动案例，让家长看到自主游戏带给幼儿的发展和变化，同时，它也是一种很好的传递游戏理念的方式。

实践链接： 关于自主游戏的开展，你的幼儿园和班级都做了哪些工作？这些做法是否有效？如果有效，原因是什么？如果无效，又是因为什么？该怎样调整？在引导家长转变儿童观、游戏观、教育观，推进自主游戏深入开展的过程中，你还有什么好做法？请在教研活动时与大家分享。

（二）让自主游戏走进家庭

有了家长对自主游戏理念和游戏价值的认同、对游戏环境和材料作用的了解，自主游戏从幼儿园走进家庭就成为了可能。教师可以鼓励家长根据幼儿的兴趣和需要，结合家庭环境和条件在家中开展自主游戏，让游戏成为家庭中幼儿活动的主要内容，最大限度地满足幼儿的游戏愿望和需要，提升亲子关系的质量。

1. 创设宽松的游戏环境

幼儿的游戏需要环境的支持，只有提供宽松愉悦的精神环境和丰富的物质环境，幼儿才能无忧无虑地玩，享受快乐的童年生活。在家中，家长通常比较注重创设良好的学习环境和生活环境，对游戏环境往往关注得较少。此外，许多家长因为担心幼儿弄坏东西、搞乱房间而设置了很多规则，束缚了幼儿爱玩游戏的天性，导致幼儿在家的活动大多是相对安静的学习、观看动画片、玩成品玩具等。

教师应鼓励家长为幼儿创设宽松的精神环境，这不仅要求家长营造和睦、愉悦的家庭氛围，还要求家长对幼儿的游戏给予必要的肯定和支持，并对幼儿的游戏表现出浓厚的兴趣。只有这样，幼儿才能自主、自信地游戏。同时，家长要为幼儿提供适宜的物质环境。比如，住房宽敞的家庭可为幼儿创设一间专门的"游戏室"，幼儿可以根据自己的兴趣和需要进行场地规划、环境布置；房间面积较小的家庭可在卧室或客厅为幼儿辟出一个角落，用家具、布或小帐篷、地毯、地垫等材料，为幼儿创设一个游戏小天地，供幼儿自主游戏。家长也可以利用休息日，把整个家庭作为游戏场，通过移动家具等方式进行场地规划，让幼儿在家中开展自己喜欢的游戏活动。此外，家长还应允许幼儿自主收集自然材料、废旧物品、生活用品等材料，充实家中的游戏环境。

山东省商务厅幼儿园
家庭游戏区建设与高
质量亲子游戏

2. 安排专门的游戏时间

受"重学习轻游戏"的社会观念的影响，很多家长会利用一切业余时间带幼儿参加各种兴趣班、特长班，把自主游戏仅仅作为对幼儿的奖励，或在成人忙、累的情况下作为让自己放松的一种"带娃"方式。教师应引导家长为幼儿设置专门的游戏时间，比如，提前约定好每天饭前或饭后1小时是专门的游戏时间；还可以把双休日设置为家庭游戏日，对一天的时间进行合理规划，比如，爸爸与幼儿单独相处的游戏时间、妈妈与幼儿共处的游戏时间、一家三口一起玩游戏的时间，以及幼儿独自游戏的时间，等等。为幼儿设置专门的游戏时间以及陪他们一起玩游戏的做法，无疑会使幼儿感到自己的游戏被成人重视而备受鼓舞，同时还可以让亲子关系更为和谐亲密。

山东省商务厅幼儿园
家长和孩子的专属游
戏时间：玩"三只小
猪"的表演游戏

3. 提供高质量的游戏陪伴

家长对幼儿高质量的游戏陪伴主要体现在以下几个方面。

（1）**专心陪伴**。有些家长以为待在孩子身边就等同于陪伴，于是一边看着孩子，一边玩手机、看电视或者做家务，其实这充其量只能算"陪着"，属于"无效的陪伴"。高质量的陪伴需要家长关掉手机和电视，抛除一切杂念，像对待一项重要的工作一样，专心、投入地陪伴孩子。

（2）**共情陪伴**。有些家长把陪伴当成任务，人在心不在，为了陪伴而陪伴。高质量的游戏陪伴需要家长的爱和情感的投入，家长要努力去发现、体会、理解孩子当下的感受，懂得他言行背后的内心需求，并积极与之产生情感互动和呼应，保持共鸣，让彼此感到有趣、快乐和舒适。

（3）**玩在一起**。有些家长因自身的焦虑与担心，总觉得自己的孩子有太多的问题，和孩子一起玩时，总是想方设法改变他们，久而久之就让幼儿失去了游戏的乐趣。高质量的游戏陪伴要求留给幼儿一定的空间，让他自己去探索和尝试，家长应放下所有的要求、控制与评价，努力成为一名与幼儿共同享受的玩伴，给他适时、适当的帮助，让幼儿的游戏过程没有精神上的压力，尽情体验游戏的乐趣。

居家游戏中，爸爸作为幼儿的游戏伙伴，与幼儿共同体验表演游戏的快乐

山东省商务厅幼儿园

（4）**充分交流**。高质量的陪伴需要家长倾听和接纳。当幼儿与家长分享创意、做法、收获和困难时，即便分享的内容在成人看来并没有那么有趣，家长也要站在幼儿的角度认真倾听、接纳和欣赏，兴致勃勃地与孩子进行交流，交换看法，而不是强行改变孩子的看法。

实践链接：请组织你班上的家长晒一晒自己家的"游戏角"，聊一聊陪伴孩子游戏的感受、经验和思考，说一说在陪伴孩子过程中发现的游戏中的学习。定期组织"家庭游戏日"活动，让游戏真正成为父母陪伴孩子居家生活的重要内容。

（三）家园对话构筑共育联盟

幼儿教师和家长在育儿理念、育儿能力方面的发展并不是封闭的、割裂的"孤军作战"，而应形成学习与发展的共同体，借助构建文明开放的对话形态、专业资源的分享渠道和环境信息的支持系统等，共同成长和发展，进而有效引导和支持幼儿不断成长。

1. 共享专业经验：思辨、开放的正式对话系统

家园之间的正式对话系统通常由教师发起并组织，内容是针对游戏过程中某一特定问题或情境，组织具有一定规模的家长进行剖析、辩论、交流，全体或部分家长参与。教师可以通过视频、图片、文字等形式，描述有价值的现象或问题，引发家长展开讨论和分析，帮助家长透过幼儿游戏的过程诠释其发展的特点，在思辨、开放的过程中共享专业经验。

关于超市的前期调查

近期，孩子们想在班里玩"超市"游戏。为了丰富幼儿的前期经验，教师建议家长带领幼儿到超市参观调查，并向家长发放了调查问卷表，用于记录孩子在参观超市过程中的发现和思考。

第二天，孩子们带来了自己的调查问卷。但是，教师发现，几乎所有的问卷都是成人用文字记录的。在幼儿分享的环节，只有自己表征参观经验、绘制调查问卷的轩轩小朋友能自如地讲述和表达观点。于是，教师在班级群里描述了小朋友分享的情况，同时也对孩子们带回来的调查问卷进行了分析。教师引导家长围绕这一现象进行了讨论：孩子是如何进行超市调查活动的？又是如何记录调查问卷的？为什么他们自己讲不出来……家长们围绕教师提出的问题进行了反思，大部分的家长直言，问卷是自己代劳的，目的就是为了完成教师布置的任务，孩子根本不知道问卷上面的内容。于是，教师请轩轩小朋友的妈妈介绍了他们家的做法：从幼儿园回家的路上，轩轩顺道参观了超市。回到家后，妈妈结合问卷上的内容和轩轩进行了回顾和梳理，并鼓励轩轩自己用图示的方式进行表征。最后，教师抛出问题引发大家思考：对孩子来说，重要的是活动过程中的体验还是最后要达成的结果？孩子在调查过程中学会观察、比较、记忆、表征的作用大，还是最后匆忙由家长代劳上交一份调查问卷表的作用大？

通过本次讨论对话，家长进一步明确了亲身体验和操作就是幼儿的学习方式，作为

家长应该如何为幼儿的游戏铺垫前期经验，提供应有的支持和帮助。

（山东省商务厅幼儿园　王媛）

教师还可以将一些鲜活的、富有个性的幼儿游戏案例与家长一起分享，鼓励家长或各抒己见，或推理分析，或寻找答案……展开集肯定、质疑、询问、争论、建议为一体的充分对话。这种基于"帮助家长解决自主游戏方面的问题"的实际需要，以典型案例和问题为主要内容的对话，是教师与家长构建共育联盟的重要路径。

幼儿园定期举办游戏专题的家长开放日，家长针对游戏中幼儿的表现进行观察记录

家长观察游戏之后，以小组为单位进行分享交流，进一步深化对幼儿、游戏、幼儿园教育的认识

2. 开拓信息途径：和谐、多元的非正式对话形态

非正式对话，是指根据家长自身的需求或个别幼儿的具体行为而自发形成的教师与家长之间的对话与交流，具有随机性和针对性的特点。非正式对话的媒介系统更加多元，可以通过网络私信、电话通信的方式，也可以通过家长与教师面对面交流等方式来开展。这种非正式的对话针对性更强，可以具体解决某个幼儿，或某个家长在教养孩子过程中遇到的问题，或者家长与幼儿园之间存在的认识差异。

教师（左）经常就游戏中的观察发现与家长（右）进行随机对话

小　结

本章核心内容如下。

- 家庭是幼儿园重要的合作伙伴，唯有家园合力，才能最大化地推动幼儿的发展。因此，幼儿园的管理者和教师应该引导家长树立正确的理念，支持幼儿的游戏，和教师一起成为维护幼儿游戏权利的"同盟军"。
- 教师作为专业的幼儿教育工作者，应该发挥自己在专业引领上的优势和作用，积极向家长传递正确的自主游戏理念。
- 家园共育的目标、内容固然重要，但是形式也不可忽视。生动、有趣的家园共育形式，有助于家长更真切地感受幼儿在自主游戏中的愉悦和幸福，更深刻地体会自主游戏对儿童发展的重要价值。
- 教师应该鼓励家长根据幼儿的兴趣和需要，结合家庭环境和条件在家中开展自主游戏，让游戏成为家庭中幼儿活动的主要内容，并以游戏为纽带最大限度地提升亲子关系质量。

附录

幼儿园自主游戏质量自查表

A级维度	B级维度	C级维度	反思与改进
A1 教育理念	B1 儿童观	C1 儿童是具有内在发展潜力、主动的、发展中的个体，儿童之间存在着巨大的个体差异。	
		C2 尊重儿童的游戏意愿，满足儿童的游戏需求，不随意介入、打断、控制儿童的游戏。	
	B2 游戏观	C3 游戏是儿童的需要和权利，游戏能促进儿童发展。	
		C4 游戏是幼儿园的基本活动，是幼儿园课程的精神内涵。	
		C5 游戏具有主体性、非功利性、关注过程而非结果等特点，反映的是儿童的内在动机和已有经验。	
	B3 教育观	C6 教育不是传递和灌输，而应是激发和支持儿童自主建构知识和经验的过程。	
		C7 幼儿园课程不是分科的学业课程，而是在一日生活中儿童获得的各种有益经验的总和。	
		C8 幼儿园的教不是单一的讲授，儿童的学也不是端坐静听，教师应创设条件支持儿童在生活和游戏中直接感知、实际操作和亲身体验，以获取有益于身心发展的经验。	
	B4 质量观	C9 游戏质量来源于儿童在游戏中真实的感受、体验和发展。	
		C10 幼儿园的游戏质量决定了保教质量，是幼儿园内涵和品质的决定性因素。	

(续表)

A级维度	B级维度	C级维度	反思与改进
A2 基本条件	B5 班额	C11 按照国家和省相关要求，控制班额，小班不超过25人，中班不超过30人，大班不超过35人。	
	B6 人员配备	C12 每班配备两名教师、一名保育员或三名教师。	
	B7 空间与场地	C13 幼儿园活动室最小使用面积不少于70平方米，每生不少于2平方米，户外活动场地人均面积不少于4平方米。	
		C14 室内外空间规划设计合理，能满足儿童各种活动的需要，也能引发儿童有意义的游戏活动。空间不足的幼儿园能综合、动态、立体地挖掘和利用空间。	
		C15 室内外设置多种游戏区并得到有效利用，充分满足儿童开展各种类型游戏的需要。	
		C16 户外场地以泥土地和草地为主，地面不应全部硬化或铺设塑胶，保障户外游戏环境的自然、生态、野趣。绿化面积不少于30%。	
		C17 地面形态、功能及设施设备具有多样性，收纳设施和清洗设施配套到位。	
		C18 富有美感、童趣和艺术性，具备美育功能。	
		C19 室内空间规划时兼顾游戏、教学、生活等各种活动的需要和便捷。	
		C20 地面、设施设备等无毒、无害、卫生和安全，定期进行检查和维护，儿童有机会参与游戏空间和场地的规划与设计。	
	B8 玩具与材料	C21 根据儿童近期的兴趣和游戏需要以及儿童发展的目标，投放玩具材料，避免盲目性。	
		C22 种类丰富、数量充足，便于收纳和整理，富有秩序感。	
		C23 适宜儿童的年龄特点，具有自然性、趣味性、可操作性、层次性和挑战性。	
		C24 低结构、高结构材料相结合，以低结构材料为主；能融合互通，可移动、可组合、可变化，满足儿童创造和多元游戏的需要。	
		C25 追随儿童的兴趣和需要动态调整，及时补充更新。	
		C26 安全、卫生、环保。	
	B9 游戏时间	C27 每天室内和户外至少要各有1小时自主游戏活动时间。	
		C28 游戏时间既相对固定，又能随季节动态调整。游戏时间管理具有一定的弹性。	

(续表)

A级维度	B级维度	C级维度	反思与改进
A3 游戏中的儿童	B10 游戏中的情绪状态	C29 情绪稳定，有安全感和愉悦感。	
		C30 有浓厚的游戏兴趣，充满好奇和热情、专注并投入，经常有机会体验成就感和满足感。	
	B11 游戏中的发展	C31 有目的地确定游戏主题，能按照自己的兴趣和意愿选择喜欢的玩具材料和伙伴进行游戏，自主确定游戏玩法。	
		C32 能清晰、准确地表达自己的想法，善于利用多种方式进行表征；动作发展协调、灵活。	
		C33 乐于与同伴一起游戏，善于协调和沟通，有初步的合作意识与能力，懂得谦让、交流和分享；爱惜玩具和材料，具备一定的规则意识及遵守规则的能力。	
		C34 能够创造性地使用游戏材料，富有想象力和创造力。	
		C35 能够运用游戏故事记录自己的游戏过程和感受，并乐意与成人和小伙伴分享；能在后续游戏中不断丰富自己的计划与创意。	
		C36 乐于探究，具备一定的探究能力；能积极主动地解决游戏中遇到的问题，具备解决问题的意识。	
A4 游戏中的教师	B12 观察	C37 明确观察的重要性，具有主动观察儿童游戏的意识；能灵活采用各种方法，有目的地对儿童的游戏进行观察。	
		C38 具备基本的儿童发展与教育理论，能对儿童的自主游戏进行科学、准确的解读。	
	B13 支持	C39 掌握游戏前、游戏中、游戏后的具体支持策略，给予儿童适恰的引领与推动。	
		C40 能基于细致观察和专业分析确定游戏中介入和支持儿童的必要性和时机，不盲目追求游戏的高水平。	
		C41 充分尊重儿童的游戏意愿，及时反思与调整自己的支持行为。	
	B14 安全保障	C42 高度重视儿童的身体健康和生命安全，具备强烈的责任心和安全意识。	
		C43 善于发现儿童游戏过程中容易出现的安全隐患，能够准确判断是否介入以及介入的时机和方法，保障游戏中儿童的安全。	
		C44 既关注儿童在游戏活动中的安全，又能够充分信任与放手，培养儿童自我保护的意识和能力。	

（续表）

A级维度	B级维度	C级维度	反思与改进
A5 管理与保障	B15 组织保障	C45 高度重视游戏活动，加强对游戏活动的组织领导，成立相关项目或研究小组。	
	B16 持续投入	C46 针对游戏环境改造、游戏材料更新、教师学习培训等设立专项经费，切实保障游戏活动的有效开展。	
	B17 专业支持	C47 基于教师的现有水平和实际需求，有目的、有计划地开展形式多样的专业培训。	
		C48 以游戏开展过程中的问题为中心开展园本教研，教研方法多样，主持人引领有效，突出教师主体地位，能够达成预期的教研目标。	
	B18 家园共育	C49 重视家长在自主游戏开展过程中的作用，通过多种方式提升家长对自主游戏的认识，形成目标一致的家园共育联盟，成就儿童快乐而有意义的童年。	

万千教育 学前教育图书目录

书号	书名	著、译者	定价(元)
\multicolumn{4}{c}{幼儿园区域活动指导系列}		
3055	幼儿园自主性区域活动	贾尼丝·J.贝蒂 著	88.00
2645	幼儿园户外创造性游戏与学习（四色）	露丝·威尔逊 著	58.00
2644	幼儿园户外探索与学习（四色）	露丝·威尔逊 著	48.00
2604	儿童视角的幼儿园班级环境创设（四色）	桑德拉·邓肯 等 著	62.00
2598	幼儿园艺术区材料设计与评价（四色）	王微丽，霍力岩 主编	60.00
2103	幼儿园社会区材料设计与评价（四色）	王微丽，霍力岩 主编	60.00
1950	幼儿园科学区材料设计与评价（全彩）	王微丽，霍力岩 主编	60.00
1951	幼儿园生活区材料设计与评价（全彩）	王微丽，霍力岩 主编	60.00
1782	幼儿园数学区材料设计与评价（全彩）	王微丽，霍力岩 主编	60.00
1800	幼儿园语言区材料设计与评价（全彩）	王微丽，霍力岩 主编	60.00
1935	幼儿园户外环境创设与活动指导（全彩）	董旭花 等 著	72.00
9613	幼儿园区域活动——环境创设与活动设计方法（全彩）	王微丽 主编	60.00

9149	小区域，大学问 ——幼儿园区域环境创设与活动指导	董旭花　等　著	30.00
9548	幼儿园创造性游戏区域活动指导 （角色区·建构区·表演区）	董旭花　等　编著	32.00
9549	幼儿园自主性学习区域活动指导（生活操作区·美工区·益智区·科学区）	董旭花　等　编著	35.00
0156	幼儿园区域活动现场指导艺术 ——透视38个区域故事	董旭花　等　著	38.00
9134	如何有效实施幼儿园主题性区域活动	秦元东　等　著	24.00
7937	幼儿园科学区（室） 科学探索活动指导117例	董旭花　主编	28.00
幼儿园区域活动指导系列合计			**935.00**
幼儿园游戏指导系列			
3097	儿童发起的游戏和学习	叶小红　译	58.00
1305	以游戏为中心的幼儿园课程（第六版）	史明洁　等　译	82.00
1261	幼儿教育课程 ——一种创造性游戏模式（第四版）	李敏谊　等　译	82.00
0758	幼儿园自主游戏观察与记录 ——从游戏故事中发现儿童（全彩）	董旭花　等　著	58.00
1563	幼儿园创造性游戏：环境创设与活动指导	王连江　译	32.00
1797	幼儿园游戏指导方法与实例 ——游戏自主性的视角	秦元东　等　著	45.00
0676	幼儿园室内外建构游戏指导	邵爱红　主编	36.00

……

欲了解更多图书信息，请登录：www.wqedu.com

联系地址：北京市西城区三里河路6号院2号楼213室　　**万千教育**

咨询电话：010-65181109，65262933

*本目录定价如有错误或变动，以实际出书为准。